国学经典书系（第一辑）普及版



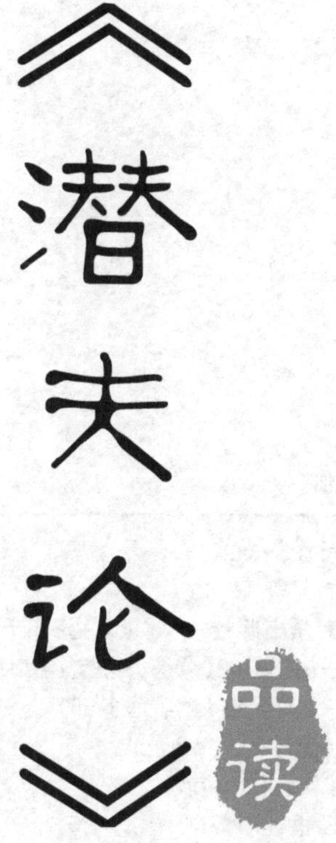


张岚　著

**图书在版编目（CIP）数据**

《潜夫论》品读 / 张岗著. -- 兰州 : 兰州大学出版社, 2016.11（2021.3重印）
（国学经典书系 / 雷恩海总主编）
ISBN 978-7-311-05041-2

Ⅰ. ①潜… Ⅱ. ①张… Ⅲ. ①古典哲学－中国－东汉时代②政论－中国－东汉时代③《潜夫论》－通俗读物
Ⅳ. ①B234.93-49

中国版本图书馆CIP数据核字(2016)第298299号

责任编辑 张雪宁
封面设计 郇 海

---

书　　名 《潜夫论》品读
作　　者 张 岗 著
出版发行 兰州大学出版社 （地址:兰州市天水南路222号 730000）
电　　话 0931-8912613(总编办公室) 0931-8617156(营销中心)
　　　　 0931-8914298(读者服务部)
网　　址 http://press.lzu.edu.cn
电子信箱 press@lzu.edu.cn
印　　刷 西安日报社印务中心
开　　本 710 mm×1020 mm 1/16
印　　张 17
字　　数 235千
版　　次 2017年12月第1版
印　　次 2021年3月第3次印刷
书　　号 ISBN 978-7-311-05041-2
定　　价 35.00元

---

# 序

雷恩海

## 一

“国学”是一个历史名词,出现于清末。十九世纪三十年代,西方在完成其政治变革与工业革命之后,开始有计划地东进,东方世界成为西方开发的巨大市场,并且带着强烈的殖民性。欧风美雨东渐,以坚船利炮裹挟着强势的社会价值体系和思潮,先后对中国发动了五次侵略战争,而且曾是朝贡体系内的日本,也以强势侵袭。值此三千年未有之变局,中国学人惊惧、疑虑、拒斥、反思,有亡国灭种之忧患,进而提出要对中国的学术进行全面的研究。最有代表性的是张之洞,在《劝学篇》中提出“中学为体,西学为用”,强调在保全中国文化的基础上,有选择地吸收和借鉴与中国政治、文化不冲突的外来成分。实际上,在世界历史的进程中,西方先于东方实行近代化,当东西方遭遇之时,必然会带来冲突。这一现象,就是冯友兰先生所说的“中西之交,古今之异”。“国学”的概念,就在这一特定的历史时期应运而生。国学,即中国传统学术的简称。时任清华研究院主任的吴宓教授认为,“所谓国学者,乃指中国学术文化之全体而言”(《清华开办研究院之旨趣及经过》)。蔡尚思说:“国是一国,学是学术,国学便是一国的学术。其在中国,就叫做中国的学术。既然叫做中国的学术,那就无所不包了;既然无所不包,也就无所偏畸了。”并且说“中国的固有文化,都不能出此国学二字范围外”(《中国学术大纲》)。应对西方文化之强势进入而产生的“国学”概念,既要保全中国故有文化学术，又要汲取西方学术文化之精髓，承载着统合中西文化的使命。1902年，黄遵宪《致梁启超书》赞同梁氏“养成国民，当以保国粹为主义，当取旧学磨洗而光大之”，并且说“今且大开门户，容纳新学。俟新学盛行，以中国固有之学，互相比较，互相竞争，而旧学之真精神乃愈出，真道理乃益明，届时而发挥之。彼新学者或弃或取，或招或距，或调和，或并行，固在我不在人也”，主张融会中西学术，开启国学之新局面。1911年，国学大师王国维为《国学丛刊》作序，明确指出：“今之言学者，有新旧之争，有中西之争，有有用之学与无用之学之争。余正告天下曰：学无新旧也，无中西也，无有用、无用也。何以言学无中西也？世界学问，不出科学、史学、文学。故中国之学，西国类皆有之，西国之学，我国亦类皆有之，所异者，广狭疏密耳……余谓中西二学，盛则俱盛，衰则俱衰，风气既开，互相推助。且居今日之世，讲今日之学，未有西学不兴，而中学能兴者；亦未有中学不兴，而西学能兴者。”因而，“国学”就是运用西方近代科学研究方法，对中国学术加以系统的整理和总结，是中国现代性发展的必然，也是传统学术文化在现代化进程中寻找自身位置的一种努力。当时尚有国粹、国故之称。国粹，似乎夸大中国学术乃完全精粹；而国故则指本国文献（过去的文献），但国故只能代表研究的对象，而不能代表研究这种对象的学问。相比较而言，还是“国学”一词，比较全面公允一些。

二十世纪九十年代，兴起“国学”热，积极响应者有之，批评者有之。进入二十一世纪以来，“国学”持续受到许多人的欢迎，人们对国学的认识也日趋理性。国学热之兴起，乃中华民族文化自信心的恢复。应该清醒地认识到，虽然我们的国力增强了，但到今天为止，我们仍然处于这三千年未有之大变局中，无论科技，还是文化等，西方仍然处于领先地位，世界仍然处于西方文化主导下的格局之中。那么，如何在科技和文化两个层面上成为世界强国，如何确立自己的文化价值、精神文明体系，确立文化自信，就是我们需要考虑的。显然，重新审视传统，阅读传统，就成为一种必然。国学热，乃民间自发，而最后由在上者所认识而进一步倡导。习近平主席在纪念孔子诞辰2565周年国际学术研讨会上指出，“优秀传统文化是一个国家、一个民族传承和发展的根本，如果丢掉了，就割断了精神命脉”，极为精辟地指出了国学的根本内涵和意义。

研究国学，并非抒发思古之幽情，更不是排斥来自西方的新思想。国学是华夏民族文化的积淀，承载着传统文化，而传统是演进的而非僵化的，是历史与现在之间的价值纽带。国学不但是历史的积淀，而且也是面对现在而指向未来的。因此，以传统文化为核心的国学是不应该被忽略甚至于忘记的。忽略甚或忘记了传统，也就失去了当下的根基，无法谋划现实的生存，因而也无法明确未来的走向。譬如，一个人今天早晨起来后，他失忆了，忘记了昨天及以前的事情，那么，就意味着他失去了自我，不知道今天该干什么，无法安顿自己，即没有办法给自己一个定位。他忘记了自己的过去，站在大街上，茫茫然不知所从，不知道自己是干什么的，是去市政府上班，还是进入学校教书，是去清扫马路，还是到工厂做工。不知道今天做什么，就无法安顿心灵，也就不知道自己的生存状态，那么他将如何生存呢？忘记过去，就是割裂其历史；不知道今天，那么，就无法知道明天。事实上，忘记了昨天，就意味着今天、明天都处于一个无所举措的状态。一个民族也是如此，忘记其传统，割断历史，就没有现在的发展和未来走向；而继承、发扬其优秀传统，以开阔的视野，吸收新的文化素养，吐故纳新，继往开来，它将永远立于不败之地。

国学，从广泛意义上来说，就是华夏民族文化的历史记忆。学习国学，即在于传承文化，以一种广阔的视野和开放的心态，继往开来。“所谓文化，就是一个民族在悠长的历史中，在一种制度下形成的、渗透到民族的血脉中的集体记忆，一种思维方式、价值观和行为模式。”那种以学术为生命的不懈追求，正是对优秀文化的传承，是华夏民族的凝聚力所在。文化割弃了传统，是贫瘠的文化，最终也就导致其衰败。没有文化的民族，即没有其灵魂。陈寅恪先生在《冯友兰〈中国哲学史〉下册审查报告》中提出民族文化本位的问题：“是以佛教学说，能于吾国思想史上，发生重大久远之影响者，皆经国人吸收改造之过程。其忠实输入不改本来面目者，若玄奘唯识之学，虽震动一时之人心，而卒归于消沉歇绝……窃疑中国自今日以后，即使能忠实输入北美或东欧之思想，其结局当亦等于玄奘唯识之学，在吾国思想史上，既不能居最高之地位，且亦终归于歇绝者。其真能于思想上自成系统，有所创获者，必须一方面吸收输入外来之学说，一方面不忘本来民族之地位。此二种相反而适相成之态度，乃道教之真精神，新儒家之旧途径，而二千年吾民族与他民族思想接触史之所昭示者也。”

文化是民族的根性所在，马克思说：“人们创造自己的历史，但是他们不是随心所欲地创造，并不是在他们自己选定的条件下创造，而是在自己直接碰到的既定的、从过去继承下来的条件下创造。”传承文化，发扬优秀传统，以开阔的视野、恢弘的气度，与世界上诸多文化交流，使得华夏文明得以延续，继往开来，开拓创造华夏文化的新境界。冯友兰先生以哲学家的睿智，提出“阐旧邦以辅新命，极高明而道中庸”，乃是对华夏文化生生不息的生命活力的高度概括，也是对华夏文化吸收外来文化，融入世界潮流的期望。“周虽旧邦，其命维新”——希望华夏民族能够奋发图强，成为一个拥有优秀而悠远的文化传统、具有开阔视野和创新活力的现代化国家。没有继承，就没有创新，关键乃守正而出新。



## 二

一般来说，国学大致被理解为以中国传统学术文化为研究对象的学问，其内容应包括经、史、子、集四部之学，融合儒释道诸家，而又以儒学为主体。事实上，国学乃一种载体，传承的精神品性、知识技能，可以说是经过时间淘汰而流传下来的精华。国学需要借鉴西学的研究方法，汲取其学术素养，全面整理、研究，融会贯通，传扬其优秀文化品质。一个人的成长，要有自身资源、家庭资源、社会资源，还要有历史资源。而这历史资源就是国学所承载的主要内容。

读书不仅仅是获取信息，储备知识。这种记诵之学，在严格意义上来讲，不是学习的根本目的。就是说，读书乃为求知，在于培养具有思想性的人才，借助作者的思维过程、思维方式，来训练自己的思维能力，提高自身的水平与能力。知识之获得,不可能凭空而来,必须借助于某种媒介,通过一种介质的训练、培养,而使我们获得知识,化为能力,练人才性,提升思维能力。训练思维,培养能力,正是读书学习的关键。学习前代的文化典籍,正是训练思维、获得能力的一个重要途径。爬罗剔抉,提要钩玄,乃逻辑思维的归纳与演绎之训练。读一本书,如果仅仅停留在了解一个故事、事件的层面,显然是浅层次的;而有意识地、主动地借助于他人的思维方式、思维过程,训练自己的思维,培养自己观察问题、处理问题、解决问题的能力,无疑是深入的读解,达到了读书求知之目的。而阅读理论性的书籍,其精密的逻辑思维、推理论证、辨疑析难的能力,显然对训练思维、培养能力有着更为重要的意义。刘勰《文心雕龙》说:“积学以储宝,酌理以富才,研阅以穷照,驯致以绎辞。”源远流长、充实丰富、瑰丽多彩的国学经典,积淀为人类思想文化的精品。阅读、研究,正可以训练思维,培养能力。

然而,长期以来,我们忽略了对国学的阅读与传承,甚至于忽略了阅读本身。所谓“国学热”“文化热”,事实上并没有“热”起来,往往呈现为喧嚣的“争鸣”,甚至是浮躁的状态,尚未切实地进入阅读本身。在热闹、喧嚣的“文化热”氛围之中,如何自我定位,如何寻求阅读的对象、内容,需要做出“冷静”的判断。说到底,阅读是一种个人行为,是根据自己的知识结构、知识储备,进行有针对性的阅读,以进德修业,提高自身的文化品性和判断问题、分析问题的能力。这就需要不盲从,不跟风,有自己的定见,根据自己的需要,或者研究的需要,有针对性地阅读,这样才会有比较快的提高。

所谓阅读,就是指对一部书,或者一篇文章,从头到尾地读下来。清人冯班在《钝吟杂录》中说:“多读书则胸次自高,出语皆与古人相应,一也;博识多知,文章有根据,二也;所见既多,自知得失,下笔知取舍,三也。”这样读书的好处,首先是专注。思想集中才有兴趣。无论任何科目,无论这科目是跟你的兴趣相差多远,只要你能对之集中思想,兴趣即盎然而生。第二个好处是系统深入地理解。因为能够专注地读完一篇文章、一部书,对作者的思想与意图以及文笔都有一个全面的了解。二十世纪的史学大师吕思勉先生说,他

读书是拿到一本书,从头读到尾,即使这部书不太好,也不中辍。因为从头读到尾,就会有一个自己的判断,好在何处,不好又在何处,斟酌损益,当有所得。第三个好处,思维空间很大,触类旁通。一篇文章或一部书,无论是记叙类的,或者是理论类的,都有一个明确的问题意识,会围绕着事件或问题,全面地展开,这样就给读者提供了一个全面思考的场域,从而调动自己的思维,开拓思维能力,进而提高自身的阅读能力和理解水平。第四个好处,就是训练思维,提高能力(阅读能力,理解能力,更是判断问题、分析问题、处理问题的能力)。就是说,阅读不仅仅是为了获取信息。海量信息有时候是无用的信息,反而淹没了读者,导致他们不会判断、分析,成为散乱信息的收集者,成为"两脚书橱"。第五个好处,就是加强知识的系统性。任何知识都有其系统性。清代著名作家、画家郑板桥用盖房子的道理谈画竹子的体会:"昔萧相国何造未央宫,先立东阙、北阙、前殿、武库、太仓,然后以别殿、内殿、寝殿、宫室、左右廊庑、东西永巷经纬之,便尔千门万户。总是先立其大,则其小者易易耳。"先立其大,即要有大判断,对研究对象要"目有全牛",而不是盲人摸象。分清何者为主纲,何者为末节。主纲确立,而后细节才能发挥作用,有益于支撑和加强主纲,两者相得益彰,发挥更大的效益。知识是系统的,读者把握住一端,由此深入下去,既是深度的钻研,也是广度的拓展。这样读书,就能够触类旁通,举一反三,摆脱只见树木不见森林的偏狭。刘勰《文心雕龙·镕裁》说:"首尾圆合,条贯统序。若术不素定,而委心逐辞,异端丛至,骈赘必多。"知识系统和研究的领域逐渐扩大,对问题的认识,也就能够识其大体,有大判断。

## 三

作为一个中国人,应该对我们的文化传统有所了解,既要知其精粹思想,也要了解其陈腐的观念;要去粗取精,去伪存真,还应有虚心诚实的心态,以了解之同情对文化传统继承与发扬。文化的发展,有累积性,也有否定性,因而才能创造性地继承。在新的历史条件下,革故鼎新,既要延续我们的文化,又要创造新的文化传统。

与现代学科分类不太相同，国学包括义理之学、考据之学、词章之学、经世之学，涵盖传统四部分类的经、史、子、集，内容丰富，贡献巨大；既有知识性的体系，又颇重视经世之学，强调“载道”，传达一种精神品性。事实上，学术研究、文化传扬，实乃“网罗天下放佚旧闻，稽其成败兴废之理，通古今之变，成一家之言”（司马迁）。

因此，我们编撰这套“国学经典书系”，既重视知识的系统性，也强调“载道”及人格之养成。目的在于让读者了解，什么是中国文化。中国文化就是中国人基本的、核心的价值观以及思维方式和生活方式。国学经典对人的道德品性形成，有其重要意义。格物致知，正心诚意，修身齐家治国平天下，由内而外，由个体而推广及于整体、国家以至于天下；反过来，又由天下情怀而对个体的道德品性做观照，提高个体的境界。而且，国学经典与社会主义核心价值观有着密切的关系，乐群、敬业、爱国、独立思考，既注意上下有序，又重视人的自觉与平等。乐和同，礼别异。在追求个性自由、重视个人之同时，也不忽略集体性，将个体与家国利益相统一；既要有灵活性，能够跨界创造，又要有持之以恒的毅力，坚守岗位。国学经典有助于培养读者的思维能力、思维方式，提高基本文化素养。从狭义来说，知识是技能性的，而文化则是一种能力，一种判断问题、分析问题、解决问题的能力，也是一种生存的境界。二十世纪的哲学大师冯友兰先生在《新原人》中指出人的精神境界可分为四种：自然境界，功利境界，道德境界，天地境界。天地境界，不是直接的经世致用，而是融入了一种可以包容天地的胸襟，这是道德、人格的升华；升华到与万物为一，超越其他三个境界，而有了物我一体、万物皆备于我的相通，这时精神最为自由，随心所欲而不逾矩的自由。这种对学术的痴迷，纯粹出于兴趣的探索精神，很有一些中国古人所说的“谋道不谋身”的意思，对形而上的“道”的追求，自然会获得“谋身”的结果。而原创性的科学发明和理论创造，所依赖的正是这种“谋道”的精神。国学经典是最佳的媒介，读书明理，获得能力，而非仅仅是“两脚书橱”的知识储备。世界文明古国，只有中国是自古

延续至今。“周虽旧邦，其命维新”，传承创新，是我们现代中国人的使命。中国传统的辩证思维、坚韧不拔的毅力、文化的包容品性，都是我们走向未来、开创未来的思想文化资源。

“国学经典书系”以经、史、子、集四部分类法编选篇目，针对不同的读者群，分为初级版和普及版，由原文、题解、注释、品读、扩展阅读等模块构成。原文，选择佳好的版本，如精校本、注释本，选编原文，力求保持原典的本来面目，给读者提供一个可靠、佳好的文本，使读者能够对原典有一个全面、整体的把握。题解，乃是对所选的篇章、片段，做出一些必要的交代和说明，以便明了上下文之间的内容及关系，有助于读解文本。注释，力求简洁，一般只注字、词，不注句子，方便阅读和理解。品读，乃是对所选原文的品评、欣赏、理解，着重从故事性、趣味性上，从纵向与横向两个维度，讲述其丰富生动的内涵，“理”寓于“事”中，“事”因“理”而深刻、生动。品读也尽可能地揭示思想的力量、文章的内涵以及思维的逻辑，期望有助于阅读能力的提升。扩展阅读，则是选择与原文相关(相似或相反、不同视阈的记载等)的内容，或者见出所选的文字、故事在后世的影响或衍生，启发联想，拓展知识，训练思维。而品读和扩展阅读，事实上是将阅读与思考结合起来，“学而不思则罔，思而不学则殆”。弗朗西斯·培根说：“读书使人成熟，讨论使人丰富，写作使人严谨。”读、思、写三位一体，写是在多读深思的基础上自然而然的表现。写出来，才是对思维的进一步完善；读、思、写相结合，才能够最大限度地提升阅读水平，训练思维，进而使人可能具有天地境界。

这套书系的编撰，力求内容丰富、生动，富有启发性，引起读者对国学原典阅读的兴趣，丰富其国学素养，培养读书的境界。近代大学者王闿运说：张之洞是看书人，曾国藩是读书人，“所谓读书人，能通经致用；看书人，则书是书，人是人，了不相涉，即所谓记问之学、博而寡要者也”(刘成禺《世载堂杂忆》)。就是说，读书人要能掌握知识并应用于实践之中，知行合一。期望我们都做个有思想、有创造力的“读书人”。

人的全部尊严在于思想。读书学习，就在于确立一个人安身立命的根

基。古人云："立身以力学为先，力学以读书为本。"所谓"立身"，实乃关乎其人之思想境界，而我们每一个人都希望自己是一个有思想的人，有思想的生命才是完整的。有什么样的思想境界，则有什么样的"立身"原则、行为方式，也因而确定了其人日后的成就。思想清明、品格伟大之人，介然有守而不因循守旧，也不随波逐流。读书人知行合一，多读书，可以怡情悦性、涵养性情，可以洞明事理、培育思想，从此打开一个智慧的世界。精骛八极，心游万仞，观古今于须臾，抚四海于一瞬，何乐而不为呢？

2017年11月10日

**春融堂**

# 前　言

王符（约80—167），字节信，安定临泾（今甘肃省庆阳市镇原县）人，东汉中后时期著名的思想家和政论家，社会批判思潮的重要代表人物。王符出身贫寒，地位卑微，由于是庶子，母家卑贱，受到乡里之人的鄙视，但他从小志向高远，勤奋好学，且与当时的名儒经师马融、窦章、张衡、崔瑗等结交友善。王符精通儒家经典，也通晓诸子百家及各种史籍，还熟读各种方术杂占之书，并能博采众长、融会贯通成一家之言。可以说，他既是一个博学多识的鸿儒，也是一个对社会现实具有深刻认识的思想家。然而，东汉自和帝、安帝之后，吏治腐败、宦海黑暗，外戚宦官执政，更迭频仍，豪门世族垄断察举，入仕为官必须要有在位者推举引荐，否则，纵有经天纬地之才也无报国之门。史载，当时有许多人为了入仕为官不惜委屈折腰，有的附于权贵名门，有的身执贱役入名门之下，有的与公卿世胄相互攀亲结为朋比关系。王符乃狷介之士，独迥然于众人，偏不同于流俗，不会见风使舵、奉承拍马，所以即使他才学高深，却终生未仕，一直闲居在家。对此，王符甚为愤慨："非今世之无贤也，乃贤者废锢而不得达于圣王之朝尔！"（《潜夫论·实贡》）为了实现自己的抱负而使自己不朽于世，他便在不能立德、立功的境遇下"志意蕴愤，乃隐居著书"（《后汉书·王符传》），写了很多针砭时弊、研讨学术的文章。他自号"潜夫"，将其著作定名为《潜夫论》，以此来讥时得失，批评世俗，表达对世俗社会的不满以及与黑暗官场的彻底决裂，同时也提出了改良中兴之方案。这不仅反映出王符才学俱

佳，人品高尚的君子气节，也体现出了庶族地主阶级知识分子对社会变化的密切关注。因此，王符虽然终身未仕，但在当时颇有名望，其学说和思想影响很大。据《后汉书·王符传》载，度辽将军皇甫规解官回安定后，同乡中有个曾靠贿赂得任雁门太守的去求见他，他躺着不去迎接。一会儿之后，听说王符在门口，"乃惊遽而起，衣不及带，屣履出迎，援手而还，与同坐，极欢"。从一个侧面体现了这位显贵对名节之士的惜才之情，王符在当时的影响可见一斑。

《潜夫论》一书，凡十卷三十六篇，由王符亲自编定，其编定时间约在公元141年以后。《潜夫论》编定之后，可能即有抄本流传。南朝宋代范晔《后汉书·王符传》节录了《潜夫论》之《贵忠》(今本作《忠贵》)、《浮侈》《实贡》《爱日》《述赦》篇的一些片段，但已经删改润色，很多文字与今之传本不同。《潜夫论》旧刻以《湖海楼丛书》所收清嘉庆萧山汪继培笺注本为善，旧称"引证详核，深得旨趣"，即汪笺本。西北师范大学彭铎先生的《潜夫论笺校正》在汪笺基础上，取诸本并诸类书，旧注所引，详为覆校，纠摘旧说讹误，在文字训诂上做了诸多阐释补充，并加以分段标点，被收入中华书局《新编诸子集成》，成为新中国成立后首次出版的王符著作的全编，是较为完备的注本。本书所选的《潜夫论》原文，均来自《潜夫论笺校正》。

《潜夫论》内容富赡，对后世一直产生着深远的影响。王符的《潜夫论》与王充的《论衡》、仲长统的《昌言》，被视为东汉最有影响的三部学术著作，范晔的《后汉书》将三人合传，称誉他们的著作"详观时蠹，成昭政术"。唐代韩愈为作《后汉三贤赞》，推许他们为一时代贤者的代表。清代唐甄甚至将其政论之作《衡书》改名为《潜书》。而《四库全书总目》对《潜夫论》尤为推崇，称其"所说多切汉末弊政"，"洞悉政体似《昌言》，而明切过之；辨别是非似《论衡》，而醇正过之"。20世纪编纂的重要丛书《四部备要》《四部丛刊》《诸子集成》及20世纪80年代中华书局重编的《新编诸子集成》，均把《潜夫论》作为自成一家之言的重要子书选入其中。《潜夫论》堪称一份宝贵的财富。

《潜夫论》的大部分论述，都是围绕当时社会中的现实问题展开的，它涉及文治武功、刑法赏罚、经济策略、伦理道德、社会习俗、学习修身、看相占卜等各个方面，蕴含着丰富而深刻的思想内容，特别是其政治思想、经济思想、军事思想和哲学思想论述得更为系统完整。

首先，在王符的政治思想中，民本思想贯穿其中，也最具个性特点。他明确提出了“国以民为基”(《救边》)的观点，认为民是国赖以产生和存在的根据和基础，“民”与“国”的命运休戚相关，必须实行以富民为根本的政策，方能堵塞乱源，实现社会安定。王符把“民”与“天”紧紧联系在一起，认为“民心”就是“天心”，要求君主为政必须务本，要关心人民的疾苦，其所作所为要“有功于民”。王符的民本思想适应了当时的社会需要，体现了人民的共同愿望，具有现实意义。当然，在政治关系中，王符认为君主是核心，重整政治关系必须围绕着君主做文章，但当时的君主昏庸无能，因此王符期望明君出现，以挽救社会危机。为此，他对明君提出要兼听、纳谏、任贤使能的要求，并强调君主治国“要在于明操法术，自握权秉而已矣”(《明忠》)。这是对法家权术理论的继承，也说明王符提出的明君是杂用王道与霸道的汉家制度的某种体现，寄托着王符改除积弊，重振东汉朝纲的希望与期盼。

王符的政治思想还体现在将教育提升到了非常重要的地位。他明确阐释了“以富民为本”与“以正学为基”是“成太平之基，致休征之祥”(《务本》)的两个必要条件，缺一不可。教育可以使人形成正确的是非观念，使人明辨善恶，进而弃恶从善、和睦相处，“导之以德，齐之以礼，务厚其情而明则务义，民亲爱则无相害伤之意，动思义则无奸邪之心”(《德化》)。教育也可以移风易俗，改变不合时代的风俗习惯，使社会文明进步，使国家安定太平，“王者统世，观民设教，乃能变风易俗，以致太平”(《浮侈》)。王符特别强调“正学为基”，为此提出了一个治世良方即重贤。他认为贤能在国家政治生活中有举足轻重的作用，“国以贤兴，以谄衰”(《实贡》)。但实际情况是贤能不得其用，分析其原因，王符指出了“妒贤”等问题。在其他篇章中，王符反复强调贤人政治的重要性，像《潜叹》《本政》《思贤》《考绩》等篇，不但主张知贤、尊贤、求贤、任贤，还强调得贤的方法，诸如选举、考绩等。他对东汉选举存在的弊病，也进行了猛

烈地批评。王符关于选任贤良的认识是较为全面的。

王符继承了儒家传统的“仁政”“德治”思想，认为治国应当重德化，加强道德教育，通过道德教育最终达到人民相亲相爱、和谐共处的理想社会。所谓“人君之治，莫大于道，莫盛乎德，莫美乎教，莫神于化”（《德化》）。对于如何“德化”，王符也提出了自己的观点。一方面，统治者要通过“积善”“慎微”，修身正己，加强自身修养，保持高尚的人格操守。另一方面，“德化”必须与“富民”结合起来，“民富乃可教，学正乃得义”（《务本》）。王符主张德化，反对威刑，但并不是不要法制。他认为“国无常治，又无常乱，法令行则国治，法令弛则国乱”（《述赦》）。然而怎样实行法治？王符认为要做到法随时宜、严明执法、反对赦免等。特别是君主虽然是实行法治的关键，但人人都要受法的制约，君主也不能例外。在君权至上的东汉时代，这一认识无疑是有价值的。王符主张德治与法治相辅而行，总的关系是以德为主，以法为辅。

王符还通过《本政》篇，强烈揭露汉末官僚政治之腐败，得出“衰世群臣诚少贤也，其官益大者罪益重，位益高者罪益深尔”的结论，并批判了当时“依女妹之宠以骄士，籍亢龙之势以凌贤”的外戚专政、横行霸道的局面；通过《实边》篇，无情鞭挞了东汉官吏在羌变中乘机搜刮、残害百姓的种种暴行，反映了广大人民的呼声，体现出其政治思想中进步的一面。而这都说明，王符是一位关心人民疾苦的政治思想家，他总是希望建立一个君明、臣忠、国富、民安的政治局面，以实现其政治理想。

其次，王符的经济思想主要集中在他对农业及工商业的看法上。《浮侈》篇提倡“一夫不耕，天下受其饥；一妇不织，天下受其寒”的重农思想。而《爱日》篇等，提出了“爱日”“日力”等重农的概念。既然劳动是人民生产之本，国家就必须减省徭役，替人民爱惜每一个劳动日，所谓“圣人深知力者乃民之本也，而国之基，故务省役，而为民爱日”。为了“爱日”，不仅要省役，还要简化官府的办案手续，节省人民的诉讼时间。可以说，像王符这样从一切方面提出爱惜人民的劳动日，是以前政论家所少见的。而《务本》篇重新阐释“重本抑末”的概念，提出了农工商各有其本，各有其末的观点，也是发前人之未发，令人耳目一新。王符并不一概反对手工业和商业，而是反对手工业中的游手巧饰者和商业中的“鬻奇”者。对于手工业中的“致用”者和商业中的“通货者”，不仅不反对，还认为它们也是本，应该得到鼓励和提倡。这种经济观念，比起传统的重农轻商是一种进步，有利于农工商业的正常发展。另外，王符在反对“游手为巧”和“虚伪游手”的同时，还反对当时流行的浮侈之风，认为那些消耗资财伤工费日的活动，必须禁止；对于统治阶级婚丧嫁娶奢侈过制的情况，也予以严厉批判。这些揭露与批判，可谓恰中时弊，都富有现实意义。

再次，除了论述政治方略、经济策略之外，王符还写了《劝将》《救边》《边议》《实边》四篇文章，旨在揭露统治者因治边无策、治国无方而造成国土残破、百姓灭没的事实，留下了极为珍贵的历史资料。比如，他猛烈抨击太守、将帅的怯畏无能及公卿、大夫放弃边疆的苟安之议，竭力呼吁统治者早定战守之计，救边安民，使国家得以安宁；揭露边郡将帅出于私利，驱民内迁、蹂躏百姓的悲惨情状，愤怒斥责官吏加于边民的苦难“甚于逢虏”；主张边民不可内迁，应采取特殊政策，移民实边，加强边防。同时，这些篇目也反映了王符的军事思想。比如，他回顾了战争的起源后，认为自古以来，“国未尝不以德昌而以兵强也”；认为将帅需有“六德”，应“明变势”，应以“荣名”“厚赏”来鼓励士兵拼死作战；君主应“脩己之备，无恃于人”，体恤民众疾苦，从国家利益出发，援救边境，充实边境，而不能让边境“久荒以开敌心”。当然，这些光辉的军事国防思想，同样是其批判现实的产物。

第四，王符在批判现实的论述中，还涉及哲学问题。比如在《德化》《本训》篇，认为宇宙起源于气，万物始源于气，都是“气之所为也”。由于时代的限制，王符不可能对宇宙的形成做出科学的解释，但他却看到宇宙的形成是物质运动变化的结果，因而没有神和上帝创造宇宙的唯心说教。这种由气的变化形成宇宙万物的学说，属于自发的唯物主义天道观。王符的唯物主义观点，还反映在对卜筮、骨法和梦的解释上。虽然不能彻底否定卜筮、骨法，更无法科学地解释梦，但他并不迷信卜筮、骨法，而且对梦还做了一些直观的唯物解释。在《卜列》篇，虽然承认“圣人甚重卜筮”，但实际强调的是不疑不问；虽说甚敬祭祀，但实际突出“非祀之祈，亦不为也”；虽不否定鬼神，但重在说明鬼神“何奈于我”。特别是对于住宅、宫室的解释，用事实破除迷信，很有说服力，这在东汉谶纬迷信笼罩的社会里，是难能可贵的。同样，对于骨法相术，王符虽然没有全部否定，但他表明起决定作用的是人的作为。如果没有人的作为，“天地所不能贵贱，鬼神所不能贫富也”（《相列》）。这种强调人的主观能动性的理论，是对骨法相术迷信的有力批判，也是一种唯物主义观点的体现，在东汉学术界是独树一帜的光辉思想。还有对于梦的理解，虽然王符所解释的直梦、象梦并不正确，但对于因气候、季节、病情、情绪不同而分别产生的感气之梦、应时之梦、病气之梦、性情之梦等的解释，是符合唯物主义思想原则的，是科学的。尤其是对于占梦原则的阐述，有助于消除人们对梦的幻想和恐惧。梦本身并不起作用，起作用的是人的作为，这就打破了人们对梦的迷信。这种占梦法，符合唯物主义思想原则，在当时有着积极的作用，闪耀着科学的光芒。

《潜夫论》全面而深刻地批判当时的社会现实，对政治状况、军事形势、社会风气的真切记录，使其成为反映东汉社会的一面镜子。从这个角度来讲，它具有较高的史学价值。还有，像《赞学》篇赞美学习的功效，劝人勤奋学习；《遏利》篇勉励人们爱好道义而不要贪图财利；《浮侈》篇提倡节俭，反对奢侈；《交际》篇主张交际时要讲道义，守信用，不论贵贱，善始善终；《论荣》篇对君子和小人进行界定等，都说明《潜夫论》不仅讲治国安邦之策，还包含为人处世之道，具有广泛的教育价值和实用价值。另外，《潜夫论》质朴踏实的议论，丰富多样的论据，极富雄辩的说理，缜密井然的结构，平中见奇的语言，灵活多样的修辞等，都体现出该书具有极高的文学价值。

当然，《潜夫论》所蕴含的丰富的思想内容远不止这些。但遗憾的是，长期以来，我们似乎很少青睐祖先留下的思想宝库，人们的精神生活不同程度地存在着诸如信仰危机、道德滑坡、价值理想淡薄之类的问题，简单地说就是人文精神缺失的问题。如果能够批判地汲取其思想精华，必将有助于提高国民的素质，有助于建设我们美好的家园。《〈潜夫论〉品读》正是在学习、借鉴前贤研究成果的基础上，经过自己的辛勤耕耘孕育而成的。全书按照原著的体例，分三十六篇。由于篇幅所限，每篇选出两段（或一段）具有较大借鉴意义的文字，以飨读者。为了便于理解，对每篇原文的题目给出了解读，对所选段落拟出标题，做出注释，并写出1000字左右的品读文字（个别篇目较长），以方便读者阅读。同时，在品读之后，再附上带有导言和标题的扩展阅读，便于读者开阔视野、举一反三。如果读者在掩卷沉思之后，觉得有所收获，那本人就如愿以偿了。

本书的编写工作，得到了兰州大学博士生导师雷恩海教授的全力支持，他为本书审稿提出了许多中肯的意见。韶关学院王富鹏教授和陇东学院卢晓河教授审定初稿并给出了诸多宝贵的修改建议。兰州大学出版社的张仁、张雪宁两位编辑老师在全书定稿后对本书存在的许多细节问题进行了指正。陇东学院科技处与“农耕文化及陇东民俗产业开发研究中心”也对本书给予了一定的支持。学姐樊英女士，昔日同窗同学路遥先生、王学翠女士，学生骆华、张亮、水进江、蒋毅等同学都为校稿付出了辛勤的劳动，在此一并致谢！我的母亲于新蕊女士已经年逾古稀，为解我后顾之忧以早日完成书稿，忍受病痛折磨，推迟住院治疗，承担了全部家务，舐犊之心，令我不胜感念！成书之路如同取经，任务繁杂坎坷频出，家兄张博，以达观心态笑对疾患，手足之情虽千山万水而不阻隔，给了我莫大的鼓舞。由于才疏学浅，加上时间仓促，本书失误纰漏在所难免，敬祈方家指正，以期再版臻善。

**作　者**

**二〇一五年母亲节于陇东学院**

# 目　录

# 赞学第一

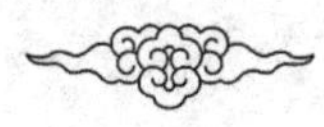

【题解】

赞，进也。劝勉的意思。赞学就是勉励人学习。"赞学"篇是《潜夫论》中的第一篇，是一篇赞美学习的功效而劝人勤奋学习的文章。王符认为，人的道德才能都来源于"学"，因此，读书学习对一个人至关重要。"是故凡欲显勋绩扬光烈者，莫良于学矣"。故列"赞学"为第一篇。文中继承了先秦思想家荀子"善假于物"的观点，认为人的知识、才能不是先天就有的，只有通过后天学习才能获得。他明确指出："虽有至圣，不生而知，虽有至材，不生而能。"人需要学习，就像原材料需要加工一样。他的这种朴素唯物主义思想，对东汉时期占统治地位的谶纬神学宣扬的唯心论的先验论，是一个有力的批判。





【原文】

## 为学必有师

天地之所贵者人也[①]，圣人之所尚者义也[②]，德义之所成者智也，明智之所求者学问也[③]。虽有至圣，不生而知[④]；虽有至材，不生而能。故志曰[⑤]：黄帝师风后[⑥]，颛顼师老彭[⑦]，帝喾师祝融[⑧]，尧师务成[⑨]，舜师纪后[⑩]，禹师墨如[⑪]，汤师伊尹[⑫]，文、武师姜尚[⑬]，周公师庶秀[⑭]，孔子师老聃[⑮]。若此言之而信，则人不可以不就师矣。夫此十一君者，皆上圣也，犹待学问，其智乃博，其德乃硕，而况于凡人乎？

（选自彭铎《潜夫论笺校正》卷一《赞学第一》，下同）

【注释】

①《荀子·王制》认为,人“最为天下贵者也”。 ②圣人:《尚书·洪范》孔安国《传》:“于事无不通谓之圣。”习惯上指人格品德最高的人。《论语·阳货》:“子曰:‘君子义以为上。’”上,同尚。义:《礼记·中庸》:“义者,宜也。”指思想行为符合时代的标准;泛指道义、正义。 ③《汉书·董仲舒传》:“强勉学问,则闻见博而知益明。”知,同智。 ④《论语·述而》:“子曰:‘我非生而知之者,好古敏以求之者也。’” ⑤故志:古书。 ⑥黄帝:与下文的颛顼(Zhuānxū)、帝喾(kù)、尧、舜,都是传说中的古帝王,实为原始社会后期部落联盟的首领。风后:黄帝的相。 ⑦老彭:传说中的人物。 ⑧祝融:传说中帝喾的火官。 ⑨务成:尧时人名。 ⑩纪后:舜时人名。 ⑪禹:夏禹,夏朝的创立者。墨如:即墨台(yí),夏禹的诸侯。 ⑫汤:成汤,商代开国君主。伊尹:商初大臣,曾辅佐成汤建立商王朝。 ⑬文、武:周文王与周武王。姜尚:姜太公吕望,周朝开国功臣。 ⑭周公:姓姬名旦,周武王的弟弟。武王死后,他辅佐成王并制定了一整套奴隶制国家的典章制度。庶秀:周朝人名。 ⑮孔子:即孔丘,春秋时期的思想家、教育家,儒家学派的创始人。老聃(dān):老子,姓李名耳,字聃,道家学派的创始人。

【品读】

儒家向来重视学习。《论语》的首句即云:“学而时习之,不亦说乎”;荀子不但有《劝学》篇,首句亦曰:“学不可以已”。作为《潜夫论》的开篇文字,提出“为学必有师”的道理,就是强调后天学习的重要性,具有劝勉的意义。

天地所重视的是人,圣人所崇尚的是义,德义成就的原因是明智,明智所借助的是学问。人乃万物之灵,是天地之间最为宝贵的,孔子说:“天地之性人为贵。”(《孝经·圣治章》)而道德是人类的精神支柱,是人的内在灵魂。一个人要将仁、智、信、直、勇、刚等高尚的品德得以弘扬,靠的是学习。学习就是获得知识、掌握技能、增长智慧和蓄养道德的过程。从小处说,个人谋生、安身立命、道德的培养,需经过长期刻苦的学习;往大处讲,治国平天下的本领,也要靠学习得来。学习是人们成长的必经之路和强大动力，学习是人一生的行为，是天地之间最为重要的事情。

学习固然重要，却没有一生下来什么都知道，什么都能干，而不需要学习的人。方仲永五岁便能作诗，可谓天赋异禀。然而其父亲贪图利益，使他荒废了学业，天才最终归于平庸。三国时期的吕蒙，原来不好读书学习，后因孙权劝说"乃是就学"，最终变得让人刮目相看。举世闻名的发明家爱迪生，小时候被称为"低能儿"，还因此被赶出校门。但就是这个"低能儿"后来经过勤奋努力的学习，一生拥有2000多项发明创造，被誉为"世界发明大王"。没有人生来就通晓天文地理，也没有人生来就黑白分明。即使是圣人，也不是生下来就什么都知道，什么都能干。歌德曾说："人不光是靠他生来就拥有一切，而是靠他从学习中所得到的一切来造就自己。"人的智慧和能力，虽有先天禀赋的作用，但更在于后天的学习和培养。

当然，学习的方法有很多种，选择从师而学是最为直接有效的途径。荀子曰："学莫便乎近其人"(荀子《劝学》)，意思是说为学之道，再没有比接近贤师良友更为有益的了。因为老师不仅能起到传播知识的作用，还能起到教化的作用，起到做人榜样的作用。一位好老师，胜过万本书。因此，尊师敬师，拜师求学，是求知的捷径。像王符列举的"其智乃博，其德乃硕"的黄帝、颛顼、帝喾、尧、舜、禹等古代十一位上圣大贤，尚且要从师为学，更何况普通人呢？至于汉代读书人苏章背负书箱千里拜师，宋代游酢、杨时立于积雪当中，恭候老师午睡醒来，以及现代的萧红、萧军与鲁迅，毛泽东与徐特立等故事早已传为佳话。可见，"为学必有师"是中华民族的传统美德。

**【扩展阅读】**

导言：这篇论说文说明了老师的重要作用与从师学习的必要性以及择师的原则，抨击了当时"士大夫之族"耻于从师的错误观念，倡导从师而学的风气。文末以孔子言行作证，申明求师重道是自古已然的做法，时人不应背弃古道。

## 师说

古之学者必有师，师者所以传道授业解惑也。人非生而知之者，孰能无惑？惑而不从师，其为惑也，终不解矣。生乎吾前，其闻道也，固先乎吾，吾从而师之。生乎吾后，其闻道也，亦先乎吾，吾从而师之。吾师道也，夫庸知其年之先后生于吾乎！是故无贵无贱，无长无少，道之所存，师之所存也。

嗟乎！师道之不传也久矣，欲人之无惑也难矣。古之圣人，其出人也远矣，犹且从师而问焉。今之众人，其下圣人也亦远矣，而耻学于师。是故圣益圣，愚益愚，圣人之所以为圣，愚人之所以为愚，其皆出于此乎！

爱其子，择师而教之，于其身也，则耻师焉，惑矣！彼童子之师，授之书而习其句读者，非吾所谓传其道解其惑者也。句读之不知，惑之不解，或师焉，或不焉，小学而大遗，吾未见其明也。



巫医乐师百工之人，不耻相师。士大夫之族，曰师曰弟子云者，则群聚而笑之。问之，则曰：彼与彼年相若也，道相似也，位卑则足羞，官盛则近谀。呜呼！师道之不复可知矣。巫医乐师百工之人，君子不齿，今其智乃反不能及，其可怪也欤！

圣人无常师：孔子师郯子、苌弘、师襄、老聃；郯子之徒，其贤不及孔子。孔子曰：三人行，则必有我师。是故弟子不必不如师，师不必贤于弟子，闻道有先后，术业有专攻，如是而已。

（节选自童第德《韩愈文选·师说》，人民文学出版社，1980）

【原文】

## 道成于学

夫道成于学而藏于书，学进于振而废于穷[①]。是故董仲舒终身不问家事[②]，景君明经年不出户庭[③]，得锐精其学而显昭其业者，家富也；富佚[④]若彼，而能勤精若此者，材子也。倪宽卖力于都巷[⑤]，匡衡自鬻于保徒者[⑥]，身贫也；贫厄若彼，而能进学若此者，秀士也。当世学士恒以万计，而究涂者无数十焉[⑦]，其故何也？其富者则以贿玷精[8]，贫者则以乏易计，或以丧乱期其年岁[9]，此其所以逮初丧功而及其童蒙者也[10]。是故无董、景之才，倪、匡之志，而欲强捐家出身旷日师门者[11]，必无几矣[12]。夫此四子者，耳目聪明，忠信廉勇，未必无俦也[13]，而及其成名立绩，德音令问不已[14]，而有所以然，夫何故哉？徒以其能自托于先圣之典经，结心于夫子之遗训也。

【注释】

①振：奋也，奋发自励。穷：止，中止自己的努力。 ②董仲舒：西汉景帝至武帝时人，曾任博士，为西汉儒家代表人物。 ③景君明：即京房，字君明，景、京通用，为西汉宣帝、元帝时的儒生。 ④佚（yì）：通"逸"。富佚即富裕闲适。 ⑤倪宽：西汉儒生，武帝时为御史大夫。都巷：据《汉书·倪宽传》应作"都养"，即厨工。倪宽在太学读书时，"贫无资用"，曾为太学生做过饭。 ⑥匡衡：西汉儒生，元帝时的丞相。鬻（yù）：卖身。保徒：佣人。 ⑦究：终，竟。涂：通"途"。究途者：指坚持学习到底的人。 ⑧贿：钱财。玷：污损。精：专一。 ⑨期：待。意为因遭丧乱而迁延就学的岁月。 ⑩逮：王宗炎疑为"违"之误。违初：违背原来求学的志向。及：彭铎先生疑为"终"（古文作"夂"）之误。童蒙：幼稚无知。 ⑪捐家出身：离家献身。旷日：荒废时间。 ⑫几：近。"无几"同"不几"，意为不能达到。 ⑬俦（chóu）：匹偶。 ⑭德音、令问：美名。

【品读】

道理是藏在书本中的，经过学习才能掌握。学业进步靠的是勤奋努力，学习荒废是因为怠惰而止步。这段文字不但强调了读书学习的重要性，还主张学习要勤奋专一，要有才识意志，因而具有劝诫的作用。

古人说：读书是为了明理，为了修身，为了成为贤人。也就是说，通过读书学习，可以明白事理，开阔视野，丰富阅历，净化心灵。特别是，通过学习先圣的经典才能具备圣人的道德修养。比如阅读《论语》《孟子》《大学》等儒家

经典，就能感受“饭疏食、饮水，曲肱而枕之，乐亦在其中矣”的人生情怀，能理解“天下为公”的社会理想，能懂得“修身齐家治国平天下”的责任意识，能明白“富贵不能淫，贫贱不能移，威武不能屈”的人格操守和“智者乐水，仁者乐山”的生命智慧等等。正所谓“书中自有黄金屋，书中自有颜如玉”，读书是人们学习的重要途径。

可是，学如逆水行舟，不进则退。所以，为学须有勤奋努力的态度，切不可半途而废。勤奋努力是一种精神状态，是求知的动力，它要求鼓足干劲，意气风发地投入学习中，并且坚持不懈。孔子“十有五而志于学”(《论语·为政》)，“默而识之，学而不厌”，“发愤忘食，乐以忘忧，不知老之将至”(《论语·述而》)，他一生勤学善思、持之以恒。从战国苏秦的“引锥刺股”到西汉匡衡的“凿壁借光”，从东晋车胤的“萤入疏囊”到北宋司马光的“圆木警枕”，这些耳熟能详的故事都体现出唯有勤奋努力，才会有学业进步的道理。也正因为此，韩愈将“书山有路勤为径，学海无涯苦作舟”，颜真卿把“黑发不知勤学早，白首方悔读书迟”作为他们的励志之铭。重视读书、勤奋好学，早已成为我国世代相传的优良传统。

然而，勤奋努力总是要跟用心专一联系起来，才能发挥作用。因为“目不能两视而明，耳不能两听而聪”(《荀子·劝学》)，无论做什么事，都要专心致志地去做，何况是“入乎耳，箸乎心”(《荀子·劝学》)的学习过程。西汉董仲舒，一生不管家事，专心攻读，孜孜不倦，终成汉代名儒；同时代的著名学者、易学家京房，学问精深，成就显著，据说其专心学习的程度到了终年不出门户的地步。当然，这两位学者用心专一的故事并不代表做学问就必须关起门来，足不出户。相反，积极参加社会实践，了解社会，多做力所能及的事，不但不妨碍学问，更可以促进对学问的理解。

学业的精进成功，还取决于个人的才识与意志。董仲舒和京房出身富裕家庭，但他们并未沾染富家子弟的纨绔习气，他们锐精于学业，成就卓著，完全是才力的表现。倪宽和匡衡出身贫寒，但并不因生活困乏而中止学业，他们专心为学，锲而不舍，是一种意志力的表现。如果一个人既没有董、京的才力，又缺少倪、匡的意志，却要勉强离开家庭，在师门下长期学习，肯定没有成功的希望。这也就是东汉太学的学生，常常数以万计，而有成就的不到几十人的真正原因。

图1　董仲舒三年不窥园

【扩展阅读】

导言：荀子认为人必须靠心才能认识真理(即“道”)，因为心是人形神的主宰，它能做到空灵、专一、不乱，即“虚壹而静”。所选文字通过列举仓颉、后稷、夔、舜等人名声流传的原因，意在说明其用心专一的道理。

## 用心专一才能精

故好书者众矣，而仓颉独传者，壹也；好稼者众矣，而后稷独传者，壹也；好乐者众矣，而夔独传者，壹也；好义者众矣，而舜独传者，壹也；倕作弓，浮游作矢，而羿精于射；奚仲作车，乘杜作乘马，而造父精于御：——自古及今，未尝有两而能精者也。曾子曰：是其庭可以搏鼠，恶能与我歌矣！

（节选自梁启雄《荀子简释》第二十一篇《解蔽》，中华书局，1983）

# 务本第二

【题解】

本文是王符论述他的治国主张的重要篇章，从经济领域和意识形态两个方面阐明了他的见解。他认为只有“富民”和“正学”，才能“成太平之基，致休征之祥”，而两者又是密切相关的。他通过对当时社会情况的调查了解，提出了对农、工、商三者的“本”“末”的看法，认为只要三者皆“守本离末”，均可以富民利国。他对农、工、商的社会地位和实际作用做出了较全面的估价和肯定。纠正了“农本商末”的传统之见，突破了当时思想家的理解认识水平，见解独到，对我国古代经济思想的发展做出了重要贡献。

【原文】

## 富民正学，太平之基

凡为治之大体[1]，莫善于抑末而务本[2]，莫不善于离本而饰末。夫为国者以富民为本[3]，以正学为基[4]。民富乃可教[5]，学正乃得义，民贫则背善[6]，学淫则诈伪[7]，入学则不乱，得义则忠孝。故明君之法，务此二者，以为成太平之基，致休征之祥[8]。

（选自彭铎《潜夫论笺校正》卷一《务本第二》，下同）

【注释】

①大体：大要，纲领。　②末：末业，末事。本：本业，根本。　③《管子·

治国》篇："凡治国之道，必先富民。民富则易治也，民贫则难治也。" ④《礼记·学记》："古之王者，建国君民，教学为先。""基"字原缺，据《四部丛刊》本补。 ⑤《论语·子路》："冉有曰：'既富矣，又何加焉'？子曰：'教之'。"《汉书·食货志》："食足货通，然后国实民富而教化成。" ⑥《邓析子·无厚》："凡民有穿窬(yú)为盗者，有诈伪相迷者，此皆生于不足，起于贫穷。" ⑦淫：不正。《吕氏春秋·知度》："至治之世，其民不学淫学流说。"高诱注："不学正道为淫学"。 ⑧休征：好兆头。

**【品读】**

治国要以富民为根本，以正学为基础。这段文字所阐述的"富民""正学"的治国之道，不仅对当时及后世的治国思想有着积极的影响，而且对当今以民为本的执政理念也具有重要的借鉴价值。

古人云："仓廪实则知礼节，衣食足则知荣辱。"(《管子·牧民》)衣食是人的基本生存需求，只有人的基本生存需求得到满足，才会追求感情的更高要求，以提升道德修养。相反，如果人的温饱问题都得不到保障，整天为衣食忙碌，哪有闲暇顾及道德和礼仪？恐怕连最基本的人伦礼节都会丧失，所谓"饥寒至身，不顾廉耻"(晁错《论贵粟疏》)。况且，"穷山恶水出刁民"，一旦物质条件得不到基本的满足，为生活所迫，人为了生存就会铤而走险，甚至引起社会动乱。故而，儒家大力倡导民本思想，强调富民是国家长治久安的前提，把"富民"作为治国的根本保障。荀子云："足国之道，节用裕民"(《荀子·富国》)；管仲不但提出"凡治国之道，必先富民"(《管子·治国》)的主张，而且在担任齐相主持政务后，能与百姓同好恶，流通货物，积累资财，使得人民生活富裕，府库财富充盈，礼仪得到发扬，政令畅通无阻，齐国很快走上了国富兵强的道路，成为春秋第一霸。由此说来，"夫为国者以富民为本"的思想，有其深刻的理论和历史依据。

然而，"有恒产者有恒心"(《孟子·梁惠王上》)。使百姓有了一定财产，让他们富裕起来，再进行文明礼仪教化，才会出现富庶繁荣、重德崇礼的局面。据

史书记载，子贡问为政，孔子曰："富之，即富乃教之也。此治国之本也。"(《说苑·建本》)可见，人民富足了才可教育，接受教育就不会混淆是非；学业正当了才能得到道义，懂得道义就会尽忠尽孝。也就是说，给人民以足够受教育的机会，让其学习正当的学业，才会知书达理，遵守礼仪。而教育搞好了，不仅能提高人的道德水平，知识水平也会大大提高，科技才会发展，物质才会丰富，人民才会安居乐业。

正因如此，历史上重视教育、发展正学的君王大有人在。如汉武帝特别重视发展官学，以太学为重点，规模宏大，世界罕见；隋文帝建立隋朝后设立国子寺(后改名国子监)，在办学育人、繁荣学术、发展科举取士等方面，积累了许多宝贵经验；唐高祖一进长安，天下未定，就下诏设立学校，安排宗室子弟和其他青年上学。从中央到地方，都设有官办的学校，用来劝导和奖掖青年人学习上进，谋求仕宦；唐太宗于贞观年间，在提倡休养生息使百姓逐渐富裕起来的同时，重视文化教育，在中央设置最高学府，使得国家强盛，社会风气良好，以至出现了"路不拾遗、夜不闭户"的情形。相反，民贫则不可教，不可教则不能正学，以至于道德沦丧，法律失范，整个社会陷于动乱之中。历史上的改朝换代，几乎都是在百姓贫困得无法生存时发生的。比如唐懿宗、唐僖宗以昏庸相继，使得生灵涂炭、民悉盗起，终使黄巢"满城尽带黄金甲"的夙愿得以实现，攻陷了长安。由此看来，"富民"与"正学"在治理国家中密切相关，凡英明的君主在治国时都能致力于这两个方面，它是获致太平的基础，是求得吉祥的征兆。

东汉中后期，朝政腐败，政权衰微，社会动荡，民生凋敝。王符之所以倡导"富民""正学"的观点，实为告诫统治者：民之贫富不单是一个经济问题，更是一个对民众的道德状况和政治动向有着强烈影响的问题。因此，执政者若能以富民为本，重视正当的学业，发展教育，教化人民，不断提高人民的道德水平，人与人之间才会和谐相处，社会才能稳定发展。"以富民为本，以正学为基"的治国思想不仅在当时体现了人民的共同愿望，具有积极的进步意义，对于我们今天构建和谐社会也具有重要的借鉴价值。

【扩展阅读】

导言：荀子将"富国"定义为"上下俱富，交无所藏之"，"上富"即"富国库"，"下富"即"富民"，既富国库又富民，国家和百姓的财富都多得无处收藏就叫作"富国"。在富国与富民的关系上，主张必须以富民为富国的基础。

### 民富则国富

上好功则国贫，上好利则国贫；士大夫众则国贫，工商众则国贫，无制数度量则国贫。下贫则上贫，下富则上富。故田野县鄙者，财之本也；垣窖仓廪者，财之末也。百姓时和，事业得叙者，货之源也；等赋府库者，货之流也。故明主必谨养其和，节其流，开其源，而时斟酌焉。潢然使天下必有余，而上不忧不足；如是，则上下俱富，交无所藏之，是知国计之极也。故禹十年水，汤七年旱，而天下无菜色者，十年之后，年谷复熟，而陈积有余，是无它故焉，知本末源流之谓也。故田野荒而仓廪实，百姓虚而府库满，夫是之谓国蹶。伐其本，竭其源，而并之其末，然而主相不知恶也，则其倾覆灭亡可立而待也。以国持之而不足以容其身，夫是之谓至贪，是愚主之极也。将以求富而丧其国，将以求利而危其身，古有万国，今无十数焉，是无它故焉，其所以失之一也。君人者，亦可以觉矣。

（节选自《荀子简释》第十篇《富国》）





【原文】

### 农工商各有本末

夫富民者，以农桑为本①，以游业为末②；百工者，以致用为本③，以巧饰为末④；商贾者，以通货为本⑤，以鬻奇为末。三者守本离末则民富，离本守末则民贫，贫则厄而忘善，富则乐而可教。

【注释】

①《汉书·文帝本纪》："农，天下之大本也，民所恃以生也。而民或不务本

而事末，故生不遂。”《汉书·昭帝纪》：“天下以农桑为本。”桑：泛指种桑、养蚕、纺织等。　②游业：古代指非从事农耕的“游食”之民，包括工商业等。《商君书·农战》：“夫农者寡而游食者众。”“学者成俗，则民舍农从事于说，高言伪议，舍农游食，而以言相高也。”《汉书·食货志》引贾谊：“今殴民而归之农，皆著于本，使天下各食其力，末技游食之民，转而缘南亩，则蓄积足而人力其所矣。”　③《周易·系辞上》说：“备物致用，立成器以为天下利。”　④巧饰：伪饰。巧：欺也。《周礼·地官·胥师》郑玄注：“谓使人行卖恶物于市，巧饰之，令欺诳买者。”　⑤通货：流通货物。

【品读】

据《旧唐书·韦安石传》记载：武则天统治晚期，张易之兄弟恃宠专权，宰相韦安石多次当面羞辱他们，令张氏兄弟极为忌恨。一次，张易之将四川商人宋霸子等人引入宫中，参加武则天所设的宴会。韦安石却奏道：“商人身份低贱，不应参与宫廷饮宴。”说罢命人将其逐出，满座皆为失色。这则故事虽发生在唐代，却反映了我国古代重农抑商、轻商贱商的传统观念。

统治者认为，通过发展农业，封建国家可以征收稳定的土地税来保证财政收入，这有利于社会稳定。而发展工商业不如经营土地那样，能使生活有保障，还会加剧劳动力从土地上流失，造成种种社会问题。因此，在对待农工商业的问题上，自古以来占主导地位的是以农立国、重农抑商的观点。像春秋战国时期的管仲、商鞅、荀子、韩非子都是将农业和工商业对立起来的典型代表。但是，也有一些不同的看法。如西汉司马迁认为：“用贫求富，农不如工，工不如商”（《史记·货殖列传》）；长期主持财政的桑弘羊，亲身体会到富国不能只靠农业，还要发展工商业，主张“开本末之途，通有无之用”（《盐铁论·本议》）；而东汉王符的看法似乎更加全面和辩证。

王符认为，农业、手工业、商业都各有其本末。要使人民富足起来，应以农桑为本，以游业为末；工匠制造器物，应以实用为本，以巧伪修饰为末；商人做买卖，应以流通货物为本，以出售奇巧的东西为末。显然，王符不是在农工

商这几个国民经济部门之间划分本末，而是在各部门内部，根据不同经济活动的目的、性质来区分本末。在王符看来，农业并非富国富民的唯一的经济部门，工商业在“致用”“通货”的范围内和农业一样，也能富国富民；而农桑之外的“游业”，也会损民贫国。这就说明王符的财富观念已经突破了封建传统重农抑商论的框框。

**图2　重农抑商**

两汉时期，随着封建经济的发展，手工业和商业在国民经济中所处的地位越来越重要，并发挥着愈来愈大的作用。但到了东汉末年，天灾人祸不断，社会经济遭到严重破坏。在此情况下，农工商各个部门在农桑、器用、通物三方面遇到的问题是产品不足，而不是过剩，都需要得到大力恢复和发展，而不是限制和压抑，抑制工商只能影响整个国民经济的发展。因此，农工商这三个方面都应是“守本”的对象。如果守本离末，人民就会富足；离本守末，人民就会贫穷。贫穷了，处境困难，就会忘记美德；富足了，生活愉快，就可接受教育。

然而，王符的农工商各有本末论仍没有摆脱传统的重本抑末思想。毕竟，封建农业的基本内容是农桑。王符所说的“富民者，以农桑为本”，实际上

仍然是传统的地主阶级的农本观点。但是,通过对本末概念的重新解释,打着离末的旗号反对正统重本抑末思想的做法自此开始,并被后来许多先进思想家所继承。由于这个口号具有反对封建正统思想的性质,所以它不可能被封建统治阶级所接受,又因为它是地主阶级下层在特定历史条件下的利益和要求的反映,所以也没能被后来的资产阶级思想所采纳。王符的农工商各有本末论在中国经济思想史上自成一章,具有很重要的地位。

当然,传统的重农抑商政策的推行,并不代表商业就不发达。以先秦为例,商业在不同时期仍在经济中占重要地位。《周易》中有大量关于经商活动的记载;春秋时期的齐国,在管仲的治理下,以发展商业而称霸;战国时有诸多大商人,郑国弦高以自己贩卖的牛群慰劳庞大的秦军,避免了一场战祸;范蠡的商业据说从江南达到了河北——其"蠡县"就是以"范老板"的名字命名的;秦始皇统一六国的主要谋臣吕不韦,就是一个大商人。如此等等。



【扩展阅读】

导言:农业是本,工商是末。然汉文帝时,商贾、地主侵夺农民,土地兼并日益严重,广大农民因破产而纷纷流入城市,成为工商业的佣工或无业游民,这就严重影响了农业生产和粮食积贮。为此,贾谊向文帝建议重视农业生产,以增加积贮。

**背本而趋末,天下之大残**

管子曰"仓廪实而知礼节"。民不足而可治者,自古及今,未之尝闻。古之人曰:"一夫不耕,或受之饥;一女不织,或受之寒。"生之有时,而用之亡度,则物力必屈。古之治天下,至纤至悉也,故其畜积足恃。今背本而趋末,食者甚众,是天下之大残也;淫侈之俗,日日以长,是天下之大贼也。残贼公行,莫之或止;大命将泛,莫之振救。生之者甚少而靡之者甚多,天下财产何得不蹶!汉之为汉几四十年矣,公私之积犹可哀痛。失时不雨,民且狼顾;岁恶不入,请卖爵、子。既闻耳矣,安有为天下阽危者若是而上不惊者!

……

夫积贮者，天下之大命也。苟粟多而财有馀，何为而不成？以攻则取，以守则固，以战则胜。怀敌附远，何招而不至？今驱民而归之农，皆著于本，使天下各食其力，末技游食之民转而缘南亩，则畜积足而人乐其所矣。可以为富安天下，而直为此廪廪也，窃为陛下惜之！

（节选自王先谦《汉书补注·本志》第四卷《食货志上》，上海古籍出版社，2008）

# 遏利第三

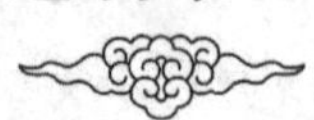

【题解】

遏利，即遏止财利，意思是反对贪得无厌地侵占财富。在本篇中，王符揭露了当时豪强、官僚口头上“贵廉让”“贱财利”，行动上却“释廉甘利”的虚伪面目，并用历史上正反两方面的例子来证明自己的观点。他提出了“行善”“申道”、立“志节”、“彰德义”的主张，又提倡正直，反对奸诈，提倡节俭，反对奢华。王符从匡时救俗的目的提出的这些意见，尽管反映了儒家的传统思想，但他对东汉统治者狡诈、贪婪、奢侈的批判，切中时弊，很有意义。

【原文】

## 嗜财甘利不可取

世人之论也，靡[①]不贵廉让而贱财利焉，及其行也，多释廉甘利[②]。之于人[③]徒知彼之可以利我也，而不知我之得彼，亦将为利人也[④]。知脂蜡之可明镫也，而不知其甚多则冥之。知利之可娱己也，不知其称而必有也[⑤]。前人以病[⑥]，后人以竞[⑦]，庶民之愚而衰暗之至也。予故叹曰：何不察也？愿鉴于道[⑧]，勿鉴于水。象以齿焚身，蚌以珠剖体[⑨]；匹夫无辜，怀璧其罪[⑩]。呜呼问哉[⑪]！无德而富贵者，固可豫吊也[⑫]。

（选自彭铎《潜夫论笺校正》卷一《遏利第三》，下同）

【注释】

①靡:无,没有。 ②释:舍,弃。甘:嗜好。 ③于:何本作"举"。王宗炎以为"之于"二字衍。 ④利人:汪继培疑为"人利"之倒。《左传·宣公十四年》:"贪必谋人。谋人,人亦谋己。" ⑤此处文有脱误。汪继培疑当作"不知其积而必有祸也"。 ⑥病:弊,祸害。以病:以之为病,认为它是祸害。 ⑦竞:逐,追逐。 ⑧鉴:照镜子,引申为审查鉴别。道:此指社会的道德、原则。《史记·蔡泽列传》:"鉴于水者,见面之容;鉴于人者,知吉与凶。" ⑨《左传·襄公二十四年》:"象有齿以焚其身,贿也。"《淮南子·说林训》:"蛖、象之病,人之宝也。"高诱注:"蛖,大蛤,中有珠;象牙还以自疾,故人得以为宝。" ⑩《左传·桓公十年》:"周谚有之:匹夫无罪,怀璧其罪。"意指财宝能招祸。 ⑪问:汪继培疑为"闻"之误。彭铎先生云:"古字'闻'与'问'通……'闻哉'者,呼而欲人闻之,犹欲人勿忘而言'识之哉'耳。" ⑫《汉书·景十三王传赞》:"亡德而富贵,谓之不幸。"古谓死为"不幸",故曰"可豫吊"。

【品读】

俗话说:"金钱不是万能的,但没有金钱又是万万不能的。"人们对于财富的追求天经地义、无可厚非。但是,追求如果超过一定的限度,到了嗜财甘利的地步,则会自取灭亡,是万不可取的。

图3 汉文帝和宠臣邓通

西汉文帝的宠臣邓通，被文帝赐予铜山，垄断铸钱，可谓家财万贯，但最终饿死在街上，头上连一根簪子都没有；北魏的元琛用金子做马的环锁，用银子做马槽，贪纵财利，恣情聚敛，终被削爵；清代的和珅，一人家产竟相当于清政府当时十余年的国库财政总收入，最后被勒令自尽。可见，因为贪得无厌地侵占财富，其下场注定是可悲的。这就如同油脂可以使灯明亮，但油脂过多，灯反而会灭掉一样。人只知道财产可以使自己快乐，却不知道财力过多必招致祸患。大象因为牙齿贵重遭杀身之祸，河蚌因为藏有珍珠而被剥开身体，百姓本来无罪，身藏璧玉就会获罪。财富虽可使人得利，但人在靠它得利的同时，别人也同样在谋他的利。西晋的石崇富可敌国，却落了个家破人亡的结局，身临刑场，石崇才有明悟："那些奴辈，是想谋夺我的家财"；元末明初首屈一指的富豪沈万三，在商业中谋求最大利益，却终被朱元璋发配流放，落了个妻离子散的下场，让后人感慨唏嘘。沈万三在谋取众人财富的同时，朱元璋也在谋取他的财富。

如此而言，在财富面前，有多少人被蒙住了双眼，迷失了自我，又有多少人因自身不廉，疯狂贪婪，终落人财两空的结局。他们忘记了道义，谋取私利，为富不仁。《大学》云："德者本也，财者末也。"道德是人的根本，财富只是枝叶。若以财富为根本，无视道德修养的人，不可能真正存活于世上，只会深陷泥潭，难以自拔。正因为此，世人的言论，没有不推崇廉让而鄙视财利的，但到行动起来时，多数人则抛弃廉让，嗜财甘利。所谓"人为财死，鸟为食亡"。

王符生活在东汉社会风气日渐衰落的时期，当时人们追求金钱至上、唯利是图的拜金主义风气盛行。在这种氛围中，官吏之间相互勾结，谋取私利；富贵之家，为了一己之私，追逐钱财，不顾道义；平常老百姓也跟着崇尚功利，唯恐落后，而"一旦富贵，则背亲捐旧，丧其本心"(《后汉书·王符传》)。甚至，在整个社会交往中，人与人的关系也开始建立在利益之上，嫌贫爱富，不顾对方德行。王符对此深恶痛绝，他认为前人已看清财利是祸害，后人还把它作为追逐的目标，百姓愚蠢糊涂至极，他主张以道德鉴别是非。这样的观点，对于今人也有着极为深刻的借鉴意义。

【扩展阅读】

导言：西晋贵族公卿们过着穷奢极欲的生活，以挥霍浪费为乐事，其中最著名的当属石崇与王恺斗富的故事。石崇斗富是迷失自己的表现，最终陷入了万劫不复的地狱。

### 石崇斗富

（石崇）财产丰积，室宇宏丽。后房百数，皆曳纨绣，珥金翠。丝竹尽当时之选，庖膳穷水陆之珍。与贵戚王恺、羊琇之徒以奢靡相尚。恺以粭澳釜，崇以蜡代薪。恺作紫丝布步障四十里，崇作锦步障五十里以敌之。崇涂屋以椒，恺用赤石脂。崇、恺争豪如此。武帝每助恺，尝以珊瑚树赐之，高二尺许，枝柯扶疏，世所罕比。恺以示崇，崇便以铁如意击之，应手而碎。恺既惋惜，又以为嫉己之宝，声色方厉。崇曰："不足多恨，今还卿。"乃命左右悉取珊瑚树，有高三四尺者六七株，条干绝俗，光彩曜日，如恺比者甚众。恺怳然自失矣。

（节选自房玄龄等《晋书》卷三十三《列传第三·石苞》，中华书局，1974）

【原文】

### 秉节守志美名扬

昔周厉王好专利[①]，芮良夫谏而不入[②]，退赋桑柔之诗以讽[③]，言是大风也，必将有隧；是贪民也，必将败其类。王又不悟，故遂流死于彘。虞公屡求以失其国[④]，公叔戌崇贿以为罪[⑤]，桓魋不节饮食以见弑[⑥]。此皆以货自亡，用财自灭。楚斗子文三为令尹[⑦]，而有饥色，妻子冻馁，朝不及夕；季文子相四君[⑧]，马不饩粟，妾不衣帛；子罕归玉[⑨]；晏子归宅[⑩]。此皆能弃利约身，故无怨于人，世厚天禄，令问不止[⑪]。伯夷、叔齐饿于首阳[⑫]，白驹、介推遁逃于山谷[⑬]，颜、原、公析因馑于郊野[14]，守志笃固[15]，秉节不亏，宠禄不能固[16]，威势不能移，虽有南面之尊，公侯之位，德义有殆[17]，礼义不班[18]，挠志如芷[19]，负心若芬[20]，固弗为也。是故虽有四海之主弗能与之方名[21]，列国之君不能与之钧重[22]；守志于一庐之内[23]，而义溢乎九州之外[24]，信立乎千载之上，而名传乎百世之际。

**【注释】**

①周厉王(？—前828年)：姓姬名胡，周夷王之子，西周第十位王，前878年—前841年在位。在位期间，任用荣夷公实行"专利"，即以国家名义垄断山林川泽，不准国人(指工商业者)依山泽而谋生，借以剥削人民。后死于彘。事见《国语·周语》。 ②芮良夫，周厉王的卿士。不入：不纳，不听从。 ③桑柔：《诗·大雅》篇名。《诗序》："《桑柔》，芮伯刺厉王也。"有句云："大风有隧，贪人败类"。郑玄笺："隧，道也。类：善也。"孔颖达疏："毛(亨)以为大风之来也有道，以喻贪人之所为也有性。贪人有此恶行，败于善道。" ④虞公：春秋时虞国国君。其弟虞叔有一块美玉，虞公不但要这块玉，又要索取虞叔的宝剑。虞叔认为虞公贪得无厌，于是把他赶出虞国。事见《左传·桓公十年》。 ⑤公叔戌：春秋时卫国人，富裕而傲慢，卫侯厌恶他，要定他的罪，公叔戌便逃奔鲁国。事见《左传·定公十三年》。崇贿：拥有大量财富，巨富。《左传》说："卫侯恶于公叔戌，以其富也。" ⑥桓魋(tuí)：春秋时宋国司马，恃宠骄横，为宋景公所忌，景公让母亲多次宴请，以伺机杀掉他。桓魋遂叛逃，最后死于鲁郭门之外。事见《左传·哀公十四年》。 ⑦斗子文：即斗穀(gòu)於菟(wūtú)，子文是他的字，春秋时楚国名相。令尹：楚国称宰相为令尹。其事见《国语·楚语》。 ⑧季文子：春秋时鲁国大夫季孙行父。《左传·成公十六年》："季孙于鲁，相二君矣，妾不衣帛，马不食粟。"相四君：指季孙历文、宣、成、襄四君而后卒。下句饩(xì)粟，即食粟。 ⑨子罕：春秋时宋国大夫。有人向他献玉，他不接受，并说，我以不贪为宝，你以玉为宝，假如我接受了你的玉，那我们两个人便都没有宝了。事见《左传·襄公十五年》。 ⑩晏子：即晏

婴,春秋时齐国大夫。齐景公为晏子修筑新宅,毁掉了不少邻居的房屋。晏子知道这件事,就毁掉新宅,为邻居修复旧屋并让他们回来住。事见《左传·昭公三年》。 ⑪令问:即令闻,好名声。止:汪继培疑为“亡”之误。亡:消失。 ⑫伯夷、叔齐:商朝封国孤竹国国君的两个儿子。周武王伐商时,伯夷、叔齐反对。武王取天下后,伯夷、叔齐逃避到首阳山,不食周粟而死。见《论语·季氏》。 ⑬《诗·小雅·白驹》:“皎皎白驹,在彼空谷。”比喻贤人遁逃山谷。介推:介子推,又叫介之推,春秋时晋国贵族。曾随晋文公在外逃亡十九年,后来文公返国当上了国君,奖赏臣属时,没有赏他。介子推遂同其母隐居绵上山中。事见《左传·僖公二十四年》。 ⑭颜、原、公析:即颜回、原宪、公析哀,都是孔子的学生。《史记·游侠列传》说他们“读书怀独行君子之德,义不苟合当世,终身空室蓬户,褐衣疏食不厌,死而已。” ⑮笃:固。 ⑯固:汪继培疑为“回”之误。回:犹“移”,改变。 ⑰殆:危险。句意指危及德义之事。 ⑱班:通“辨”。 ⑲挠:曲。芷:香草。 ⑳负:违背。以上两句为“挠如芷之志,负若芬之心”的倒文。 ㉑方:比,并。 ㉒钧:通“均”,等。 ㉓“一”字原缺,据程本补。 ㉔溢:超出。

**【品读】**

古人云:“君子爱财取之有道,小人爱财取之以利。”这里面包含着利和义的取舍关系。钱财,每个人都需要,每个人也都希望有所拥有。因为它是物质生活的一种体现,人们要改善生活,就必须获得钱财。但取财不可行不义之道,损他人,损国家,损社会,而肥自己。

历史上有这样一则故事。齐国国王派人送了一百斤金给孟子,孟子拒绝了。第二天,薛国又送来五十镒金,他却接受了。孟子的学生陈臻十分奇怪,问道:“如果说昨天不接受齐国的金子是对的话,那么今天接受薛国的金子就应该是错的,反过来,如果今天是正确的,那么昨天就是错误的。这里面有什么道理呢?”孟子说:“在薛国的时候,当地发生了战争,国王要我为之考虑设防的事,所以我应该接受我劳动所得的报酬。至于对齐国我没有做什么事,却赠金给我，显然是想收买我，你在哪里见过君子是可以用金钱收买的呢？所以，或辞而不受，或受而不辞，对我来说，都是根据道义来确定的。”

荀子说：“好利恶害，是君子小人之所同也；若其所以求之之道则异矣。”（《荀子·荣辱》）意思是说，人人都喜欢利益，不喜欢祸害，这是共同的人性。但君子重义不轻利，不取不义之财；小人则见利忘义，得利忘害。那些两眼只盯着财利的人，为了满足财欲，贪婪成性，不择手段，他们舍义取利的做法不仅丧失了自我，也损害了别人甚至国家的利益。古时周厉王爱独占财利，大臣芮良夫劝谏不被采纳，退朝以后便写了《桑柔》一诗讽刺厉王，但厉王不悔悟，最后被流放死于彘地；春秋时期，虞国国君贪图晋献公价值连城的美玉和宝马，终被灭掉了国家。人不能受财利、厚禄、权势的摆布，成为它们的奴隶，做贪欲的傀儡。否则，即使能享受一时，其结果只能是自取毁灭。



孔子曰：“不义而富且贵，于我如浮云。”（《论语·述而》）违背道义得来的富贵，亵渎了道义，玷污了人格，这样的富贵如天上的浮云而不值追攀。而有的人宁可舍弃财利，丢弃富贵，也要节俭自守。春秋时期，楚国的斗子文三次做宰相，家中却无一日之积蓄，常常吃了上顿没下顿，脸色都不好了，妻子儿女也跟着受冻挨饿；鲁国的季子文先后辅佐过四位国君，但家中没有穿丝绸衣服的妻妾，没有喂过粮食的马匹；宋国的子罕拒绝接受别人送来的美玉；齐国的晏子归还邻居的住房，等等。这些人不贪财、不好利、崇尚道义，不但自己能得到良心的安慰和一生的安宁，而且因为没有人怨恨他们，所以流芳千古。

古人云：“不以穷变节，不以贱易志。”（桓宽《盐铁论·地广》）不要因为穷困而改变自己的气节，也不要因为地位低贱而更改自己的志向。这说明，君子应当有安贫乐道的精神，在贫穷困乏中仍能坚持理想和信念，坚守自己的人格和尊严，做到利不可诱、义不可屈、节不可夺。像伯夷、叔齐饿死在首阳山；介子推不贪求利禄，功成身退，逃入大山深谷之中；孔门弟子颜回、原宪、公析哀忍受饥饿困守郊野。还有“不为五斗米折腰”的陶渊明，感叹“人生自古谁无死，留取丹心照汗青”的文天祥，等等。他们都在恶劣的环境中保持着高尚的气节和坚定的志向，不为高位厚禄所动，不被威力权势所摇，体现了君子守得住清贫、耐得住寂寞、挡得住诱惑的操守。因此，千百年来，他们良好的信誉散播九州，美好的名声传扬四海。

【扩展阅读】

导言：周厉王贪图财利，他重用的宠臣荣夷公也擅长敛财，并喜欢独占财物。大臣芮良夫很有政治智慧，极力反对天下的财富被一人独占，从而谏阻周厉王，但周厉王不听良臣之忠言，最终招致祸乱，客死他乡，可悲可叹。

## 好利而不知大难

夷王崩，子厉王胡立。厉王即位三十年，好利，近荣夷公。大夫芮良夫谏厉王曰："王室其将卑乎？夫荣公好专利而不知大难。夫利，百物之所生也，天地之所载也，而有专之，其害多矣。天地百物皆将取焉，何可专也？所怒甚多，而不备大难。以是教王，王其能久乎？夫王人者，将导利而布之上下者也。使神人百物无不得极，犹日怵惕惧怨之来也。故颂曰'思文后稷，克配彼天，立我蒸民，莫匪尔极'。大雅曰'陈锡载周'。是不布利而惧难乎，故能载周以至于今。今王学专利，其可乎？匹夫专利，犹谓之盗，王而行之，其归鲜矣。荣公若用，周必败也。"厉王不听，卒以荣公为卿士，用事。

（节选自司马迁《史记》卷四《周本纪第四》，中华书局，2014）

# 论荣第四

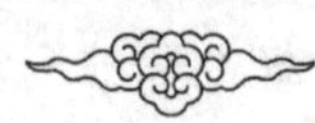

【题解】

本文论述荣辱贵贱尊卑贤愚的道理，以说明怎样选择任用贤人的问题，是反映王符人才思想的重要篇章。王符反对"任人唯亲"，主张"任人唯贤"。他猛烈抨击了东汉统治者"以族举德""以位命贤"的用人路线，论证了寡德高位之人不足以为荣的观点，提出了选用人才"不可必以族""不可必以位"的主张。也就是说，不拘门第高低、血统贵贱、职位尊卑，只要有才德的人，就应该选拔任用。王符的这种主张，反映了门第较低的地主阶级革新派反对豪门世族垄断政权，要求参与国家政权的愿望，是顺应历史发展的进步主张。

【原文】

## 用人不必求全责备

昔自周公不求备于一人[①]，况乎其德义既举[②]，乃可以它故而弗之采乎？由余生于五狄[③]，越蒙产于八蛮[④]，而功施齐、秦，德立诸夏[⑤]，令名美誉，载于图书，至今不灭。张仪[⑥]，中国之人也，卫鞅[⑦]，康叔之孙也[⑧]，而皆谗佞反覆，交乱四海[⑨]。由斯观之，人之善恶，不必世族；性之贤鄙，不必世俗[⑩]。中堂生负苞[⑪]，山野生兰芷[⑫]。夫和氏之璧，出于璞石；隋氏之珠[⑬]，产于蜃蛤。《诗》云："采葑采菲，无以下体[⑭]。"故苟有大美可尚于世，则虽细行小瑕曷足以为累乎[⑮]？

（选自彭铎《潜夫论笺校正》卷一《论荣第四》，下同）

【注释】

①《论语·微子》:“周公谓鲁公曰:‘君子不施其亲,不使大臣怨乎不以。故旧无大故,则不弃也。无求备于一人。’” ②举:立。此指德行已有成就。 ③由余:其祖先为春秋时晋国人,后逃亡到西部少数民族居住的戎地。由余生于戎地,后被秦穆公用为谋臣,灭十二戎国,扩地千里。事见《史记·秦本纪》。五狄:古代对居于我国北方五个少数民族的合称,这里泛指北方少数民族地区。 ④越蒙:春秋时越国人蒙,后被齐国任用,使齐强盛。见《史记·邹阳传》。八蛮:古代南方有八蛮国。这里泛指南方少数民族地区。 ⑤诸夏:中国,指古代中原华夏族国家。 ⑥张仪:春秋时魏国人,后入秦,惠文王时任为相,他用“连横”政策瓦解了东方六国的“合纵”。 ⑦卫鞅:即商鞅,卫国人,后入秦,实行变法富国强兵。王符对张仪、商鞅的评价反映了汉儒的观点。 ⑧康叔:周武王的弟弟。 ⑨《诗经·小雅·青蝇》:“馋人罔极,乱四国。”交为构合之义,构合两端,使彼此相嫌,而生惑乱。 ⑩世俗:风土习俗。承上文“或因所来”而言。 ⑪从俞樾说,“堂”应作“唐”,“负”当作“萯”。《诗经·陈风·防有鹊巢》:“中唐有甓。”中:中庭,庭院之中。唐:堂途,由庭堂到大门的路。萯、苞:两种野草。 ⑫兰、芷:都是香草。 ⑬隋氏:指隋侯,西周时的姬姓诸侯。据《淮南子·览冥训》高诱注,隋侯救过一条负伤的大蛇,后来这条蛇于江中衔了一颗大珠报答他。蜃蛤(shèn'gé):大蚌。 ⑭见《诗·邶风·谷风》。葑:又叫芜菁,蔓菁。菲:古时类似萝卜一类的菜。下体:指根部。郑玄笺:“此二菜者,皆上下可食,然其根有美时有恶时,采之者不可以根恶时并弃其叶。”即“取其一美,不尽其恶”之意。 ⑮瑕:玉上的斑点,以喻缺点。

【品读】

俗话说“金无足赤,人无完人”,“尺有所短,寸有所长”,任何人都是优点和缺点的复合体,关键在于如何对待优点和缺点。

有一则寓言说一个农夫为了捕鼠,从外地弄回一只擅长捉鼠的猫,但这

只猫不仅能捉鼠，也喜欢吃鸡。不几天，家中的老鼠被捉光了，鸡也所剩无几。农夫的老婆想把这只猫弄走，农夫说："祸害我们家的是老鼠，老鼠不除，就会偷吃我们的食物，咬坏我们的衣物，损坏我们的家具，我们就会受冻挨饿。没了鸡，大不了不吃鸡肉罢了，还不至于挨冻受饿。"农夫对待猫，尚能做到不苛求完美，看其主要优点，而用人者对人才的使用又会怎样呢？

西汉大臣魏无知给刘邦推荐了陈平，却遭到刘邦的责备，原因是有人反映陈平品行不端（有与嫂子私通、受贿的行为）。而魏无知认为，有些人虽然品德好，却在打仗时派不上用场；陈平乃奇谋之士，虽有盗嫂受金之事，但在楚汉相争之际，对刘邦取胜有大益。刘邦听从了魏无知的建议，重用了陈平，陈平的才能得到了充分发挥，为汉室的创建立下汗马功劳。雍正年间，有个叫李卫的人深得雍正器重，先是做了云南盐驿道，后因政绩卓著又升任云南布政使。然李卫生性直爽，性格粗暴，有时难免对人刻薄，对上司也有顶撞，于是有人向雍正告状。雍正对前来告状的人说："李卫粗率狂妄，这是大家所知的，我用他，主要是看他做事干练，清明廉洁，很有政绩，其他那些都是小事。"后来，李卫成了雍正王朝三位封疆大吏之一，为国家做出了贡献。美国总统林肯在内战期间，宣布任命格兰特为总司令，但他手下的人十分担心，私下劝告他说："格兰特嗜酒成性，难当大任。"然而，

图4 刘邦重用陈平

林肯将独特的军事才能作为选拔将领的主要依据。格兰特虽然在生活上有嗜酒的缺点，但他高超的军事指挥才能是大局所需。历史事实证明，林肯用格兰特为帅，对击败南军，平定内乱起了重要作用。看来，历史上那些明君贤臣或有远见卓识的人，在用人上都非常强调看主流，观本质，不计较小过失。也因此，他们身边聚集了一大批能人，为他们事业的发展奠定了坚实的基础。

《吕氏春秋·劝学》曰："人固难全，权而用其长者，当举也。"人本来就难以十全十美，如果大节美好为世人所崇尚，那么即使有小缺点，怎么能成为任用的妨碍呢？看长处，天下无不用之才；看短处，天下无可用之人。对于有才能的人，应不拘一格扬长避短大胆起用，而不必求全责备。

【扩展阅读】

导言：王夫之认为，即使是贤人也不可能没有毛病，没有一丁点过失的正直之士是不存在的。如果放任小人整天找碴儿，再谨小慎微的君子也难逃被判罪的下场。因此，求全责备是极不现实的。

### 无过者鲜矣

贤者之周旋视履而无过者亦鲜矣，刚柔之偏倚，博大谨严之异志，皆有过也。贪廉之分，判于云泥，似必不相涉矣，而欲求介士之纤微，则非夷、惠之清和，必有可求之瑕璺。君天下者，因其材，养其耻，劝进于善，固有所覆盖而不章，以全国体、存士节，非不审也，乃小人日伺其隙，而纠之于细微，言之者亦凿凿矣，士且侧足求全而不逸于罪罟，则人且涂饰细行以免咎，曲徇宵小以求容，而锲刻之怨，独归于上，此流毒于荐绅而失士心之券也。民心离，士心不附，上有余怨，下有溢怒，国家必随之以倾。

（节选自王夫之《读通鉴论》卷一七《梁武帝》，中华书局，1975）

【原文】

## 不以出身论贤才

是以用士不患其非国士[①]，而患其非忠；世非患无臣[②]，而患其非贤。盖无羁縻[③]。陈平、韩信，楚俘也，而高祖以为藩辅，实平四海，安汉室[④]；卫青、霍去病，平阳之私人也，而武帝以为司马，实攘北狄，郡河西[⑤]。惟其任也，何卑远之有？然则所难于非此土之人，非将相之世者，为其[⑥]无是能而处是位，无是德而居是贵[⑦]，无以我尚而不秉我势也[⑧]。

【注释】



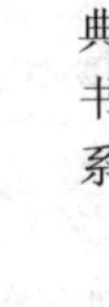

①国士：这里指本国之士，即下文所说“此土之人”。 ②王宗炎说，这句应作“非患无世臣”。按，疑应作“不患其非世臣”。世臣：世家大臣。 ③这句有脱文。 ④陈平、韩信：原来都是项羽的部属，后从刘邦，屡建功劳。藩辅：辅佐，主要助手。 ⑤卫青、霍去病：为汉武帝时名将，曾多次击匈奴，定河西，汉王朝先后设立武威、酒泉、张掖、敦煌四郡以治理之。卫青之父本为平阳侯曹时的属吏，与侯妾卫媪私通而生卫青。霍去病为卫青之姊子，所以说“平阳之私人”。私人：家臣。司马：古代武官名，这里泛指将领。北狄：这里指匈奴。 ⑥其：指反对用“非此土、非将相之世”的人。 ⑦《荀子·王制》篇云：“无德不贵，不能不官。”以上两句“是能”“是位”“是贵”的“是”都是指示代词，两两相对，犹言有“这”能耐，处“这”位置。 ⑧汪继培说，“不”字疑衍，“秉”或是“乘”之误。《韩非子·八说》：“以智士之计，处乘势之姿，而为其私急，则君必欺焉。”乘势：利用权势。尚：辅佐。

【品读】

为政之要，首在用人。纵观历史，无论是政权的更替，时代的变迁，人才始终都在其中发挥着重要作用。曹孟德礼贤下士，不论门第，终成一代枭雄；唐太宗新设弘文馆，广纳天下英才，故有贞观盛世。用一贤人则群贤毕至，见贤思齐则蔚然成风。然人才的使用,从来都有难处:或不知,或不信,或不荐,或不用,或以小过黜大功,或以诘奸伤忠正,或以邪说乱正度,或以谗嫉废贤能。而按家世、地位以及出身地域来评判人、使用人成为王符生活时代的用人弊病。

据《史记·仲尼弟子列传》载,冉雍的父亲是"贱人",冉雍自己虽然资质甚美,后天之学也甚得孔子嘉赏,但他本人潜意识里却总有自卑感,总以为自己出身低微而矮人一等。孔子劝慰冉雍,用了一个有趣的比喻:黄黑色毛的牛居然产下浑身通红、两角端正的犊,即使不想用它充牺牲献神,那山川之神会舍弃它吗? 意思是说,冉雍出身不好,其父贱恶,但不影响他本人被任用。冉雍具备了治国理政的真才实学,别人想不用他,天地鬼神都不会答应。孔子告诉我们:人的出身高低贵贱虽然无法选择,但走什么样的人生之路却可以选择,关键要看本人是否贤能。因此,在选人用人时要破除门第观念,着重看其品德和才能。

的确如此,以刘邦用人为例:樊哙是杀狗卖肉的屠夫,周勃是个吹鼓手,萧何仅是个小县吏,灌婴是个布贩子,彭越本是个盗贼。这些人出身低贱,但得到了刘邦的重用,帮助刘邦平定天下,成为安定汉室江山的功臣。卫青、霍去病原是平阳侯的家臣,都是出身卑贱的人,而被汉武帝重用,他们统帅军队,赶走了匈奴,在河西走廊设立了四郡。这是从家世出身来说的,再看出生地域。春秋时期的由余出生在"西戎"之地,后被秦穆公用为谋臣,灭十二戎国,扩地千里;越国人蒙,生长在"南蛮"地区,后被齐国任用,使齐强盛。他们美名佳誉,载于史册。战国时期的张仪虽说出生在中原礼仪之邦,商鞅是周宗室康叔的后代,可都是花言巧语,反复无常,把天下搅得乱哄哄的。可见,人的才能贤明、品性善恶与其出身家世、出生地域之间并没有必然的联系。

东汉后期,由于贵戚宠臣和不法官吏的营私舞弊以及君主的昏庸无能,"以族举德""以位命贤"的不正之风大肆盛行,真正的贤才被排斥在外,而被任用的大都是官宦外戚子弟,他们像当今的"官二代""富二代"一样高人一等,处处开着绿灯,而那些贫寒正直之士,虽有高尚的品德和高深的学问,却

因地位低下，出身卑贱，备受压制与排斥，所谓“势家多所宜，咳唾自成珠。被褐怀金玉，兰蕙化为刍”(赵壹《刺世疾邪赋》)。王符出身贫寒，地位卑微，因为是庶出且没有外公祖家，受到乡里之人的鄙视，加上他耿介正直，不愿攀附权贵，虽满腹经纶，却终生未仕。因此，王符不以出身、地域论贤才的主张，无疑也含有作者怀才不遇的激愤情绪。

【扩展阅读】

导言：东汉辞赋家赵壹为人清高耿直、狂傲不羁，遭到乡里豪贵的排抑，又处在外戚、宦官篡权争位的夹缝中，其志向、才能不得施展。他所创作的《刺世疾邪赋》尖锐地揭露了东汉黑暗腐朽的社会本质，公开批判了种种丑恶现象，对出身豪门贵族和贫寒之家的不同境遇，表示了极大的愤慨。



### 法禁屈桡于势族

原斯瘼之攸兴，实执政之匪贤。女谒掩其视听兮，近习秉其威权。所好则钻皮出其毛羽，所恶则洗垢求其瘢痕。虽欲竭诚而尽忠，路绝险而靡缘。九重既不可启，又群吠之狺狺。安危亡于旦夕，肆嗜欲于目前。奚异涉海之失柂，积薪而待燃。荣纳由于闪揄，孰知辨其蚩妍。故法禁屈挠于埶族，恩泽不逮于单门。宁饥寒于尧舜之荒岁兮，不饱暖于当今之丰年。乘理虽死而非亡，远义虽生而匪存。

有秦客者，乃为诗曰：河清不可俟，人命不可延。顺风激靡草，富贵者称贤。文籍虽满腹，不如一囊钱。伊优北堂上，抗脏倚门边。

鲁生闻此辞，系而作歌曰：埶家多所宜，咳唾自成珠。被褐怀金玉，兰蕙化为刍。贤者虽独悟，所困在群愚。且各守尔分，勿复空驰驱。哀哉复哀哉，此是命矣夫！

（节选自范晔《后汉书》卷八十下《赵壹》，中华书局，2007）

# 贤难第五

【题解】

贤难，就是贤人当难，近乎俗话所说"好人难做"的意思。本篇的议论是针对东汉的腐朽统治而发的。东汉中期以后，外戚、宦官交替专权，各自培植私人势力，贤才得不到重用，正直之士反遭迫害。王符指出，不是没有贤人，而是"贤材"修善、行贤"必遇患难"，"处士不得直其行，朝臣不得直其言"。当时的最高统治者只是空喊求贤，"目见贤者不敢用，耳闻贤者恨不及"。这样下去，王朝覆灭不可避免。本篇针砭时弊、尖锐深刻，匡时救俗之意溢于言表，王符的人才思想包融于其中。

【原文】

## 嫉妒是害人的毒药

夫国不乏于妒男也，犹家不乏于妒女也。近古以来，自外及内，其争功名妒过己者岂希也[①]？予以惟两贤为宜不相害乎？然也，范雎绌白起[②]，公孙弘抑董仲舒[③]，此同朝共君宠禄争故耶[④]？惟殊邦异途利害不干者为可以免乎？然也，孙膑修能于楚[⑤]，庞涓自魏变色[⑥]，诱以刖之[⑦]；韩非明治于韩[⑧]，李斯自秦作思[⑨]，致而杀之。嗟士之相妒岂若此甚乎！此未达于君故受祸邪？惟见知为可以将信乎？然也，京房数与元帝论难，使制考功而选守[⑩]；晁错雅为景帝所知；使条汉法而不乱[⑪]。夫二子之于君也，可谓见知深而宠爱殊矣，然京房冤死而上曾不知，晁错既斩而帝乃悔。此材明未足卫身故及难邪？惟大圣为能无累乎？然也，帝乙以义故囚[12]，文王以仁故拘[13]。夫体至行仁义[14]，据南面师尹卿士[15]，且犹不能无难，然则夫子削迹[16]，叔向缧绁[17]，屈原放沈[18]，贾谊贬黜[19]，钟离废替[20]，何敞束缚[21]，王章抵罪[22]，平阿斥逐[23]，盖其轻士者也[24]。

（选自彭铎《潜夫论笺校正》卷一《贤难第五》，下同）

【注释】

①希：通"稀"。 ②范睢(jū)：战国时期魏国人。秦昭王时为秦相。绌：通"诎"，冤枉。白起：秦国大将。白起率军围攻赵都邯郸时，相国范睢与他意见不合，范睢与秦昭王合谋，召回白起，后又逼他自杀。事见《史记·白起列传》与《范睢列传》。 ③公孙弘：汉武帝时的丞相。他与董仲舒都是经学大师，在治《春秋公羊传》方面，他与董仲舒互不服气，互相攻击。公孙弘向汉武帝进言，让董出任胶西王相，把他赶出京城。事见《史记·儒林列传》。 ④"争"字上下有脱文。 ⑤孙膑：孙武的后代，齐国人，战国时著名军事家。《吕氏春秋·不二》高诱注说他是楚人，为齐臣。 ⑥庞涓：孙膑的同学，后任魏国大将。 ⑦刖(yuè)：古代把脚砍掉的酷刑。以上事见《史记·孙子吴起列传》。 ⑧韩非：战国末期韩国人，先秦法家思想家。明治，《诸子品节》作"明法"，是。 ⑨李斯：战国末期楚国人，韩非的同学。后入秦任廷尉、丞相等职。秦攻韩时，韩王派韩非出使秦国，受到秦始皇的重视。后遭李斯陷害，下狱，自杀。事见《史记·韩非列传》。 ⑩京房：即景君明，西汉元帝时立为博士。曾屡次上疏，以灾异说推论时政得失，并制考功课吏法。后因劾奏石显专权，被排挤，出为魏郡太守；不久，下狱死。事见《汉书·京房传》。 ⑪晁错：西汉政论家，历任博士、御史大夫等职。景帝时，他主张削减或取消诸侯王的封地，更定法令，加强中央集权。后吴楚等七个诸侯王叛乱时，晁错被杀。事见《汉书·晁错传》。雅：甚。条：条定，分别制定。 ⑫帝乙：商王汤。曾被夏桀囚于夏台。事见《史记·夏本纪》。 ⑬文王：周文王姬昌。曾被殷

纣王拘于羑里。事见《史记·周本纪》。 ⑭汪继培说,"至"字疑衍。《汉书·东方朔传》:"太公体行仁义。"体行:身体力行。 ⑮据南面:指作皇帝。师尹卿士:泛指朝廷上的大官。 ⑯夫子:孔子。《庄子·让王》:"夫子……削迹于卫。"削迹,指不被任用。 ⑰叔向:即羊舌肸(xī),春秋时晋国大夫。缧绁(léixiè):捆绑犯人的绳索,这里用作动词,即囚禁。公元前552年,因其弟弟羊舌虎与栾盈同党,叔向一度被范宣子逮捕。事见《左转·襄公二十一年》。 ⑱屈原:战国时期楚国大夫,著名爱国诗人。曾辅佐楚怀王,主张变法图强,后遭谗去职。顷襄王时被放逐,最后投汨罗江而死。事见《史记·屈原列传》。 ⑲贾谊:西汉文帝时著名文学家、政论家。先后任博士、太中大夫,主张加强中央集权,打击分裂割据势力。后被贬为长沙王太傅。事见《史记·贾谊列传》。 ⑳钟离:即钟离意,东汉明帝时为尚书。后因上疏谏诤,免尚书职,出为鲁相。事见《后汉书·钟离列传》。 ㉑何敞:东汉和帝时任侍御史、尚书,因多次上疏斥责外戚窦宪等专横贪暴,由此结怨,出任济南太守。后任中郎将,因蔡伦奏他诈病,坐抵罪,卒于家。事见《后汉书·何敞列传》。 ㉒王章:西汉成帝时任谏大夫,司隶校尉、京兆尹等职,敢直言,因合奏外戚王凤专权,被王凤陷害,下狱致死。事见《汉书·王章传》。 ㉓平阿:西汉平阿侯王仁。素刚直,为王莽所惮,莽命大臣以罪过奏王仁,遣就国。后迫令自杀。事见《汉书·元后传》。 ㉔汪继培疑此句应作"盖是其轻者也"。





**【品读】**

木秀于林,风必摧之。

著名的寓言故事《鸟的评说》:麻雀说燕子是怕冷的懦夫,燕子说黄鹂徒有一身美丽的装束,黄鹂说杜鹃声音悦耳但动机不纯,杜鹃说鹦鹉最无原则,鹦鹉说喜鹊奴颜媚骨,喜鹊说苍鹰好高骛远,而苍鹰又说麻雀鼠目寸光……这些鸟儿的优点正是其他鸟儿不足的地方,所以被嫉妒。

嫉妒就是一种自私、封闭、心胸狭隘的心态,是一种因抱怨、憎恨别人某方面超过自己而攻击或诋毁他人的心理情感。而"人是一种易于嫉妒和犯错误的动物”(荷马史诗《奥德赛》)。如果一个人有了嫉妒的心理,在利益的驱动下,或许会不同程度地采取排斥、中伤、诬陷、打击,甚至害命等卑劣的手段来维护自己的声望和地位。正因为此,不知从何时起,嫉妒的情感就像幽灵般地在人间游荡。可以说,在一定程度上,嫉妒是每个人都无法躲避的生命情感。正所谓:同道者相爱,同艺者相嫉;同与者相爱,同取者相嫉;同病者相爱,同壮者相嫉,人情自然也。

庞涓与孙膑曾一起学习兵法,但庞涓学业不如孙膑。庞涓在魏国任将军时,担心孙膑发展对自己不利,于是派人将正在齐国的孙膑请到魏国,设计陷害,使孙膑受到挖去膝盖骨的酷刑,成为残废。被后人尊为“中医祖师”的扁鹊医术精湛,享有盛誉。他到秦国行医时,秦国的医官怕扁鹊治好秦王的病,显出自己无能,便派人把扁鹊刺杀了。还有白起自刭,仲舒辞官,韩非饮鸩,京房冤死,晁错被斩,帝乙囚身,文王遭拘,夫子削迹,叔向陷狱,屈原放沉,贾谊贬黜,钟离废替,何敞束缚,王章抵罪,平阿斥逐……正因为嫉妒不受性别也不受地域的限制,故在人类社会漫长的历史长河中,留下了这一串串歪歪斜斜、疏疏密密的“足迹”。而这些惊心动魄,令人不寒而栗的历史事件,更让人相信:嫉妒是害人的毒药。

图5 曾国藩家书

嫉妒还会毁掉事业。在楚汉战争之初，项羽势力要比刘邦大得多，然而结果却是项羽被刘邦打败。刘邦在一次酒宴上与群臣探讨项羽失败的原因，有人指出："项羽嫉妒贤能，有功者害之，贤者疑之，战胜而不予人功，得地而不予人利，此所以失天下也。"(《史记·高祖本纪》)项羽的嫉贤妒能，使他的队伍离心离德，力量日益削弱，最后彻底失败，断送了大业。而唐太宗李世民对于比自己能力强的人，从不嫉贤妒能，而是以宽广的胸怀容纳重用这些人，使他们能够聚集在自己的周围，一起打天下，并出现了"贞观之治"的盛世景象。可见，嫉妒对于事业的危害实在是太大了。

曾国藩说："德莫凶于妒。"(《忮求诗二首》其一)意思是，一个人的品性中最丑恶、最凶狠的本性都不如嫉妒情感显得那样恶劣。因此，消除嫉妒情感自然就成了儒学最为关心的人生问题之一。而曾国藩也说："善莫大于恕。"就是说，一个人品性中最完美、最善良的本性都不可超越宽恕这一至高的德行。毕竟，恕就是宽容，宽容就是心胸开阔，宽厚待人。宽容要求性格豁达，胸怀坦荡，心地磊落，不过分看中一己之私利，一时之得失；不过分计较名誉地位。当他人取得成就时，不犯红眼病，不起忌恨心。即使不如自己的人在升迁、晋级、名誉、地位上一时高于自己，也不会显得过分的沮丧、悲愤、不满和仇恨。相反，一个人要有敢于竞争、勇于进取的精神，依靠自己拼搏奋斗，堂堂正正地与对手一比高低；要能正视自己的缺点，做有自知之明的人；还要加强思想修养，克服个人主义和虚荣心，把别人的成就和荣誉当作自己学习的榜样和前进的动力。如此而已，在人生的旅途上，才是克服嫉妒的最好方法。

【扩展阅读】

导言：性格刚毅、野心勃勃的吕太后，由于嫉恨得宠的戚夫人，不但毒死了戚夫人所生的赵王如意，还将戚夫人剁掉四肢，挖出眼睛，熏聋耳朵，强迫她喝下哑药，把她扔在厕所里变为"人彘"。

## 人彘

吕太后者，高祖微时妃也，生孝惠帝、女鲁元太后。及高祖为汉王，得定陶戚姬，爱幸，生赵隐王如意。孝惠为人仁弱，高祖以为不类我，常欲废太子，立戚姬子如意，如意类我。戚姬幸，常从上之关东，日夜啼泣，欲立其子代太子。吕后年长，常留守，希见上，益疏。如意立为赵王后，几代太子者数矣，赖大臣争之，及留侯策，太子得毋废。

……

吕后最怨戚夫人及其子赵王，乃令永巷囚戚夫人，而召赵王。使者三反，赵相建平侯周昌谓使者曰："高帝属臣赵王，赵王年少。窃闻太后怨戚夫人，欲召赵王并诛之，臣不敢遣王。王且亦病，不能奉诏。"吕后大怒，乃使人召赵相。赵相征至长安，乃使人复召赵王。王来，未到。孝惠帝慈仁，知太后怒，自迎赵王霸上，与入宫，自挟与赵王起居饮食。太后欲杀之，不得间。孝惠元年十二月，帝晨出射。赵王少，不能蚤起。太后闻其独居，使人持鸩饮之。黎明，孝惠还，赵王已死。于是乃徙淮阳王友为赵王。夏，诏赐郦侯父追谥为令武侯。太后遂断戚夫人手足，去眼，煇耳，饮瘖药，使居厕中，命曰"人彘"。居数日，乃召孝惠帝观人彘。孝惠见，问，乃知其戚夫人，乃大哭，因病，岁余不能起。使人请太后曰："此非人所为。臣为太后子，终不能治天下。"孝惠以此日饮为淫乐，不听政，故有病也。

（节选自《史记》卷九《吕太后本纪第九》）





【原文】

## 贤人难免于祸害

故所谓贤难也者，非贤难也，免则难也。彼大圣群贤，功成名遂，或爵侯伯，或位公卿，尹据天官[①]，柬在帝心[②]，宿夜侍宴[③]，名达而犹有若此，则又况乎畎亩佚民、山谷隐士[④]，因人乃达，时论乃信者乎[⑤]？此智士所以钳口结舌，括囊共默而已者也[⑥]。

【注释】

①尹:俞樾说:“尹字无义,疑‘尸’字之误。”尸:担任。《汉书·李寻传》:“充备天官。”王先谦补注:“天工人代,故官曰天官。”《文选·班固〈东都赋〉》李善注引蔡邕《独断》:“百官小吏曰天官。”泛指百官。 ②柬:选择。 ③宿:早。 ④畎(quǎn)亩:田间。 ⑤时:古通“待”。 ⑥《易·坤》:“括囊,无咎无誉。”括囊意为封闭口袋,比喻慎密寡言。共:通“拱”。拱默:拱手缄默。

【品读】

做人难,做贤人更难!

难就难在不是贤人自己做起来难,而是免于灾祸很难。所谓“树欲静而风不止”。贤人是指那些贤明而有才德的人,他们身为平民时有志向、有抱负,身居高位时能为人民造福。然而,在古代,妒贤嫉能、残害忠良之事时有发生,而且常常表现为一种阴险毒辣的攻讦。

秦国名将白起,因为夺取了七十余座城池而战功赫赫,令宰相范雎深恐不已。范雎认为白起灭赵后,秦王即可称帝,会把白起封为三公,而自己到时只能屈居白起之下。于是,范雎先故意休兵,贻误战机,再挑拨秦王流放白起,并最终让秦王“赐剑”,逼白起“自裁”。白起举剑之前,仰天长叹:“我何罪于天而至此哉?”(《史记·白起王翦列传》)白起至死尚不知遭了谁的陷害。法家思想的集大成者韩非,因写了《五蠹》《说难》等文章,受秦王嬴政赏识,李斯唯恐影响自己的仕途,便利用秦王的猜疑心理,设计陷害韩非,指斥韩非“终为韩不为秦”,最终迫使韩非服毒自杀。攻讦者陷害得巧妙,贤人难免于祸害!

大凡贤人,忠诚正直,其言论和行动,不只是称赞别人而已,定有触犯别人的地方。特别是面对君主时,如庄子所言:“汝不知夫养虎者乎? ……虎之与人异类而媚养己者,顺也;故其杀者,逆也。”(《庄子·人间世》)意思是说,伴君如伴虎,只能“顺”,否则就会被残暴杀戮。像比干被挖心,箕子被佯装为奴,伯宗被杀死,郄宛自杀身亡……那些能够免受刑法杀戮之灾的,实在是万

幸。而禹、舜被流放，伍子胥被处死，说明古代最崇高的圣贤，都不能保全自己，更不要说一般的贤人免于祸害了。南宋抗金名将岳飞战功显赫，对与金相勾结的奸相秦桧构成了威胁。秦桧认为，岳飞不死，“终梗和议，己必及祸，故力谋杀之”(《宋史·岳飞列传》)，故强令岳飞从前线班师回朝，并以“谋反”之罪将其杀害。可见，贤人难免于祸害的原因不在贤人，而在攻讦者。攻讦者总是从阴暗的心理出发，将矛头指向那些有碍于或者可能有碍于自己利益的人们。

然而，有的时候，嫉贤害忠者与他们攻击的对象之间并未出现重大利害冲突，在对方或越次擢升，或声誉鹊起之时，他们仅仅出于“妒妇”的心理，便投身于攻讦者的行列。这种“宣恶出于情妒”(刘昼《刘子》)的情况，在中国古代也极为普遍。唐代奸相李林甫，“凡才望功业出己右及为上所厚、势位将逼己者，必百计去之，尤忌文学之士，或阳与之善，啖以甘言而阴陷之”(《资治通鉴·唐玄宗天宝元年》)。对这类人而言，别人的春风得意，尽管对他们实际利益无损，也会不遗余力地加以破坏；别人的倒运背时，即使对他们的实际利益无补，也会从中感到一种恶意的心理满足。

纵观几千年的中华文明史，嫉贤害忠的阴风似乎从不曾止息，贤人遭受祸害的悲剧命运屡屡发生。这些治世过程中涌现出来的邪恶现象，也给后人留下了许多需要掩卷沉思的历史教训。





【扩展阅读】

导言：楚平王幸左尹白州犁，遭到费无忌的嫉妒。费无忌设计进谗言，终于让楚平王诛杀了白州犁。

### 白州犁遭诛

六月，欲用兵，会楚之白喜来奔。吴王问子胥曰：“白喜何如人也？”子胥曰：“白喜者，楚白州犁之孙。平王诛州犁，喜因出奔，闻臣在吴而来也。”阖闾曰：“州犁何罪？”子胥曰：“白州犁，楚之左尹，号曰郄宛，事平王，平王幸之，常与尽日而语，袭朝而食。费无忌望而妒之，因谓平王曰：'王爱幸宛，一国所知，何不为酒一至宛家，以示群臣于宛之厚？'平王曰：'善，'乃具酒于郄宛之舍。无忌教宛曰：'平王甚毅猛而好兵，子必前陈兵堂下、门庭。'宛信其言，因而为之。及平王往，而大惊，曰：'宛何等也？'无忌曰：'殆且有篡杀之忧，王急去之！事未可知。'平王大怒，遂诛郄宛。诸侯闻之，莫不叹息。喜闻臣在吴，故来。请见之。"

（节选自赵晔《吴越春秋》卷第四《阖闾内传》，江苏古籍出版社，1986）

# 明暗第六

【题解】

本篇论述君主“明”“暗”的原因及其与国家治乱的关系。兼听则明，偏信则暗，明则治，暗则乱，是全文立论的中心。作者援引历史以为证，特别以秦二世覆亡教训告诫人主，斥责掌权贵臣结党营私，排斥异己，导致“法乱君孤”的危险局面。尤其从当代现实出发，反复强调君主要“纳下言”“敬卑贱”，改良政治，这在世家豪族统治的东汉时代，尤有重要意义，也是王符政治思想的进步性所在。



【原文】

## 兼听则明，偏信则暗

夫尧、舜之治，辟四门[①]，明四目，通四聪，是以天下辐凑而圣无不照[②]；故共、鲧之徒弗能塞也[③]，靖言庸回弗能惑也[④]。秦之二世，务隐藏己，而断百僚，隔捐疏贱而信赵高[⑤]，是以听塞于贵重之臣，明蔽于骄妒之人，故天下溃叛，弗得闻也。皆高所杀[⑥]，莫敢言之。周章至戏乃始骇[⑦]，阎乐进劝乃后悔[⑧]，不亦晚矣！故人君兼听纳下，则贵臣不得诬，而远人不得欺也[⑨]；慢贱信贵，则朝廷谠言无以至[⑩]，而洁士奉身伏罪于野矣[⑪]。

（选自彭铎《潜夫论笺校正》卷二《明暗第六》，下同）

【注释】

①辟四门：打开明堂的四门。明堂是西周时天子宣明政教的地方。《尚书·舜典》："辟四门，明四目，达四聪。"孔传："开辟四方之门未开者，广致众贤。" ②辐凑：亦作辐辏。车辐聚集于车毂(gǔ)。这里比喻人才聚集和四方归服。《管子·九守·主明》："目贵明，耳贵聪，心贵智。以天下之目视，则无不见也；以天下之耳听，则无不闻也；以天下之心虑，则无不知也。辐辏并进，则明不塞矣。"蔡邕《独断》："皇者煌也；盛德煌煌，无所不照。" ③共：共工，古代神话人物。鲧：大禹之父。儒家传统之说，把他们作为坏人的代表。 ④《左传·文公十八年》："靖谮庸回，服谗搜慝，以诬盛德。"杜预注："庸，用也；回，邪也。"指用意邪僻。也作"静言庸违"，见《尚书·尧典》，孔传："静，谋也"。巧饰之意。 ⑤赵高：秦二世时丞相，有名的奸臣。事见《史记·秦始皇本纪》。 ⑥此句《群书治要》作"皆知高杀"，并有脱误。 ⑦周章：即周文，秦末陈胜农民起义军的将领。公元前209年冬，他带领起义军数十万，攻破函谷关，进至戏亭(今陕西省临潼区境内)，直逼咸阳。 ⑧阎乐：赵高的党羽，秦二世时任咸阳令。公元前207年，赵高命阎乐伪称宫中有贼，带兵杀入宫中，逼迫二世胡亥自杀。进劝：这里指阎乐入宫数二世之罪。 ⑨远人：远方的人，指异族人。 ⑩说言：直言，善言。 ⑪洁士：正直的人。奉身：隐退。伏罪：这里指正直的人被陷害。

【品读】

据《资治通鉴》记载，唐朝时期，太宗问大臣魏徵："人主何为则明，何为则暗？"魏徵答道："兼听则明，偏信则暗。"其实，魏徵的说法，王符早已有之，即所谓"君之所以明者，兼听也；其所以暗者，偏信也。"(《潜夫论·明暗第六》)意思是君主之所以贤明，是因为能够听取多方面的意见；之所以昏庸，是因为只信一方之言。

历史上，君主若能广开言路、多方听取见解，就会越来越圣明；若片面听信谗言，只会越来越愚蠢。尧、舜治理国家时，敞开大门接纳各方贤士，了解四面八方的情况，听取各方的意见，因此天下之人都倾心归向他们；唐太宗从谏如流，能够做到兼听而不偏信，所以成就一代圣主之英明。而秦二世胡亥常隐藏起来不与群臣见面，离弃那些跟自己关系疏远或地位低贱的人，只宠信奸臣赵高。结果，那些敢于直言的大臣都被赵高杀光了，只剩下不敢说话的人。当全国各地都起来造反时，秦二世还不知道，等到自己被迫自杀时，才追悔莫及。

图6　唐太宗与魏征

有人说，“相信一切人和怀疑一切人，其错误是一样的”。因为在很多时候，别人传达给自己的信息往往是不客观、不完整的，并非事情的真相，它需要人们多听多看多了解之后，才能比较全面、客观地评价人或事物，做出正确的决定。明太祖朱元璋就是一个善于多听多看的人。每每在做出重大决定前，都会把幕僚召集到身边，仔细倾听他们的看法，征求他们的意见。从鄱阳湖打败陈友谅到消灭张士诚，再到大军北伐统一江山，不偏信，好兼听，是他能够从一介草民成为皇帝的重要法宝。而隋文帝杨坚恰恰相反——不兼听，好偏信。如在废立太子这一影响朝野大局的事情上，由于始终偏信杨素、杨广与独孤皇后（杨广生母）等人的一面之词，终于废了有勇有谋的长子杨勇，改立五个儿子中最足以败家亡国的次子杨广为接班人。其结果，杨坚在弥留的病榻上被杨广一脚踹毙，爱妃被杨广调戏，隋朝也在历史的舞台上来去匆匆，昙花一现。明太祖“兼听”而兴邦，隋文帝“偏信”而丧国。

当然，“兼听则明，偏信则暗”这句话虽然主要是用来论述治国和用人的，

但也包含着一定的人生哲理和处世之道。《红楼梦》中的晴雯，当她与宝玉临别时，尽诉心中委屈，又恰巧被她的嫂子听到："……可知人的嘴巴是一概信不得的。就比如方才我们姑娘下来，我也料定你们素日偷鸡盗狗的。我进来一会在窗下细听，屋内只你二人，若有偷鸡盗狗的事，岂有不谈及于此，谁知你两个竟还是各不相扰。可知天下委屈事也不少。如今我反后悔错怪了你们。"自己亲眼所见都未必是真，何况是道听途说的呢？看来，只有广泛地听取多方意见，才能做出正确的判断。

**【扩展阅读】**

导言：诸葛亮认为，为政的关键是务必要多听取各方意见，作为君主，要用自己的眼睛多看世上的万物，用自己的耳朵多听各种声音，多向普通百姓征集建议，采纳众人的意见，才算"智"和"神"。

## 为政之道，务於多闻

视听之政，谓视微形，听细声。形微而不见，声细而不闻，故明君视微之几，听细之大，以内和外，以外和内。故为政之道，务于多闻，是以听察采纳众下之言，谋及庶士，则万物当其目，众音佐其耳。故经云："圣人无常心，以百姓为心。"目为心视，口为心言，耳为心听，身为心安。故身之有心，若国之有君，以内和外，万物昭然。观日月之形，不足以为明，闻雷霆之声，不足以为听，故人君以多见为智，多闻为神。夫五音不闻，无以别宫商，五色不见，无以别玄黄。盖闻明君者常若昼夜，昼则公事行，夜则私事兴。或有吁嗟之怨而不得闻，或有进善之忠而不得信。怨声不闻，则枉者不得伸，进善不纳，则忠者不得信，邪者容其奸。故《书》云："天视自我民视，天听自我民听。"此之谓也。

（选自马黎丽、诸伟奇《诸葛亮全集·便宜十六策·视听第三》，安徽文艺出版社，2012）

【原文】

## 予违汝弼，使谏使言

后末世之君危何知之哉[1]？舜曰：“予违，汝弼。汝无面从，退有后言[2]。”故治国之道，劝之使谏，宣之使言[3]，然后君明察而治情通矣。

【注释】

①彭铎先生谓：疑当作“后末世之君何危之知哉？” ②引语见《尚书·益稷》。孔传：“我违道，汝当以义辅正我，无得面从我违，而退后有言我不可弼。”弼：辅助。 ③宣：疏通，引导。



【品读】

舜说过：“我如果违反正道，你们就要纠正我，不要当面服从，背后又议论。”可见，治国之道就是要鼓励大家提意见，引导大家讲话，这样君主才可明察真伪，通晓治乱之情。王符的这段文字，包含着古代贤臣明君之间要善于进谏与纳谏的道理。

在人治时代，君主权利高度集中，君主的政令关乎国家兴衰成败、生死存亡。君主仁慈，天下之人都会仁慈；君主讲正义，天下之人都会讲正义。所谓上梁正了，下梁也不会歪。但是，君主如果有了错误，该怎样呢？周穆王说：“实赖左右前后有位之士，匡其不及，绳愆纠谬，格其非心，俾克绍先烈。”(《尚书·冏命》)意思是说，要依赖身边的官员，匡正其不到之处，纠正过错，端正不正确的思想，使他能够继承先王的功业。这里，周穆王所说的臣子对君主进言劝规，使君主采纳臣子的意见，谓之“谏”。不过，“谏”也包括对尊长或朋友的进言规劝，以及下级对上级、年幼者对长者进行劝告建议的方式。

周穆王希望臣子能进谏，但下级如果不能进谏，不能尽到自己应尽的职责时会怎样?《说苑·臣术》中讲了这样一个故事：齐国宰相晏婴把他手下为官三年谨慎小心却从未有过作为的高辟辞退了，众人不解。晏婴义正词严地说:"我是个不中用的人,正如弯曲的木头需要墨绳来取直,需要斧头来砍、刨子来刨才能做成有用的器具一样,高寮在我身边三年来,看见我的过错却从来不说,这对我有何用? 所以把他辞掉。"说得众人称赞不已。晏婴希望下级匡正自己过失的愿望如此强烈,说明下级要能及时进谏,上级也要善于纳谏,特别是对君王而言。

《战国策》中的齐威王,为了鼓励人们给自己提意见,曾下令:"群臣吏民能面刺寡人之过者,受上赏;上书谏寡人者,受中赏;能谤讥于市朝,闻寡人之耳者,受下赏。"据说,此令既出,讽谏之人络绎不绝,齐国因此大治。历史上的齐威王是否真的如此虚心大度,由于没有更多佐证,不敢肯定。但这个故事反映出儒家的理想:国君的地位虽高,权力虽大,也需要听取批评,越是当面的、尖锐的批评,越应受到提倡。北宋著名清官包拯先后做过御史、枢密副使等官,常常起谏官的作用。一次,宋仁宗有一项任命,包拯不满意,反反复复进谏,说的时候和皇帝距离很近,喷了宋仁宗一脸的唾沫星。宋仁宗没有发脾气,接纳了他的意见,收回成命。宋仁宗善于纳谏,终于迎来"仁宗盛治"。还有像商汤、周武王能听忠言正谏,所以国家得以繁荣昌盛,而夏桀和商纣王喜欢听阿谀奉承的话,所以身死国灭。历史的成败教训是一面有益的镜子,能否广开言路倾听忠言,是事业能否蒸蒸日上的重要标志。

然而,常言道:"良药苦口利于病,忠言逆耳利于行","良言一句三冬暖,恶语伤人六月寒"。心理学研究表明:人都喜欢称赞自己的人,不喜欢指责自己的人。在等级森严的中国古代社会里,虽有像唐太宗、宋仁宗那样能虚心听取下情,采纳臣下意见的君主,但毕竟是少数,因为劝规帝王实在是非常冒险的事情。要不然,比干怎会被剖心? 司马迁如何受宫刑? 而屈原、海瑞等忠臣,都付出了惨痛的代价。这些古代官员劝谏君王,敢于冒犯天威,犯颜抗争,不惜丧命,以死明志。堪称"文死谏"的典范。

当然,古代的文官活在封建制度下,受着三纲五常的控制,选择为谏而"死"是可能的。虽然这些文臣无过,但儒家思想的扭曲和有悖常态的心理令人怀疑。《红楼梦》里的贾宝玉认为:如果皇帝是"明君",则文谏不致死;但如

果是昏君，做臣子死谏的结局一定是被砍头，这会造成什么局面呢？朝中连维持正常运转的人都没有了，大权则落在一群小人手里。真是一语道破天机！

【扩展阅读】

导言：贾宝玉鄙视那些“邀忠烈之名”而“文死谏”的死谏之臣。在他看来，“文死谏”是须眉浊物、沽名钓誉至高的“贞节牌坊”。

### 邀忠烈之名

宝玉听至浓快处，见他不说了，便笑道：“人谁不死？只要死的好。那些须眉浊物只听见‘文死谏’‘武死战’这二死是大丈夫的名节，便只管胡闹起来；那里知道有昏君方有死谏之臣，只顾他邀名，猛拚一死，将来置君父于何地？必定有刀兵，方有死战，他只顾图汗马之功，猛拚一死，将来弃国于何地？——”袭人不等说完，便道：“古时候儿这些人也因出于不得已他才死啊！”宝玉道：“那武将要是疏谋少略的，他自己无能，白送了性命，这难道也是不得已么？那文官更不比武官了：他念两句书，记在心里，若朝廷少有瑕疵，他就胡弹乱谏，邀忠烈之名；倘有不合，浊气一涌，即时拚死，这难道也是不得已！要知道那朝廷是受命于天，若非圣人，那天也断断不把这万几重任交代，可知那些死的，都是沽名钓誉，并不知君臣的大义。比如我此时若果有造化，趁着你们都在眼前，我就死了，再能够你们哭我的眼泪，流成大河，把我的尸首漂起来，送到那鸦雀不到的幽僻去处，随风化了，自此再不托生为人，这就是我死的得时了。”

袭人忽见说出这些疯话来，忙说：“困了。”不再答言。那宝玉方合眼睡着。次日也就丢开。

（节选自曹雪芹《红楼梦》第三十六回《绣鸳鸯梦兆绛芸轩 识分定情悟梨香院》，人民文学出版社，1981）

# 考绩第七

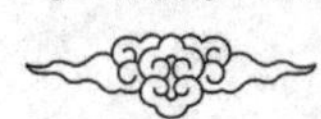

【题解】

考绩，就是考核官吏的治绩。王符主张对官吏要严格考核，才能区别贤愚能否，从而严明赏罚、黜陟得当，这是修明吏治、致太平的要务。不考核，“则吏怠傲而奸宄兴”，“真贤抑而诈伪胜”，于是出现“在位多非其人”，“官职乱荒”，政教混乱的严重局面。他针对东汉豪强政治的弊端，对于官吏贪残，不奉法令，侵冤小民，而贡举失实，弄虚作假，“富者乘其财力，贵者阻其势要；以钱多为贤，以刚强为上”的腐败现状，予以严厉抨击。这在当时是很有现实意义的。

【原文】

## 考核功过，黜陟幽明

夫剑不试则利钝暗，弓不试则劲挠诬[①]，鹰不试则巧拙惑，马不试则良驽疑。此四者之有相纷也[②]，由不考试故得然也。今群臣之不试也，其祸非直止于诬、暗、疑、惑而已，又必致于怠慢之节焉[③]。设如家人有五子十孙，父母不察精愞[④]，则勤力者懈弛，而惰慢者遂非也[⑤]，耗业破家之道也。父子兄弟，一门之计[⑥]，犹有若此，则又况乎群臣总猥治公事者哉[⑦]？传曰：“善恶无彰，何以沮劝[⑧]？”是故大人[⑨]不考功，则子孙惰而家破穷；官长不考功，则吏怠傲而奸宄兴[⑩]；帝王不考功，则直贤抑而诈伪胜[⑪]。故书曰：“三载考绩，黜陟幽明[12]。"盖所以昭贤愚而劝能否也。

（选自彭铎《潜夫论笺校正》卷二《考绩第七》，下同）

**【注释】**

①挠：弱。　②纷：乱，混淆。　③《荀子·君道》："百吏官人无怠慢之事。"怠慢：指怠惰失职。节：事之一端。　④愞（nuò）：怯弱。　⑤也：汪继培疑应作"此"，属下句读。　⑥计：考核。《周礼·天官·小宰》："以听官府之六计，弊群吏之治。"贾疏："计其功过多少而听断之。"　⑦猥（wěi）：杂。总猥：各种人聚集在一起。　⑧传：泛指古书。《左传·襄公二十七年》："赏罚无章，何以沮劝？"《正义》："罚有罪所以止人为恶，赏有功所以劝人为善。"章：通"彰"，明。沮：止。劝：鼓励。　⑨古代称父母叔伯为大人。　⑩奸宄（guǐ）：坏人。　⑪"直"，汪继培疑作"真"。"诈"字原缺，据程本补。　⑫《尚书·舜典》："三载考绩，三考黜陟幽明。"黜（chù）：降职或罢免。陟（zhì）：提升。幽：指愚或恶。明：指智或善。



**【品读】**

俗话说："是骡子是马，拉出来遛遛。"有没有真本事，试一试就知道了。如果不试，马的优劣就无法辨别；宝剑不试，利钝就不清楚；弓箭不试，强弱就不明白；猎鹰不试，其捕获猎物的能力就不能显现。可见，凡事须经过实践的检验，才能对其做出正确客观的评价。

人才的识别也是如此。识人是用人的前提，只有通过实践来考察人，才能辨贤愚、识善恶、察忠奸、分优劣，才能因材施用，人适其事。而正确识人的途径有多种，最有效的办法莫过于考绩，这是检验人才优劣的试金石。在中国古代，考绩就是考核官吏的治绩，也称为考课、考校或考功，即国家依照所颁布的法令和行政计划，在一定的年限内，对各级官吏进行考核，并依其不同表现，不同等级，予以升降赏罚。因此，考绩不仅是国家对官吏实施奖惩、升降、俸禄的主要依据，也是激励官吏奋发向上的有效措施，是我国古代整顿吏治，惩恶扬善的一项重要措施，直接关系着各朝政治的盛衰兴亡。

一代女皇武则天堪称实行考绩制度的成功典范。在她执政期间,不但对一般官吏进行考核,对于那些想当官的人也要进行“试职”——先给一个职位,以试其才能,在做事的过程中再考察他们的能力。通过考绩,涌现出不少名扬千古的官吏,比如狄仁杰、魏元忠、姚崇、张柬之等,都是不可多得的治世贤能,为大唐盛世做出了不少贡献。相反,官吏如果不被考核,如王符所言,就会怠惰傲慢、奸恶滋生。由于没有分辨,缺少评价,必然导致官吏的良莠不齐和怠惰失职之事发生,而真正的贤才就会受到压制,奸诈虚伪之人就会得势,好坏混淆不清。《左传》云:“赏罚无章,何以沮劝?”这个道理很简单,就像一个家庭,有五个儿子十个孙子,如果做父母的不考察儿孙们的精明或怯弱,不了解每个人的态度和能力,大家一起干活儿,“长跑和游泳一起比赛”,“鹌鹑与大鹅一起比大小”,其结果将是:勤劳卖力的懈怠松弛,懒惰轻忽的愈加为非。长此下去,这个家庭必定要破败。父子兄弟一家人尚且如此,何况一个国家?

其实,在中国古代,早在尧、舜之时就有了考绩制度。《尚书》曰:“三载考绩,黜陟幽明。”三年考核功过一次,罢免愚恶,提升贤良。后来,不乏高明见解,汉代董仲舒说:“毋以日月为功,实试贤能为上,量材授官,录德而定位”(《汉书·董仲舒传》);唐代陆贽说:“求才贵广,考课贵精”(《旧唐书·陆贽传》)……这些有关治世的金玉良言,既是他们为政经验的总结,也对后世发挥着重要的借鉴作用。

**【扩展阅读】**

导言:汉代二千石以上官员的子弟可以凭借父兄的地位取得官职,称为任子制度,其弊病较多。董仲舒主张由各地选拔贤者,通过实绩考核,确定他们的功绩,然后再“量材授官,录德定位”。

### 实试贤能为上

夫长吏多出于郎中、中郎,吏二千石子弟选郎吏,又以富訾,未必贤也。

且古所谓功者,以任官称职为差,非所谓积日絫久也。故小材虽累日,不离于小官,贤材虽未久,不害为辅佐。是以有司竭力尽知,务治其业而以赴功。今则不然,累日以取贵,积久以致官,是以廉耻贸乱,贤不肖浑淆,未得其真。臣愚以为使诸列侯、郡守、二千石各择其吏民之贤者,岁贡各二人以给宿卫,且以观大臣之能。所贡贤者有赏,所贡不肖者有罚。夫如是,诸侯、吏二千石皆尽心于求贤,天下之士可得而官使也。遍得天下之贤人,则三王之盛易为,而尧舜之名可及也。毋以日月为功,实试贤能为上,量材而授官,录德而定位,则廉耻殊路,贤不肖异处矣。

(节选自《汉书补注·列传》第二十六卷《董仲舒》)

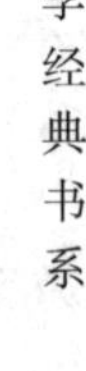


**【原文】**

## 官无废职,位无非人

圣王之建百官也,皆以承天治地,牧养万民者也[①]。是故有号者必称于典,名理者必效于实[②],则官无废职,位无非人。夫守相令长[③],效在治民;州牧刺史,在宪聪明[④];九卿分职,以佐三公[⑤];三公总统,典和阴阳[⑥]:皆当考治以效实为王休者也[⑦]。侍中、大夫、博士、议郎,以言语为职,谏诤为官[⑧],及选茂才、孝廉、贤良方正、惇朴、有道、明经、宽博、武猛、治剧[⑨],此皆名自命而号自定,群臣所当尽情竭虑称君诏也。

**【注释】**

①牧:治民。　②号:称号,如天子、诸侯、大夫、士、民为"五号"。《春秋繁露·深察名号》:"五号自赞,各有分;分中委曲,曲有名;名众于号,号其大全。名也者,名其别离分散也。"号是总称,名是别称。据此,汪继培以为:两句中的"典"与"名"二字疑倒。当作"有号者必称于名,典理者必效于实"。典:主,掌管。典理:掌管政事。　③守相:郡守、国相。令长:县令、县长。汉代万户以上的大县长官称令,万户以下的小县称长。侯国令长为相。　④州牧、刺

史：一州的负责官员。宪：汪继培疑为"悉"之误。《汉书·王嘉传》："公卿股肱，莫能悉心务聪明。"颜师古注："悉，尽也。务聪明者，广视听也。" ⑤据《后汉书·百官志》，太常、光禄勋、卫尉、太仆、廷尉、大鸿胪、宗正、大司农、少府皆卿一人，为九卿。太尉、司徒、司空皆公一人，为三公。 ⑥和：和谐。阴阳：我国古代用来表示对立统一力量的一对哲学范畴。《易·系辞》疏："天下万物，皆由阴阳，或生或成，本其所由之理。"阴阳谐调，则万物生化，天下太平。《尚书·周官》："兹惟三公，论道经邦，燮理阴阳。" ⑦效：验。王休：俞樾说："此言自守相令长至三公，皆当考绩以效实而进退之，贤则任用，不贤则罢斥。'王休'二字借用五行王相休囚之说……以寓进贤退不肖之意。"王相也作"旺相"，事物凡得时为旺相，失时为休囚。 ⑧侍中：秦汉时为侍从皇帝左右、出入宫廷的亲近之职。大夫：秦汉时有谏大夫、中大夫、光禄大夫等"备顾问"之职。博士：秦汉初掌为古今史事待问及书籍典守。议郎：掌顾问应对。故曰："以言语为职。" ⑨"茂才"以下都是汉代荐举的名目。

**【品读】**

西汉始元二年（前81年）二月，丞相田千秋受汉昭帝诏命，与御史大夫桑弘羊一起召集郡国所举贤良文学（汉代选拔官吏的科目之一），询问民间疾苦，这就是著名的盐铁会议。在这次会议上，来自社会下层的贤良文学与代表中央政府的桑弘羊及其助手就汉王朝内外政策进行了激烈辩论。而作为政府首脑及会议主持人的田千秋，俨然是一个袖手旁观的局外人，全然不为双方的激烈争论所动，除了一两句无关痛痒

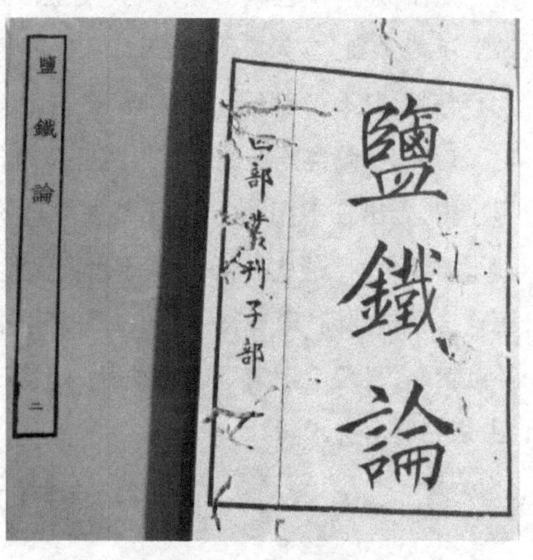


图7 《盐铁论》书影

的简短发问外,竟然什么话也没说。汉宣帝时,桓宽将此次会议的文件加以整理,写成《盐铁论》一书。他对田千秋的表现十分不满,在书中公开批评田千秋。原来,田千秋深知这次会议实际上是一场重大的政治斗争,虽然勉为其难地出席并主持了会议,但不愿得罪任何一方,于是采取了沉默的战术,不做明确表态。

田千秋的做法告诉人们:历代上,总有一些官吏,只求明哲保身,他们在其位不谋其政,甚至贪位苟且,好似尸位素餐,形如虚设。可是,如王符所言:圣明的帝王设置百官,为的是上承天意,治理国土,管理养育亿万百姓。因此,有称号的官吏一定要和其名义相符合,掌管政事的官吏一定要在实际中见功效。这样,就没有挂名的闲职,也没有不称职的人,即所谓"官无废职,位无非人"。像田千秋如能视直言规劝为其分内之事,也不至于招来桓宽的指责。而东汉那些守相令长、州牧刺史、九卿三公等各级官吏,如能各司其职、各尽其责,发挥各自应有的作用,为人民谋福祉,也算是尽了为臣之道。正因为此,从守相到九卿三公等高级官员,王符对其提出了考核的不同标准,主张要以其名而考其实,不同的官吏要用不同的"实"去考核,通过考核,以其功绩决定其进退。

然而,总有一些人似乎不能通过历史的"考核",他们不能"在其位,谋其政",不能做到"官无废职,位无非人",甚至成为历史的笑柄。唐开元年间宰相卢怀慎,凡事务都推让给姚崇,自己则概不过问,姚崇说什么就做什么,被时人讥笑为"陪伴吃饭的宰相";另一位唐代宰相苏味道,虽才华横溢,能力也很了得,但出任宰相数年,却不能在朝廷政务上有所建树,只是一味阿谀,圆滑于君臣之间,屈从附和,取悦于世而已,人称"模棱宰相";北宋神宗时,宰相王珪居相位期间,政务得过且过,无所建树,每每遇到朝廷大事,不动脑筋,也不献策略,只起个上情下达的作用,人称"三旨宰相"。还有明朝博得"棉花宰相"之名的刘吉,等等。

【扩展阅读】

导言：明代弹劾成风。大学士刘吉无所建树，可谓尸位素餐，因此成为言官们的主要攻击对象。可刘吉精于营私，虽屡遭弹劾却安然无恙，甚至还排挤打击弹劾他的人。江湖朋友送其雅号"刘棉花"，意在棉花者，不怕弹也！

### 耐弹的棉花

刘吉，字祐之，博野人。正统十三年进士。改庶吉士，授编修，充经筵官。《寰宇通志》成，进修撰。天顺四年侍讲读于东宫，以忧归。

……

吉自帝初即位进少傅，兼太子太师，吏部尚书。及《宪宗实录》成，又进少师、华盖殿大学士。吉柄政久，权势烜赫。帝初倾心听信，后眷颇衰，而吉终无去志。五年，帝欲封后弟伯爵，命吉撰诰券。吉言必尽封二太后家子弟方可。帝不悦，遣中官至其家，讽令致仕，始上章引退。诏赐敕，驰驿如故事。

吉多智数，善附会，自缘饰，锐于营私，时为言路所攻。居内阁十八年，人目之为"刘棉花"，以其耐弹也。吉疑其言出下第举子，因请举人三试不第者，不得复会试。时适当会试期，举子已群集都下，礼部为请。诏姑许入试，后如令。已而吉罢，令亦不行。吉归，踰年卒。赠太师，谥文穆。

（节选自张廷玉等《明史》卷一百六十八《刘吉》，中华书局，1974）

# 思贤第八

【题解】

思贤，即思得贤才。文中认为，国家的治乱与能否任用贤才直接相关。针对春秋以迄两汉分封同姓，不量能授官，以致亡国败家而相继出现的历史事实总结教训；对东汉王朝"功不加民，泽不被下"，"但事淫侈，坐作骄奢"的豪门统治发出了警告。

【原文】

## 尊贤任能，永保国家

夫与死人同病者，不可生也；与亡国同行者，不可存也[①]。岂虚言哉！何以知人之且病也[②]？以其不嗜食也[③]。何以知国之将乱也？以其不嗜贤也。是故病家之厨，非无嘉馔也[④]，乃其人弗之能食，故遂于死也。乱国之官[⑤]，非无贤人也，其君弗之能任，故遂于亡也。夫生饰秔粱[⑥]，旨酒甘醪[⑦]，所以养生也，而病人恶之，以为不若菽麦糠糟欲清者[⑧]，此其将死之候也[⑨]。尊贤任能，信忠纳谏，所以为安也，而暗君恶之，以为不若奸佞阘茸谄谀之言者[⑩]，此其将亡之征也。老子曰："夫唯病病，是以不病[⑪]。"《易》称："其亡其亡，系于苞桑[⑫]。"是故养寿之士，先病服药；养世之君，先乱任贤，是以身常安而国永永也[⑬]。

（选自彭铎《潜夫论笺校正》卷二《思贤第八》，下同）

【注释】

①以上四句见《韩非子·孤愤》。“行”原作“事”,义同。 ②且:将。 ③嗜:爱好。 ④嘉馔(zhuàn):精美的饮食。 ⑤官:官府,指朝廷。 ⑥餅:《尔雅》云:“餅,饭食也。”粱:精米细粮。 ⑦旨酒、甘醪(láo):均指美酒。旨:味美。 ⑧欲清:汪继培说“欲”当作“饮”。彭铎先生说“清”疑当作“凊(qìng)”。《庄子·人间世》:“爨无欲清之人。”《释文》:“清字宜从冫。从氵者,假借也。”凊:寒、凉。 ⑨候:征候,征兆。 ⑩奸佞:奸邪又善于花言巧语的人。阘(tà)茸:庸劣无能的人。 ⑪见《老子》第七十一章。病病:把病当成病。意为认真对待预防。 ⑫语见《周易·否》。王弼注:“心存将危,乃得固也。”大意是说:“(禽畜)跑掉了跑掉了,快把它绑牢在树上。”比喻国将覆亡,要设法维系。苞桑:根深蒂固的桑树。 ⑬国永永:两“永”字有误。俞樾说:“上‘永’字不误,下‘永’字乃‘柔’字之误。”柔,古文“保”字,见说文。“身常安”与“国永保”,两文相对。

【品读】

和死人害同样病的,一定活不成;跟败亡的国家走同一条道路的,一定长存不了。这难道是假话吗? 怎么知道人将要生病? 因为他不想吃东西了;怎么知道国家将要大乱? 因为君主不爱好贤才了。这段文字,王符以人得病而死比喻国家大乱而亡,意在揭示治国应以尊贤任能为先的道理,颇具警示作用。

尊贤任能指用人应任用有贤德、有才能的人。早在《礼记·礼运》中就有“大道之行也,天下为公,选贤与能”的说法;《墨子·尚贤上》亦云:“有能则举之,无能则下之。”还说“夫尚贤者,政之本也”。都在强调治国需任用贤人、唯才是用的重要性。因为“朝无贤人,犹鸿鹄之无羽翼,虽有千里之望,犹不能致其意之所欲至矣”(刘向《说苑·尊贤》)。因此,要想称霸天下,兴起王业,就必须依托于有贤德、有才能的人。

**图8　燕昭王筑黄金台招贤**



据《晏子》记载，齐景公有一次问晏子，说他的先君齐桓公，曾经率领兵车三百辆，九次会盟诸侯，统一天下。而现在自己率领的兵车有一千辆，可以赶上齐桓公的业绩，能否一统天下？晏子回答，齐桓公之所以一统天下，是因为左有鲍叔牙，右有管仲的辅佐。而现在齐景公左右全是谄媚、邪恶的人，不可能赶上齐桓公而成就霸业。可见，用人关系到君主的成败，齐桓公由于能尊贤任能，所以能够称霸天下。



不只是齐桓公。纵观中国历史，凡可以尊贤任能之君主，国家就人才辈出，安定兴旺。燕昭王优待郭隗先生，拜他为师，给他建房舍，筑黄金台，最终招来贤才良将，成就一番事业；萧何“月下追韩信”，促成刘邦建汉；刘备“三顾茅庐”，终铸三国鼎立伟业；唐太宗不计前嫌，拜谏臣魏徵为相，开创贞观盛世。可以说，中华民族自古以来就有尊贤任能的优良传统，求贤若渴的例子俯拾皆是。这些明君采用厚禄招揽人才，礼贤下士，致使天下贤人云集于此，从而国家兴旺繁荣。

可是，昏庸之君却不解其理，他们轻视贤才，行无道之政，致使贤人纷纷离去，国家也因此败亡。被孔子称为“三仁”的商末忠臣微子、箕子、比干被迫离开朝廷，殷朝也就灭亡；伍子胥离楚去吴，而有楚败，伍子胥又被吴王杀死，吴国也随之灭亡；吴起离魏去楚，魏被楚亡。这个道理极其明白，如王符比喻的那样：病人家的厨房里，尽管有精细的饭食，甘甜的美酒，但病人吃不下，厌恶它，并认为不如粗粮、糟糠、凉水好。这不是说没有好的饮食，而是病人将要走向死亡的征兆；乱国的官府中，不是没有贤才，而是君主不任用他们，所以导致国亡。明代刘基在《郁离子·喻治》中也做过类似的比喻，他认为“人才，药也”。就是说药能治病，病人吃了药能使身体健康；贤才能治国，国家任用贤才，就能兴旺发达。试想，做帝王的无论是贤明的还是昏庸的，没有谁不想选那些既能忠于自己，又有管理国家政事能力的贤才为己所用，但问题是历史上国破家亡的责任，又有哪一个不与昏庸的君主自身有关呢？秦二世轻信赵高，最后被赵高逼杀；隋炀帝相信虞世基，最后被宇文化勒死。秦隋两朝，均二世而亡。

老子曰：“夫唯病病，是以不病。”只有认真预防疾病，人才会不生病。《易经》云：“其亡其亡，系于苞桑。”心中警惕国家的危亡，才能将它维系牢固。因此，保养寿命的人们，在大病发生前就要先服药；治理国家的君主，在动乱发生之前就应任用贤才。只有这样，身体才会经常健康，国家才能长治久安。正所谓：善治国者必用贤才，尊贤任能永保国家！

【扩展阅读】

导言：墨子把得贤能之士的多少作为治政好坏的重要条件，认为执政者最重要的职责是广招贤能之士。这种“贤人政治”观点对后世有重大影响。

### 大人之务，在于众贤

子墨子言曰：今者王公大人为政于国家者，皆欲国家之富，人民之众，刑政之治。然而不得富而得贫，不得众而得寡，不得治而得乱，则是本失其所欲，得其所恶。是其故何也？子墨子言曰：是在王公大人为政于国家者，不能以尚贤事能为政也。是故国有贤良之士众，则国家之治厚；贤良之士寡，则国家之治薄。故大人之务，将在于众贤而已。

（节选自方勇译注《墨子·尚贤上》，中华书局，2011）

【原文】

## 任人唯亲国必亡

自春秋之后，战国之制，将相权臣，必亲其家①。皇后兄弟，主壻外孙②，年虽童妙③，未脱桎梏④，由藉此官职⑤；功不加民，泽不被下而取侯⑥，多受茅土⑦，又不得治民效能以报百姓，虚食重禄，素餐尸位⑧，而但事淫侈，坐作骄奢，破败而不及传世者也⑨。

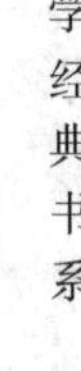



【注释】

①彭铎先生说，此"亲家"指族外亲戚，别于古以父母兄弟为亲戚，亦别于男女姻亲之称谓。 ②主壻：公主的丈夫，即驸马。 ③虽：副词，仅，只。妙：小。 ④桎梏(zhìgù)：镣铐。这里指小儿坐栏之类。 ⑤由：通"犹"。 ⑥汪继培说"侯"上疑脱"封"字。 ⑦受茅土：接受封侯。古代天子分封诸侯时，用白茅草包上社土，按所封方位分为不同颜色，授予受封之人，作为分封土地的象征。 ⑧素餐：白吃饭。尸位：占有职位而不尽职守。《论衡·量知篇》："素者空也。空虚无德，食人之禄，故曰素餐。无道艺之业，不晓政治，默坐朝廷，不能言事，与尸无异，故曰尸位。" ⑨汪继培说"破败"上疑脱"此以"二字。

【品读】

光绪初年，李鸿章奉命创建北洋水师，并聘请时为英国海军军官的琅威理为北洋水师总教习，北洋水师逐渐被训练成一支威震四方的"虎狼之师"，琅威理也因此被授予"提督"荣誉官衔。一次，因水师提督丁汝昌赴法国办事，刘步蟾提议从旗舰上降下提督旗，升上自己的总兵旗。琅威理觉得这样做不妥，与刘步蟾发生激烈争吵。李鸿章得知后，考虑到琅威理毕竟是外国人，担心他拥兵自重；而刘步蟾是本国将领，且为自己的亲信，就在信中回复“以刘为是”，等于直接应允了刘步蟾的请求。李鸿章的意见挫伤了琅威理的自尊心，琅威理辞职离去。此后，北洋海军军纪日渐松弛，军事战斗力每况愈下。1894年，甲午战争爆发。清政府这时又想到了琅威理，数次发函邀请琅威理回华帮助北洋水师抵御日军，琅威理断然拒绝。最终，北洋舰队全军覆没。这个故事告诫人们：不论是天子，还是人臣，在江山社稷问题上，一旦任人唯亲，不问贤能，且姑息迁就，任其贪腐，必将误国误民。

任人唯亲就是指用人不问人的德才，只选跟自己关系亲密的人，它以亲疏远近为出发点，不讲善恶美丑，不辨是非曲直。比如战国时期的用人制度是“将相权臣，必亲其家”，皇后兄弟、主婿外孙即使年幼无知，凭裙带关系就可获得官职。这些官吏对人民没有任何功劳，只是尸位素餐，荒淫奢侈。又如东汉中后期，所谓“女谒掩其视听兮，近习秉其威权”（赵壹《刺世疾邪赋》）正是外戚执政、宠臣专权的真实写照。然而，何止是这些？在中国历史上，顺我者昌，逆我者亡，一人当官，鸡犬升天，裙带关系弥漫朝野的例子俯拾皆是：赵高、李林甫、秦桧、贾似道、魏忠贤等都曾得逞于一时。任人唯亲可算是中国历史上最腐败、最普遍，又为时最长的用人现象了。而汉高祖刘邦更是将其制度化。他先主张“唯才是用”，重用陈平、韩信等人，一旦天下定势，当了皇帝，则转为“任人唯亲”，以“天下同姓为一家”，大封刘氏子孙，甚至与大臣约定“非刘氏王者，天下共击之”。至于为刘邦争夺王位立下战功的韩信、英布、彭越等异姓诸侯王，则先后被诛灭。任人唯亲似一种毒素，侵袭着封建王朝的政治机体，直至其土崩瓦解。

众所周知，使用人才不应任人唯亲，而要任人唯贤。这就需要根据品德的高低，能力的大小给予一定的等级和官职，即所谓“论德而定次，量能而授官”（《荀子·君道》）。只有这样，人才才能为其所用，用其所能；只有这样，才能根据这一用人思想，制定出完善的用人政策和任职制度，才不会造成社会混乱，陷入困境。相反，如果“王者所官者，非亲属则宠幸也；所爱者，非美色则巧佞也”（仲长统《昌言》），那么，国家必将“破败而不及传世者也”。

往者不可谏，来者犹可追。那些任人唯亲国必亡的故事，必将成为后人引以为戒的历史教训。

**【扩展阅读】**

导言：南宋贾似道的姐姐为宋理宗的贵妃。贾似道靠裙带关系上台，在短时间里从太常丞、军器监一直做到右丞相兼枢密使，犹如坐上了直升机一般青云直上、步步升迁，且“威权日盛”“威福肆行”。

### 朝中有人好升迁

贾似道字师宪，台州人，制置使涉之子也。少落魄，为游博，不事操行。以父荫补嘉兴司仓。会其姊入宫，有宠于理宗，为贵妃，遂诏赴廷对，妃于内中奉汤药以给之。擢太常丞、军器监。益恃宠不检，日纵游诸妓家，至夜即燕游湖上不反。理宗尝夜凭高，望西湖中灯火异常时，语左右曰：“此必似道也。”明日询之果然，使京尹史岩之戒敕之。岩之曰：“似道虽有少年气习，然其材可大用也。”寻出知澧州。

淳祐元年，改湖广总领。三年，加户部侍郎。五年，以宝章阁直学士为沿江制置副使、知江州兼江西路安抚使。一岁中，再迁京湖制置使兼知江陵府，调度赏罚，得以便宜施行。九年，加宝文阁学士、京湖安抚制置大使。十年，以端明殿学士移镇两淮，年始三十余。宝祐二年，加同知枢密院事、临海郡开国公，威权日盛。台谏尝论其二部将，即毅然求去。孙子秀新除淮东总领，外人忽传似道已密奏不可矣，丞相董槐惧，留身请之，帝以为无有，槐终不敢遣子秀，以似道所善陆壑代之，其见惮已如此。四年，加参知政事。五年，加知枢密院事。六年，改两淮宣抚大使。

……

似道既专恣日甚，畏人议己，务以权术驾驭，不爱官爵，牢笼一时名士，又加太学餐钱，宽科场恩例，以小利啖之。由是言路断绝，威福肆行。

（节选自脱脱等《宋史》卷四百七十四《奸臣四》，中华书局，1977）

# 本政第九

【题解】

本，是探求本源的意思。王符认为选贤任能、改革吏治是国家治乱、政治良窳的根本，所以是人君为政之本，故以“本政”名篇。王符愤慨于“贵宠之臣，未尝不播授私人进奸党”，“正士独蔽，群邪竞进”的政治局面，而造成这种局面的便是论人选官只看贵贱亲疏的豪门政治，所以他大声疾呼“贤愚在心，不在贵贱；信欺在性，不在亲疏”；“苟得其人，不患贫贱；苟得其材，不嫌名迹”。彻底否定贵贱亲疏之论，强烈反对豪强势力垄断政治，是王符政治思想的核心。

【原文】

### 法令之功，必效于民

凡人君之治，莫大于和阴阳[①]。阴阳者，以天为本。天心顺则阴阳和[②]，天心逆则阴阳乖[③]。天以民为心，民安乐则天心顺，民愁苦则天心逆。民以君为统，君政善则民和治，君政恶则民冤乱。君以恤民为本[④]，臣忠良则君政善，臣奸枉则君政恶。以选为本[⑤]，选举实则忠贤进，选虚伪则邪党贡[⑥]。选以法令为本，法令正则选举实，法令诈则选虚伪。法以君为主，君信法则法顺行[⑦]，君欺法则法委弃[⑧]。君臣法令之功，必效于民[⑨]。故君臣法令善则民安乐，民安乐则天心慰，天心慰则阴阳和，阴阳和则五谷丰，五谷丰而民眉寿[⑩]，民眉寿则兴于义，兴于义而无奸行，无奸行则世平，而国家宁、社稷安⑪，而君尊荣矣。是故天心阴阳、君臣、民氓、善恶相辅至而代相征也⑫。

（选自彭铎《潜夫论笺校正》卷二《本政第九》，下同）

【注释】

①和阴阳：意为协调事物的矛盾对立，使之和谐。王符继承了先秦思想家"一阴一阳之谓道"的学说，把阴阳交替看作宇宙的根本规律，把阴阳的矛盾势力视为事物包括社会的固有本质，因而把正确把握这种矛盾对立视为治国的根本大务。《汉书·魏相传》："阴阳者，王事之本，群生之命，自古圣贤，未有不繇者也。" ②天心：天的意志。王符把天看成是有意志的，虽然他强调"天以民为心"，把"民"的利益愿望作为天意的依据，从而把"天"的命题立足于现实，为他宣扬政治改革服务，但是他的政治哲学思想毕竟披上一层神学的外衣。 ③乖：违背，不和谐。 ④恤民：汪继培说，"按文义当云'得臣'方与下合"。 ⑤何本"以"上有"臣"字。 ⑥贡：荐举。 ⑦信法：执法严明，有功必赏，有罪必罚。信：实。 ⑧欺法：枉法，把法不当法。 ⑨效：见功效。 ⑩而：则。眉寿：长寿。 ⑪社稷：古代帝王、诸侯所祭的土地神和谷神。旧时用作国家的代称。 ⑫相辅至：相辅相成，指不同的事物相互为用，互相辅助。代：交互，彼此替代。代相征：交替着互为征兆。

【品读】

君主治理国家，以协调阴阳为重。阴阳本原于天道，天心依据民情，人民由君主统领，君主依靠大臣，大臣来自选举，选举取决于法令，而法令由君主掌握。君臣、法令的功效一定要在人民的生活中去检验。因此，天心、阴阳、君臣、人民、善恶，是相互作用、互为征兆的。《本政》乃《潜夫论》的核心篇章之一，这段文字以谨严透彻的说理，简练绵密的句法，揭示了王符以民为本的治国思想。

专制制度下，君权高于一切，但这并不等于统治者可以为所欲为而不受历史的惩罚。数千年来，王朝倾覆、皇冠落地之事，屡见不鲜。其重要原因就在于当人民不畏惧统治者的淫威时，可怕的祸乱就要到来了，即所谓“民不畏威，则大威至”。(《道德经·第七十二章》)因此，不少政治家和思想家都认识到：凡统治天下，治理国家，须以人民的利益为重，按照人民的愿望去决定什么事该做，什么事不该做，该怎么做；只有顺应民心，才会得到人民的拥护。比如《尚书·泰誓中》曰：“天视自我民视，天听自我民听”，认为天意即民意，天之意志即民之意志的体现；《管子·牧民》云：“政之所兴，在顺民心；政之所废，在逆民心。”而王符主张“君臣法令之功，必效于民”，即以百姓的生活来检验君臣、法令的功效。

众所周知，一种政令的顺利推行，就在于它合乎人民的愿望，得到人民的拥护，即使没有政权也能得到政权。反之，一种政令无法推行，就在于它违反了人民的意志，得不到人民的拥护，即使有政权也会失去。说具体点，还是逆顺民心的问题。王符认同此说，他认为君主治理国家的根本在于调和阴阳，顺应天心，而顺应天心即顺应民意。这里，他假天之威把君主推行法令，臣子施政的出发点放在了体恤民心上。既然“天以民为心，民安乐则天心顺，民愁苦则天心逆。民以君为统，君政善则民和治，君政恶则民冤乱”，就要深切思考民众的创伤，长远考虑祸福的根源，以百姓的安乐与否来检验君主政令的善恶，视百姓选举的真伪决定官吏的忠奸。为政者只有保证民众的安居乐业，国家才能有真正的长治久安；只有君主自身修养道德，推行好的法令，严明赏罚，国家方能历久不衰，才能实现君明、民和、国安的

**图9　国人暴动**

理想社会蓝图。如唐太宗李世民，在位期间竭力把赋役剥削控制在法定范围之内，推行均田制、租庸调法等有利于人民生产生活的政策法规，使唐初出现“贞观之治”的太平盛世。而周厉王统治时期，推行一系列暴虐政令：对山林川泽实行专利，钳制“国人”言论，横征暴敛等，终于激起了众怒——公元前842年，暴发了“国人暴动”。历史为我们提供了许多这方面的经验教训。

王符生活的东汉中后期，国势逐渐衰微，社会日益动荡，人民生活困苦不堪。他提出的以民为本的治国思想，力图恢复民意在国家治乱中的关键作用，对挽救和维护日益没落的东汉政权，具有现实意义，是一种进步的主张。

【扩展阅读】

导言：这段话既强调了民心向背是政令能否实行的决定性因素，还列举了顺民心的一些原则。



### 政之所行在顺民心

政之所兴，在顺民心；政之所废，在逆民心。民恶忧劳，我佚乐之；民恶贫贱，我富贵之；民恶危坠，我存安之；民恶灭绝，我生育之。能佚乐之则民为之忧劳，能富贵之则民为之贫贱，能存安之则民为之危坠，能生育之则民为之灭绝。故刑罚不足以畏其意，杀戮不足以服其心。故刑罚繁而意不恐，则令不行矣。杀戮众而心不服，则上位危矣。故从其四欲，则远者自亲；行其四恶，则近者叛之。故知予之为取者，政之宝也。

（节选自黎翔凤《管子校注》卷第一《牧民第一》，中华书局，2004）

【原文】

### 忠君报恩，志节可纪

自成帝以降[①]，至于莽，公卿列侯[②]，下讫令尉[③]，大小之官，且十万人，皆自汉所谓贤明忠正贵宠之臣也。莽之篡位，唯安众侯刘崇、东郡太守翟义思事君之礼，义勇奋发，欲诛莽。功虽不成，志节可纪[④]。夫以十万之计，其能奉报恩[⑤]，二人而已。由此观之，衰世群臣诚少贤也，其官益大者罪益重，位益高者罪益深尔。故曰：治世之德，衰世之恶，常与爵位自相副也。

【注释】

①成帝：西汉成帝刘骜(ào)，公元前32年至前7年在位，他死后14年王莽即篡汉自立。以降：以下。 ②列侯：爵位名，亦称通侯、彻侯，秦为二十等爵最高一级，汉沿用。 ③令：县令。尉：指县尉，掌一县治安。 ④以上事见《汉书·王莽传》。 ⑤汪继培认为，"奉"下脱"上"字。

【品读】

清代有个叫唐甄的举人非常了不得，他积30年的心血写了一部书，即《衡书》，志在衡量天下历代将相王侯之得失。在书中他毫不避讳、尖锐辛辣地指出："自秦以来，凡为帝王者，皆贼也！"此书流传不是很广，否则，唐甄早被喜欢文字狱的大清灭了九族。其实，在东汉，也早就有这样一位"大逆不道"之人，他就是王符。王符指出："其官益大者罪益重，位益高者罪益深尔。"如此激愤的言辞，与唐甄一样，将批判的矛头指向了最高统治者。

西汉后期，经济凋敝，政治动荡，大臣们骄横显贵、安插亲信、结党营私以为常。最终，王莽篡夺了西汉政权。王符对此十分感叹，但令王符愤慨的是王莽篡权后诸位旧臣的态度。原来，王莽居摄(因皇帝年幼不能亲政，由大臣代居其位处理政务，谓"居摄")元年(公元6年)四月，安众侯刘崇认为王莽专职朝政，必然会危害刘姓江山，身为汉室宗亲，以此为耻，于是率先起兵。次年，东郡太守翟义也不满王莽居摄，自觉累世为臣，受汉厚恩，应该为国讨贼，也兴兵反莽。这是王莽即位之前臣子公然以起兵的方式反对篡汉的事例。然而，绝大多数人对此采取了不仕的方式，如戴遵、蔡勋、龚胜、蒋栩、杨宝、卓茂等，或保持了沉默的态度。最终，刘、翟反莽兵败。王符认为，刘、翟反莽之事虽未成功，但"志节可纪"。而当时从上到下各级官员数"以十万之计"，且

均为朝廷“所谓贤明忠正、贵宠之臣”，然“能奉报恩”者，仅此“二人而已”。因此，王符极为痛心疾首，也就有了开头措辞激烈的斥责。其实，王符的看法反映了两汉时期忠君观念的变化。

忠君报恩是儒家思想中的重要内容，属于封建伦理道德范畴，其形成由来已久。春秋战国时期，由于处于诸侯割据混战之时，君主多元化使得忠君具有很大的相对性；秦统一六国后，忠君观念深入人心，忠臣大批涌现；到西汉时，虽对忠君作过宣传，但效果不大。周亚夫抗击匈奴，平定吴楚七国之乱，功勋卓著，最后竟被以莫须有的“谋反”罪名下狱，他“不食五日，呕血而死”，可谓是一位忠臣。但司马迁对他的评价是：“足己而不学，守节不逊，终以穷困。悲夫！”（《史记·绛侯周勃世家》）意思是说，周亚夫自满自足而不虚心学习，能谨守节操但不知恭顺，最后以穷途困窘而告终，真是令人悲伤！可见，忠君守节并不是西汉士大夫追求的至高目标。西汉大臣多以善终保身为原则，真正追求忠节的人甚少。因此，在王莽篡汉时，能站出来为汉室效忠的大臣寥寥无几。而东汉宣扬忠节，强化忠君观念，在理论方面扩充天人感应学说，用谶纬符瑞来论证刘姓王朝的合法性，深化尊君卑臣的观点来论证忠君的必然性。因此，忠君报恩成为东汉大夫修身的重要内容和实现自我愿望的具体途径。但到了东汉末年，皇帝受人任意摆布的命运打破了天神庇护的神话，忠君观念趋于衰微。王符在这段文字中念及刘、翟这样忠君报恩、富有气节的忠臣，既反映了当时忠君观念趋向淡化的现实，也批判了“群臣诚少贤”的衰世。

**【扩展阅读】**

导言：作为汉使的苏武无理被扣匈奴后，十九年备受艰辛却始终不为威服，不被利诱。所选文字描写了卫律软硬兼施想迫使苏武投降的过程，双方斗争激烈，场面紧张。苏武坚贞不屈的民族气节和忠心耿耿的高尚品德令人敬仰。

### 屈节辱命非苏武

后月余，单于出猎，独阏氏子弟在。虞常等七十余人欲发，其一人夜亡，告之。单于子弟发兵与战。缑王等皆死，虞常生得。单于使卫律治其事。张胜闻之，恐前语发，以状语武。武曰："事如此，此必及我。见犯乃死，重负国。"欲自杀，胜、惠共止之。虞常果引张胜。单于怒，召诸贵人议，欲杀汉使者。左伊秩訾曰："即谋单于，何以复加？宜皆降之。"单于使卫律召武受辞，武谓惠等："屈节辱命，虽生，何面目以归汉！"引佩刀自刺。卫律惊，自抱持武，驰召医。凿地为坎，置煴火，覆武其上，蹈其背以出血。武气绝，半日复息。惠等哭，舆归营。单于壮其节，朝夕遣人候问武，而收系张胜。

（节选自《汉书补注·列传》第二十四卷《李广孙陵》）

# 潜叹第十

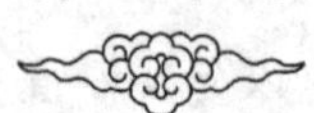

**【题解】**

潜:深。王符感伤君主不明,听信谗言,痛恨大臣骄横,引进私党,使贤才得不到任用,国政日益败坏,忧愤深沉,故以潜叹名篇。其中心仍就选贤任能问题发表议论,向君主进言,大旨与《明暗》《思贤》二篇相近。不过本篇侧重点在于分析、劝诫君主不为"欢爱、苟媚、佞说、巧辩"所惑,强调"参听民氓,断之聪明"的选人方法。王符就"用人"问题一再发泄,抓住了东汉败政的核心,是他忧世、忧国的激情与言论的反映。



**【原文】**

## 切莫惟言是从

《书》云:"谋及乃心,谋及庶人[1]。"孔子曰:"众好之,必察焉;众恶之,必察焉。[2]"故圣人之施舍也[3],不必任众,亦不必专己,必察彼己之为,而度之以义[4],或舍人取己,故举无遗失而政无废灭也。或君则不然[5],己有所爱,则因以断正[6],不稽于众[7],不谋于心,苟眩于爱[8],惟言是从,此政之所以败乱,而士之所以放佚者也[9]。

(选自彭铎《潜夫论笺校正》卷二《潜叹第十》,下同)

**【注释】**

①语见《尚书·洪范》。乃:你的。 ②语见《论语·卫灵公》。王肃注:"或众阿党比周,或其人特立不群,故好恶不可不察也。" ③施:给予。舍:不

给。这里指给官做或不给官做。 ④度(duó):衡量。 ⑤或君:昏君。或:通“惑”。 ⑥断正:决定。 ⑦稽:考核。 ⑧眩:惑。 ⑨放佚:放任自由,这里指不为朝廷所用。佚,通“逸”。

【品读】

西汉贾谊在其《治安策》中讲:“言道听之,必以其事观之,则言者莫敢妄言。”意思指听取意见的方法,必须以事实考察它是否真实,那么提意见的人,就不敢胡言乱语了。同样,在对人才的识别上,也要通过自己的了解和考察来判断人,切莫“惟言是从”。

殷纣王喜好女色,九侯听说了,就把自己的女儿献给他。殷纣王非常高兴,以为天下最漂亮的女子也不过如此了,去询问自己的宠妃妲己。妲己害怕进奉了美女,会夺去纣王对自己的宠爱,就假装哭泣说:“君王是年纪老了吗? 为何相貌如此丑陋而反认为漂亮呢?”纣王于是转而认为九侯之女十分丑陋。妲己更惧怕天下还有进献美女的,于是又向殷纣王诉说:“九侯大逆不道,是想以此迷惑君王。君王如果不杀掉他,用什么来戒除那些欲仿效其后的人呢?”纣王于是大怒,就下令把九侯之女晒成肉干,把九侯烹死。从此以后,天下有美女的人家,就是大白天也把门层层关上,生怕殷纣王知道了。秦

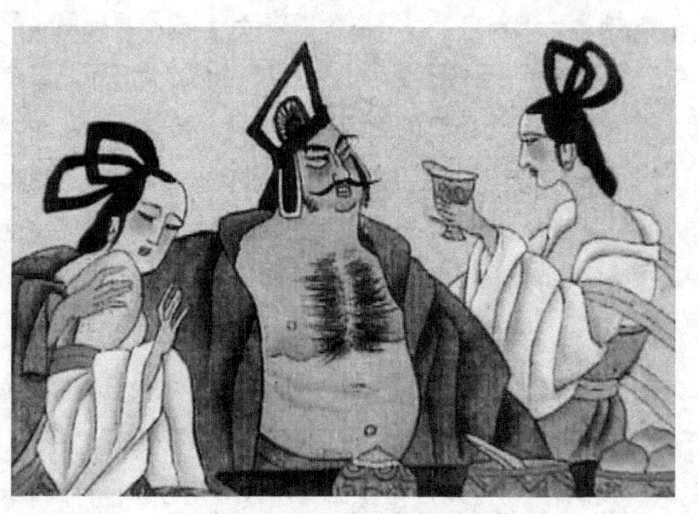

图10 殷纣王喜好女色

朝末年赵高专权，想要除掉秦二世，便预先在众人面前指鹿为马显示自己的权威。从此以后，再也没有人敢直言劝谏，赵高终于把秦二世杀死在望夷宫，秦王朝因此灭亡。

其实，漂亮与丑陋是可以看清楚的，鹿与马的外形也区别显著。但是遇到谗妒的后妃大臣巧言欺骗，君主就失去了自己的判断。如果宠爱之人、谄媚之辈、奸巧善辩之徒有意欺骗君主，就能迷乱君主的眼睛，改变君主的看法，君主因此以美为丑、指鹿为马，实在是件令人叹息的事。这说明，君主在用人与否的问题上，自己不潜心思考，也不考察于群众之中，反而被自己偏爱的人所迷惑，有言必从，所以才导致政治混乱甚至亡国的结局。《吕氏春秋·听言》云："听言不可不察，不察则善不善不分。"听别人说话，不能不加以考察，如果不加以考察，善言与不善之言就混淆不清了。《论语·卫灵公》曰："众好之，必察焉；众恶之，必察焉"，大家都说某人好，或者大家都说某人不好，一定要深入了解，客观地进行分析。



据《史记·廉颇蔺相如列传》载，赵国上将廉颇被免职后，跑到魏国。后来，秦国多次围赵，赵王不能解除，想再次任用廉颇，于是派人去看他的身体状况。而廉颇的仇家郭开记恨廉颇，遂贿赂赵国使者。使者看到廉颇一饭斗米，肉十斤，披甲上马，尚可用，但回来却报告赵王说："廉颇将军虽老，尚善饭；然与臣坐，顷之三遗矢矣。"赵王以为廉颇老朽，遂不复任用。廉颇不被赵王任用，虽然主要原因在于奸邪仇人从中作梗，挑唆离间，但赵王自己若能持一份清醒，留一份谨慎，有自己的立场、观点，对廉颇能了解深入，考察清楚，就不会混淆黑白，也不至于错失良将，使其卒于寿春了。相反，周文王外出打猎，在渭河边上遇到了姜尚，察其言观其志，了解姜尚的心灵，既没有征求左右随从的意见，也没有和群臣商量，而是依据自己的判断请姜尚一起坐车回朝，委任姜尚执掌朝政，从而创建了周朝的盛业。

由此看来，对人才的任用与否，无论随从众议，或自己专断，其关键在于要将被任用者自己的作为考察清楚，而不是不考察于群众之中，更不能被自己偏爱的人所迷惑，唯言是从。这就需要用人者用心思考，仔细衡量。只有这样，行动才不会失误，政权也不会败亡。

【扩展阅读】

导言：小人经常进谗言，祸国殃民，混淆是非。如果君主能够“无信谗言”，不唯言是听，防微杜渐，明察事理，则不至于国家灭亡。唐太宗与魏徵对话时所举的历史教训，很有警示意义。

## 惟言是听，社稷覆败

贞观初，太宗谓侍臣曰：“朕观前代谗佞之徒，皆国之蟊贼也。或巧言令色，朋党比周；若暗主庸君，莫不以之迷惑，忠臣孝子所以泣血衔冤。故丛兰欲茂，秋风败之；王者欲明，谗人蔽之。此事著于史籍，不能具道。至如齐、隋间谗谮事，耳目所接者，略与公等言之。斛律明月，齐朝良将，威震敌国。周家每岁斫汾河冰，虑齐兵之西渡。及明月被祖孝徵谗构伏诛，周人始有吞齐之意。高颎有经国大才，为隋文帝赞成霸业，知国政者二十余载，天下赖以安宁。文帝惟妇言是听，特令摈斥，及为炀帝所杀，刑政由是衰坏。又隋太子勇抚军监国，凡二十年间，固亦早有定分。杨素欺主罔上，贼害良善，使父子之道一朝灭于天性，逆乱之源，自此开矣。隋文既混淆嫡庶，竟祸及其身，社稷寻亦覆败。古人云‘代乱则谗胜’，诚非妄言。朕每防微杜渐，用绝谗构之端，犹恐心力所不至，或不能觉悟。前史云：‘猛兽处山林，藜藿为之不采；直臣立朝廷，奸邪为之寝谋。’此实朕所望于群公也。”

魏徵曰：“《礼》云：‘戒慎乎其所不睹，恐惧乎其所不闻。’《诗》云：‘恺悌君子，无信谗言。谗言罔极，交乱四国。’又孔子曰：‘恶利口之覆邦家’，盖为此也。臣尝观自古有国有家者，若曲受谗谮，妄害忠良，必宗庙丘墟，市朝霜露矣。愿陛下深慎之！”

（选自骈宇骞译注《贞观政要》卷六《杜谗邪第二十三》，中华书局，2011）

【原文】

## 秉公无私兴邦国

夫国君之所以致治者公也，公法行则轨乱绝[①]。佞臣之所以便身者私也，私术用则公法夺[②]。列士之所以建节者义也[③]，正节立则丑类代[④]。此奸臣乱吏无法之徒，所为日夜杜塞贤君义士之闲，咸使不相得者也[⑤]。

【注释】

①轨：通“宄”，《左传·成公十七年》：“臣闻乱在外为奸，在内为轨。”轨乱：内乱。 ②夺：侵夺。《管子·任法》：“法者，上之所以一民使下也。私者，下之所以侵法乱主也。”《韩非子·诡使》：“所以治者法也，所以乱者私也。法立则莫得为私矣。” ③列：通“烈”。烈士：犹“志士”，即下文中的“义士”。 ④代：王绍兰说当作“伐”。伐：败，被铲除。 ⑤“所为……者也”：表示“……的原因”。咸：《群书治要》作“亟”。相得：相投合。



【品读】

我国古代十分注重对为政者公私之心的划分。墨子说：“举公义，辟私怨。”（《老子·十六章》）韩非子说：“能去私曲就公法者，民安国治；能去私行行公法者，则兵强而敌弱。”（《韩非子·有度》）傅玄说：“去私者，所以立公道也。唯公然后可以正天下。”（《傅子·问政》）这段文字提出治国须有秉公无私的品德，意在劝诫君主和大臣。

所谓“公”，即“居官无私”、秉公办事，就是官员应以国家利益为己任，去私心，立公心，这是古代为政的最高原则，也是衡量官吏道德水准的重要标尺。“公”，要求处理政事公平合理。只有公平合理地治理社会，才能断事正直而无冤枉，才能避免社会陷入偏激、无序状态。而公正无私者，必至正无邪，为国为民，光明正大，胸怀坦荡。因此，为官以公就要管好自己的家人、亲朋与属下，举贤不避亲与仇。为官以公，则事成威立；为官以公，则得民拥戴。

历史上的唐太宗，就是一个秉公任贤，不计私情的人。以贞观之治为例，当时唐太宗最信任的两个人房玄龄和杜如晦，一个多谋，一个善断，而且权力很大，由此引起了李姓皇室宗亲的不满。唐太宗的叔叔曾在唐太宗面前攻击房、杜二人，认为如果这样任用他们，权利有可能旁落于李姓之外。但唐太宗非常严肃地指出："房、杜二人的功劳比你大，能力也比你强，故其官职也应该在你之先。"并且警告其皇室宗亲，说今后在这个问题上不准再有异议，否则格杀勿论。

其实，公与私是一个历史的范畴，经历着动态的演变过程。个人的私利在任何社会都要受到限制，而限制它的恰好是公利，所谓"你活，我也活"。如果只想"我活"，就会产生损害他人利益的极端行为，这时自己可能也活不成了。从这个意义上说，人类社会的竞争也是有条件的，相对的，而不是绝对的。同时，公与正相辅相成，凡是为官"正"者皆能"公"。公正无私就是要去掉私心、私意、私情，不以权谋利，即为官者心中所想，应以公事为主而不是如何获得好处。比如对于执法者而言，应尽可能抑制自己的感情，不以个人意志决定赏罚，应以事实为依据，以法律为准绳，这也是儒家对执法人员执法行为的根本道德要求。相反，法律如果被执法者肆意左右，徇私枉法，那么，法律就成了一件徒有虚名的摆设，人民便不再相信它了，所造成的社会混乱甚至比没有法律还严重。正如《慎子·逸文》所云："立法而行私，是私与法争，其乱甚于无法。"由于儒家特别注重公私之间的区别，要求为政者必须以社会整体利益作为自己最高的价值原则，认为"公"就是"义"。因此，儒家从不主张个人奋斗，而把个人的完善与价值实现同社会的完善紧密结合在一起。也就是说，每个为政人员包括执法人员都必须有一颗"公心"，这是"国""家""身"存在的根本。出于"公心"为政与执法是秉公执法的基本要求。

正因如此，在我国古代，即使在利己主义占统治地位的社会里，为公的思想从来没有泯灭过。例如先秦儒家"舍生取义""杀身成仁"的伦理观，宋代政治家范仲淹"先天下之忧而忧，后天下之乐而乐"的箴言，明清之际顾炎武的"天下兴亡，匹夫有责"的警句，以及那些在民族危机、国难当头之际挺身而

出、慷慨就义的民族英雄和刚直不阿、为民请命的封建官吏，都在一定程度上诠释了公私与治国的关系，表现出公而忘私的精神。由此说来，“一心可以丧邦，一心可以兴邦，只在公私之间尔”(朱熹《论语集注》)。

【扩展阅读】

导言：贤臣张释之，汉文帝时官为廷尉，认为法律是天子与天下人共同遵守的。因此在申理犯跸、盗环二案时，执法公正，刚直不阿，直谏不讳，从而受到天下人的称颂。

## 张释之公正执法

顷之，上行出中渭桥，有一人从桥下走，乘舆马惊。于是使骑捕之，属廷尉。释之治问。曰：“县人来，闻跸，匿桥下。久，以为行过，既出，见车骑，即走耳。”释之奏当：此人犯跸，当罚金。上怒曰：“此人亲惊我马，马赖和柔，令它马，固不败伤我乎？而廷尉乃当之罚金！”释之曰：“法者，天子所与天下公共也。今法如是，更重之，是法不信于民也。且方其时，上使使诛之则已。今已下廷尉，廷尉，天下之平也，壹倾，天下用法皆为之轻重，民安所错其手足？唯陛下察之。”上良久曰：“廷尉当是也。”

其后人有盗高庙座前玉环，得，文帝怒，下廷尉治。案盗宗庙服御物者为奏，当弃市。上大怒曰：“人亡道，乃盗先帝器！吾属廷尉者，欲致之族，而君以法奏之，非吾所以共承宗庙意也。”释之免冠顿首谢曰：“法如是足也。且罪等，然以逆顺为基。今盗宗庙器而族之，有如万分一，假令愚民取长陵一抔土，陛下且何以加其法乎？”文帝与太后言之，乃许廷尉当。是时中尉条侯周亚夫与梁相山都侯王恬咸见释之持议平，乃结为亲友。张廷尉繇此天下称之。

（节选自《汉书补注·列传》第二十卷《张释之》）

# 忠贵第十一

【题解】

忠贵,《后汉书·王符传》作"贵忠",都是以忠为贵的意思。本书《叙录》篇说:"位以德兴,德贵忠立","忠"才能有"德",有"德"才能有"位"。本文即围绕这个中心,论述臣下应当"奉遵礼法,竭精思职",从而具有"以道事君"的封建道德;斥责"德不称其位,能不称其任","窃君威德,以凌下民","贪权冒宠,蓄积无极",卒至破败的不忠之臣,批判的锋芒直指当时当政的外戚集团。本文可贵之处在于强调帝王所敬者"天","天"之所爱者民,得民心即顺天意,这才是"忠"的实质,归根结底还是以百姓的利害喜恶为转移,只不过是托"君统"以言忠,假"天意"以立论而已。

【原文】

## 以道事君,以仁抚世

五代之臣,以道事君[①],以仁抚世,泽及草木,兼利外内,普天率土[②],莫不被德,其所安全,真天工也。是以福祚流衍[③],本枝百世[④]。季世之臣[⑤],不思顺天,而时主是谀,谓破敌者为忠,多杀者为贤。白起、蒙恬[⑥],秦以为功,天以为贼;息夫、董贤[⑦],主以为忠,天以为盗。此等之俦,虽见贵于时君,然上不顺天心,下不得民意,故卒泣血号咷,以辱终也。《易》曰:"德薄而位尊,智小而谋大,力少而任重,鲜不及矣[⑧]。"是故德不称其任,其祸必酷;能不称其位,其殃必大。

(选自彭铎《潜夫论笺校正》卷三《忠贵第十一》,下同)

**【注释】**

①《论语·先进》:“所谓大臣者,以道事君,不可则止。” ②普天率土:“普天之下,率土之滨”的紧缩语,指天下所有的人。 ③祚:福。 ④语出《诗·大雅·文王》:“文王孙子,本支百世。”本枝:指嫡系子孙和旁支子孙。百世:百代。 ⑤季世:末世。 ⑥白起:秦昭王的大将。蒙恬:秦朝名将。《史记》均有传。 ⑦息夫:西汉哀帝时人息夫躬,以巧辩得宠。事见《汉书·息夫躬传》。董贤:亦为哀帝时人,以男美色而得贵宠。事见《汉书·佞幸传》。 ⑧语见《周易·系辞下》。鲜不及:很少有不及于祸的。鲜:少。及:至。

**【品读】**

常言道:“家贫出孝子,国乱识忠臣。”(《名贤集》)作为宫廷制度产物的“臣”,一般是指君主时代的官吏(有时也包括百姓)。自古以来,人们对臣的划分主要有两类:忠臣和奸臣。这段文字,王符表达了“以道事君,以仁抚世”的忠臣观,包含着处理天、君、臣、民四者之间的关系。



首先,对天的信仰,使天成为权力的授予者和人类社会的最终审判者。天命为君主及其统治提供了合法性的神圣依据,也赋予了君主安民止乱的使命。君主应体天道而行,依天道建立人道秩序。因此,王符所说的“真天工也”“不思顺天”“天以为贼”“天以为盗”“不顺天心”,都体现了天命的至高无上。

其次,君主居于古代政治制度和政治文化中心的核心位置。君权的神授性,使其个人意志行之于天下,他能以一言而兴邦,一言而丧邦。王符认为要“以道事君”,说明“君”本身就是一个拥有很高政治理性的个体。而明君圣主以社稷为念,能够认识到自身个体的有限性、臣的辅助性、民的重要性,所以勤政节俭、亲贤纳谏、体道行仁、立信于民。

再次,臣处于君、民之间,是社会治理的主体。他们深受儒家思想的熏染,以弘道为政治理想,肩负致君尧舜、教化百姓的政治使命。虽然天赋予了臣子以辅助者的身份,但没有授予其完成政治使命的权力,因此他们只能“以道事君”。同时，君臣都要奉天而行，即要以民为本，“以仁抚世”，弘扬天道仁爱、公正等精神，完成天之所命并通过修养德性来配天命，在弘扬天道的过程中，充盈自己的德行人格。这里，王符借《易经》所言，意在突出臣要“忠”还要有“德”，有“德”才能有“位”的思想，这和全文的中心是一致的。

最后，民的身份在传统社会中是被统治者，是政治的绝缘品，但并不等于君与臣就可以凌驾于民的头上，无视民的生存状况，依仗权力鱼肉百姓。相反，君臣要能够畏天、畏民，意识到民的重要性，并在政治活动中践行“民为邦本”的价值观。只有这样，“普天率土，莫不被德”，社会安定，人民保全。

当然，在这段文字中，王符并没有正面去评述天、君、臣、民四者之间的关系，而是将其寄托在“五代之臣”与“季世之臣”的对比议论当中，旨在强调：能够“以道事君，以仁抚世，泽及草木，兼利外内”的臣子都是忠臣；而“上不顺天心，下不得民意”，只知道讨好君王的只能算贼寇或强盗。事实上，历史上能够“以道事君”的忠臣灿若星辰，如以死相谏的比干，牧羊守节的苏武，鞠躬尽瘁的诸葛亮，犯颜直谏的魏徵，精忠报国的岳飞，正气贯天的文天祥等。而永遭唾骂、遗臭万年的贼臣也不少，像李林甫、杨国忠、秦桧、王振、严嵩、魏忠贤等。

【扩展阅读】

导言：能够劝谏、苦诤、辅助、匡正的人是社稷之臣，只是苟且迎合君主来保住自己俸禄的人叫国贼。荀子区分社稷之臣与国贼的标准颇有见地，值得一读。

## 社稷之臣与国贼

从命而利君谓之顺，从命而不利君谓之谄；逆命而利君谓之忠，逆命而不利君谓之篡；不恤君之荣辱；不恤国之臧否，偷合苟容以持禄养交而已耳，谓之国贼。君有过谋过事，将危国家殒社稷之惧也，大臣父兄，有能进言于君，用则可，不用则去，谓之谏；有能进言于君，用则可，不用则死，谓之争；有能比知同力,率群臣百吏而相与强君矫君,君虽不安,不能不听,遂以解国之大患,除国之大害,成于尊君安国,谓之辅;有能抗君之命,窃君之重,反君之事,以安国之危,除君之辱,功伐足以成国之大利,谓之拂。故谏争辅拂之人,社稷之臣也,国君之宝也,明君之所尊厚也,而暗主惑君以为己贼也。

(节选自《荀子简释》第十三篇《臣道》)

【原文】

## 欺天地,失民心

当吕氏之贵也,太后称制而专政①,禄、产秉事而握权②,擅立四王,多封子弟,兼据将相,外内磐结③,自以虽汤、武兴,五霸作④,弗能危也。于是废仁义而尚威虐,灭礼信而务谲诈。海内怨痛,人欲其亡,故一朝靡灭而莫之哀也⑤。霍氏之贵,专相幼主⑥,诛灭同僚,废帝立帝,莫之敢违。禹继父位⑦,山、云屏事⑧,诸婿专典禁兵,婚姻本族⑨。王氏之贵,九侯五将⑩,朱轮二十三⑪。太后专政,秉权三世⑫。莽为宰衡⑬,封安汉公,居摄假号⑭,身当南面,卒以篡位,十有余年。自以居之已久,威立恩行,永无祸败,故遂肆心恣意,私近忘远,崇聚群小,重赋殚民,以奉无功,动为奸诈,托之经义⑮,迷罔百姓⑯,欺诬天地。自以我密,人莫之知,皇天从上鉴其奸,神明自幽照其态,岂有误哉?

【注释】

①太后:汉高祖刘邦的皇后吕雉。称制:代行皇帝的职权。以下吕后事见《汉书·高后纪》。 ②禄、产:吕雉的侄儿吕禄、吕产。《高后纪》:“乃立兄子吕台、产、禄、台子通四人为王,封诸吕六人为列侯。” ③磐:通“盘”。盘结:相互勾结。 ④五霸:即春秋时期先后称霸的齐桓公、晋文公、秦穆公、宋襄公和楚庄王(《吕氏春秋》高诱注)。据《荀子·五霸》篇,则为齐桓公、晋文公、楚庄王、吴王阖闾和越王勾践。 ⑤靡灭:灭亡。 ⑥霍氏:指霍光。汉武帝死

时，昭帝年幼，光受遗诏辅政。昭帝死后，他迎立昌邑王刘贺为帝，不久即废，迎立宣帝。事见《汉书·霍光传》。专相：独辅。幼主：指汉昭帝刘弗陵。 ⑦禹：霍光之子霍禹。 ⑧山、云：霍光的侄孙霍山、霍云，都曾封侯。屏：汪继培认为应作“秉”。 ⑨本族：王宗炎疑应作“帝族”。 ⑩《汉书·王莽传》：“家凡九侯五大司马。”五将即五大司马。 ⑪《汉书·楚元王传》载：“今王氏一姓，乘朱轮华毂者二十三人。”朱轮：汉制，王侯及二千石以上乘朱轮。 ⑫太后：指王莽之姑，汉元帝刘奭的皇后。元帝死后，她临朝秉政。三世：指成帝、哀帝、平帝三朝。事见《汉书·元后传》。 ⑬宰衡：历史上伊尹官为阿衡，周公为太宰。汉平帝刘衎采伊、周称号，封王莽为宰衡。后代沿用以称宰相。 ⑭居摄：皇帝年幼，大臣代居其位，称居摄，即摄政。假号：假借皇帝之号。《汉书·王莽传》称汉平帝死后，王莽摄政称“假皇帝”。 ⑮经义：指儒家经典。 ⑯迷罔：蒙蔽。以上王氏之事，见《汉书·王莽传》。

【品读】

英国诗人拜伦说起女人，道：“我们既不能与她们共同生活，又不能没有她们而生活。”把这话用于中国古代外戚专权政治，可说是恰如其分。

根据中国封建政治的习惯法则，政治是男人们的专制，女人绝对被排斥在政治生活以外。但这个法则几乎每一朝都没有真正得到贯彻执行，外戚专权噩梦般缠绕着中国的政治生活，几千年来，时隐时现——自战国秦昭襄王宣太后用事起，西汉吕氏，东汉霍氏，西晋贾氏，东晋豪族王、谢、桓、庾等，北魏胡太后，唐代武氏、杨氏，止于清末慈禧太后，皆是专权一时的强势外戚集团，堪称历史奇观。

外戚，指皇室的外姓（异姓）亲属以及后妃系统的亲族，也包括皇家公主的夫族。她（他）们是依附于太后、皇后或皇帝宠妃以及公主的裙带集团。后妃通过外戚专权用事，外戚攀龙附凤仰仗后妃权势而参政，所以，外戚专权是后妃参政的延伸。外戚专权对中国历史的影响很大，在中国各个不同历史时期的表现各异，既有对历史做出过重大贡献的杰出人物，更有令万世之民唾骂的对象。比如在用人上，作为一个以裙带和血缘结成的集团，外戚一旦得势，便大刮裙带之风，广树亲党，任人唯亲。结果使外戚占据要职，布满朝廷，从而阻塞贤路，举用失当。在生活上，几千后宫粉黛、皇后嫔妃，都想受到皇帝宠幸，都想荣宗耀祖，让自己的亲属富贵显赫，于是陷入不断地争权夺利之中。除少数清廉者外，外戚集团几乎无不姬妾成群，荒淫无耻，朝廷风气大坏。同时，由于外戚专权者，名分不正，号令不顺，便诉诸暴力，疯狂屠戮大臣，镇压吏民以除反对者。加上政酷法苛，骄横奢侈，仗势侵民，掠夺财物，百姓处于灾祸不测、朝夕不保的苦难渊薮之中。王符所写的这段文字，就是通过对西汉吕氏家族、霍氏家族及王莽篡位情形的描述，将外戚腐朽、腐败、残暴的特点淋漓尽致地体现了出来。然而，"人心自有公道在"，如王符所言，皇天从上界洞察了他们的奸恶，神灵从暗处明辨了他们的丑态，人民都痛恨他们，希望他们早早灭亡，而一旦覆灭，没有人同情他们，真所谓：欺天地，失民心！

图11　吕雉弄权

遗憾的是，数千年来，足智多谋的男人在解决外戚干政的问题上显得才思枯竭、手足无措。原因在于"母以子贵""子少母壮"决定了母后在权力结构中的特殊地位，她们往往能直接或间接地影响政治。为防母后干政，像汉武帝杀钩弋夫人；北魏道武帝先后逼死自己的母亲，赐死太子母刘皇后，并实行“子贵母死”制度，即皇子一旦被立为储君，其生母必须被赐死。这项看起来十分残忍的制度在很长时期成为易代之际的惯例。而皇帝成年后，不可能无所私、无所爱，因此受皇帝宠爱的幸运女人，或为皇后，或为贵妃，又通常借助皇权左右政局，从而使最高统治集团内部的政治关系变得更加复杂。

**【扩展阅读】**

导言：北魏胡太后独揽大权，权势遍布天下。她杀死亲生儿子，立刚出世的小孙女为帝，转而又推翻重立，权力欲望极为强烈。加上她荒废朝政，结党营私，私生活糜烂，为天下人所厌恶鄙视。

## 专权淫乱胡太后

自刘腾死，叉又宽怠，太后与明帝及高阳王雍为计，解叉领军。太后复临朝，大赦改元。自是朝政疏缓，威恩不立，天下牧守，所在贪婪。郑俨污乱宫掖，势倾海内，李神轨、徐纥并见亲侍，一二年中，位总禁要。手握王爵，轻重在心，宣淫于朝，为四方之所秽。文武解体，所在乱逆，土崩鱼烂，由于此矣。僧敬又因聚集亲族，遂涕泣谏曰：“陛下母仪海内，岂宜轻脱如此！”太后大怒，自是不召僧敬。

内为朋党，防蔽耳目，明帝所亲幸者，太后多以事害焉。有蜜多道人，能胡语，帝置于左右。太后虑其传致消息，三月三日，于城南大巷中杀之，方悬赏募贼。又于禁中杀领左右、鸿胪少卿谷会、绍达，并帝所亲也。母子之间，嫌隙屡起。郑俨虑祸，乃与太后计，因潘嫔生女，妄言皇子，便大赦，改年为武泰元年，复阴行鸩毒。其年二月，明帝暴崩，乃奉潘嫔女，言太子即位。经数日，见人心已安，始言潘嫔本实生女，今宜更择嗣君，遂立临洮王子钊为主，年始二、三岁，天下愕然。

（节选自李延寿《北史》卷十三《宣武灵皇后胡氏》，中华书局，1974）

# 浮侈第十二

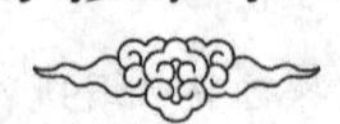

【题解】

浮侈，浮华奢侈。本篇列举东汉社会舍本逐末、浮侈成风所引起的诸多社会问题。王符指出，"今举世舍农桑"，"浮末者什于农夫，虚伪游手者什于浮末"，造成"一夫耕，百人食之，一妇桑，百人衣之"的不良现象，必将导致国家危乱。他尤其痛恨上层社会的浮伪之风，举凡衣食器用之奢靡，车舆屋舍之僭侈，以至游遨博弈成风，巫祝迷信乱俗，婚丧礼节之繁滥靡费等。希望东汉最高统治者能注意农业生产，提倡节俭，反对浮侈，"变风易俗以致太平"。王符对社会经济问题的见解，有些至今仍有其借鉴意义。

【原文】

## 以农为本，无农不稳

王者以四海为一家，以兆民为通计[①]。一夫不耕，天下必受其饥者；一妇不织，天下必受其寒者[②]。今举世舍农桑，趋商贾，牛马车舆，填塞道路，游手为巧[③]，充盈都邑，治本者少，浮食者众[④]，商邑翼翼，四方是极[⑤]。今察洛阳，浮末者什于农夫，虚伪游手者什于浮末。是则一夫耕，百人食之；一妇桑，百人衣之。以一奉百，孰能供之？天下百郡千县，市邑万数，类皆如此，本末何足相供？则民安得不饥寒？饥寒并至，则安能不为非？为非则奸宄，奸宄繁多，则吏安能无严酷？严酷数加[⑥]，则下安能无愁怨？愁怨者多，则咎征并臻[⑦]，下民无聊，而上天降灾，则国危矣。

（选自彭铎《潜夫论笺校正》卷三《浮侈第十二》，下同）

**【注释】**

①兆民：亿万人民。古时以百万或万亿为兆。通：全部。通计：全盘考虑。 ②《管子·揆度》云："农有常业，女有常事。一农不耕，民有为之饥者；一女不织，民有受其寒者。" ③《后汉书·章帝纪》元和三年诏曰："务尽地力，勿令游手。"指游手好闲，不事生产。 ④浮食：不从事农业生产而谋生的人，主要指工商业者，也就是下文的"浮末者（从事虚浮末业的人）"。 ⑤语出《诗·商颂·殷武》，毛诗"是"作"之"。商邑：商代的国都。翼翼：严整的样子。极：标准，榜样。 ⑥数（shuò）：屡次。 ⑦咎征：不吉之兆。臻：到来。

**【品读】**

洪迈的《夷坚志》中记载了这样一个故事：临安一位专赶早市卖熟肉的商人叫孙三，他每早出门，都要嘱咐妻子看好自家的猫，这引起了邻居的注意。一天，那只猫突然跑出家门，邻居见猫周身深红，无不叹羡。孙三卖肉回来，知道猫被邻居看见，便痛打了妻子。此事渐渐传至宫廷，内侍派人用高价收购此猫，都被孙三拒绝。但内侍求之心切，最终用高价买走。内侍想将此猫调驯安帖后，进贡给皇上，可才过了半月，"深红猫"便色泽渐淡，变成白猫了。内侍去找孙三，孙三已经搬走。

古人说"无商不奸"，孙三的做法似乎阐释了什么是奸商。在传统观念看来，商人不事生产只在流通领域低买高卖，赚取中间差价，奸黠狡诈，唯利是图。故长期以来，工商业的发展得到抑制，被称为"末"，而商人社会地位也因此较为低下。官方认为，如果不采取抑商贱末的战略措施，就会使人遵循利益至上的原则，追逐利益最大化，从而导致贫富两极分化。这就从根本上扰乱了相对稳定的物质基础和人际关系，使社会陷于动荡之中。



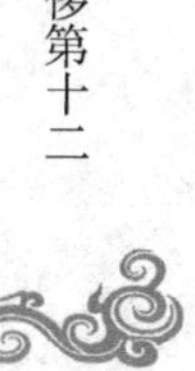

众所周知,民以食为天。人要生存,必须靠衣食。农桑直接产出衣食,创造价值。因此,在封建社会里,男耕女织是自然经济的支柱,广大农民就是靠小农业和家庭纺织业来满足其最低的生活需要,国家也是靠这种小农经济实现其政治统治的。如果农民不耕不织,就会出现受冻挨饿者,社会财富就会匮乏,故而农业生产极其重要。重视和发展农业,既可满足人民的需求,还可使人民被土地所束缚,成为土地的奴隶,从而有利于社会的稳定和国家管理。所以,以农为本就成了基本的治国之道;在对待工商业和农业的态度上,以农为本,以工商为末,重农抑工商,成为历代封建统治者所奉行的一项基本国策。

但是,不同历史时期,农业和工商业的发展也会出现不同程度的表现。以东汉中后期为例,如王符所言:天下人都放弃农桑,争着去做买卖,牛马车辆,充塞道路。游手好闲、投机取巧的人充满了大小城市。治本务农的人少,不生产的人多。特别是京都洛阳,经商的人是农夫的十倍,弄虚作假游手好闲的人更是商人的十倍。正是一人种田,百人吃饭;一妇织布,百人穿衣。本末之间的供求不能适应,人民饥寒交迫,为非作歹。一旦人民活不下去,上天就要降下灾祸,国家就危险了。王符从社会现实出发,似乎在告诫统治者:务必要以农为本,否则,天下就会大乱!

当然,历史地讲,虽然农业是根本,无农不稳,但"重农抑商"的说法片面夸大了农业与工商业之间的矛盾,忽视了它们之间互相依存的内在联系。可贵的是,王符意识到了这一点,在其他篇章中,论述了农工商各有本末的思想。



**【扩展阅读】**

导言:在蝗虫成灾危害农业收成之时,唐太宗认为"人以谷为命",竟将蝗虫吞咽。太宗重视农业体恤百姓之甚,可见一斑。

## 太宗吞蝗,不复为灾

贞观二年,京师旱,蝗虫大起。太宗入苑视禾,见蝗虫,掇数枚而咒曰:

"人以谷为命,而汝食之,是害于百姓。百姓有过,在予一人,尔其有灵,但当蚀我心,无害百姓。"

将吞之,左右遽谏曰:"恐成疾,不可。"

太宗曰:"所冀移灾朕躬,何疾之避!"遂吞之。自是蝗不复为灾。

(选自《贞观政要》卷八《务农第三十》)

【原文】

## 成由俭,破由奢

山林不能给野火,江海不能灌漏卮[①]。孝文皇帝躬衣弋绨[②],足履革舄[③],以韦带剑[④],集上书囊以为殿帷[⑤],盛夏苦暑,欲起一台,计直百万[⑥],以为奢费而不作也。今京师贵戚,衣服、饮食、车舆、文饰、庐舍,皆过王制,僭上甚矣[⑦]。从奴仆妾,皆服葛子升越[⑧],筒中女布[⑨],细致绮縠[⑩],冰纨锦绣[⑪]。犀象珠玉[⑫],虎魄瑇瑁[⑬],石山隐饰[⑭],金银错镂[⑮],麞麂履舄[⑯],文组彩緤[⑰],骄奢僭主,转相夸诧。箕子所唏[⑱],今在仆妾。富贵嫁娶,车軿各十[⑲],骑奴侍僮,夹毂节引[⑳]。富者竞欲相过,贫者耻不逮及。是故一飨之所费,破终身之本业。

【注释】

①卮(zhī):古代盛酒的器皿。 ②孝文皇帝:西汉文帝刘恒。躬:身,自身。弋:"黓(yì)"的省略,黑色。绨(tì):古代的丝织品,厚缯。 ③舄(xì):鞋。革舄:一般皮革制成的鞋。 ④韦:熟牛皮。 ⑤帷:帐幕。 ⑥直:通"值"。《汉书·文帝纪》:"尝欲作露台,召匠计之,直百金。上曰:'百金,中人十家之产也。吾奉先帝宫室,常恐羞之,何以台为?"百万即百金。汉代以金重一斤为一金。 ⑦僭(jiàn):超越本分。指臣下冒用君上名义和器物。 ⑧葛子升越:又叫葛越,一种越地产的细葛布。升:古代布的经线八十根叫一升。一幅布内,升愈多布就愈细。 ⑨女布:女子布。据《后汉书·王符传》注引《荆州记》,秭(zǐ)归地方妇女织的一种细布叫女子布。筒中女布:指女子

布。因女布用竹筒装运，故名。《艺文类聚》六十一引扬雄《蜀都赋》："其布则筩中黄润，一端数金。" ⑩细致：把缣（细绢）染为五色，细致而不漏水。见《释说·释采帛》。 ⑪冰纨（wán）：像冰一样洁白透明的丝织品。 ⑫犀（xī）：指犀牛角。象：指象牙。 ⑬虎魄：通"琥珀"。 ⑭石山隐饰：加工精巧做摆设的假山。 ⑮金银错镂：涂饰镶嵌金银。 ⑯麞麂（zhāngjǐ）：两种像鹿的兽。此指以名贵皮革制作的鞋履。 ⑰组：用丝织成的带子。这里指装饰鞋边的丝带，俗称"牙条"。緤（dié）：汪继培说，应作"屧（xiè）"，鞋垫。 ⑱箕子：殷纣王的叔父。唏（xī）：叹息声。《淮南子·说山训》："纣为象箸而箕子唏。"这句是说过去箕子哀叹帝王不该有的奢侈享受，如今富贵家的婢仆都习以为常。 ⑲軿（píng）：屏车，妇女乘坐的带有帷幕的车子。 ⑳毂（gǔ）：车轮中心的圆木，用以插轴承辐。这里代指车子。夹毂：形容随从众多。节：节制，使行使快慢符合礼仪。引：在车前引导。



**【品读】**

古人云：勤俭可以兴国，逸豫可以亡身。古人还说，"历览前贤国与家，成由勤俭破由奢"（李商隐《咏史》）。古人认为能否做到节制、节俭，是关系到一个人、一个家庭、一个国家生存败亡的大事，不可轻忽。



传说尧的生活十分节俭，经常穿着粗布衣裳，吃粗米饭，喝野菜汤。正是由于尧克勤克俭，所以赢得了百姓的爱戴，成为圣贤；宋襄公衣求蔽体，食求果腹，改革变法，鼓励农桑，而列春秋五霸；汉文帝在位23年，没有增加过任何宫室、车马、御服，室内帷帐不施文绣，要建一座露台，一计算要花上百万的钱，便打消了念头，终有文景之治；唐太宗乘轻骑，住寒宫，减轻徭役，休养生息，才有贞观之治天下为家的盛世局面；宋太祖不但生活俭朴，还严格教育子女恪守

图12 汉文帝像

节俭。

与之相反，中国历史上却有几位出名的亡国之君，他们穷奢极欲，挥霍无度。如夏桀爱吃山珍海味，平时所食必须是西北产的蔬菜，东海捕的鲸鱼，调味的佐料也得是南姜北盐，并有上千人为他种菜、捕鱼、运输、烹饪。他的奢靡行为终于激起了天下人的公愤，各路诸侯群起而攻之，夏朝灭亡；隋炀帝杨广当了皇帝后，纵情美色，大兴土木，滥设御宴，国库日益吃紧，使得民不聊生，怨声载道，隋朝仅二世而亡。国内如此，国外也不乏其人。法国国王路易十六醉生梦死，他的惊世名言是："在我死后，哪管洪水滔天！"路易十六拥有3000匹马，217部马车，150个穿着丝绒、佩戴着金饰的随身侍从，以及30位医生。王室在1751年一年的花费就达6800万银币——几乎占了政府总收入的1/4。他的奢靡生活最终激起了法国人民的群起反抗，甚至爆发革命。

由此看来，历史上大到邦国，小到家庭，无不是兴于勤俭亡于奢靡。特别是，成功的创业者大都经过艰苦奋斗阶段，所以都很勤俭节约，但对于守业者来说，由于没有经历过创业的艰辛，容易贪图奢侈享乐，最终的命运必然是事业的衰败、国家的灭亡。这也是几千年历史所昭示的真理。以两汉而言，奢侈之风是十分突出的社会问题，其出现大致在汉武帝之时。武帝之前，社会经济处于恢复阶段，社会上的"尚俭"之风流行。至武帝时，经济空前发展，出现了高消费的现象，消费观念开始向"崇奢"转化。到了东汉，奢侈之风进一步扩展，并有下移的趋势，普通百姓崇尚奢侈的风气越来越浓。正如王符所言，京城贵戚的衣服、饮食、车马、装饰和住宅，都超过了皇帝的规格，而贵戚的奴仆婢妾，其骄奢程度竟超过了主人。在这段文字中，王符极力描写了富豪之家在衣、食、住、行等方面的奢侈现象，旨在说明这种风气在东汉后期已经到了不可遏制的地步。而奢侈的生活是对社会财富的巨大浪费，既没有任何实际功用还透支资源，造成贫富差距，激化社会矛盾，影响社会稳定，阻碍社会发展，甚至败家亡国。

前车之覆，后车之鉴。王符的箴言既是对东汉后期浮华奢侈之风的严厉批判，也是对当时穷奢极欲的统治者的严重警告，更是对后人的良言劝诫。

而在物质财富极大丰富的今天，许多人不以铺张浪费为耻，反以为荣。一些人把奢华当作一种身份财富的象征，“奢侈浪费”俨然已经成为某些人的一种习惯，甚至是一种时尚。动辄上千上万，甚至几十万元一顿饭屡见不鲜，更有甚者，几十万元的一桌饭只是一个摆设，被人们欣赏之后，便成了泔水桶内的垃圾。这种行为完全背弃了传统美德，对现代文明来说，也应受到批评。由此说来，戒奢从俭仍应成为一种美德，一种态度，一种生活作风，一种治国方针。

【扩展阅读】

导言：司马光紧紧围绕“成由俭，败由奢”这个古训，结合自己的生活经历和切身体验，旁征博引了许多典型事例，对儿子进行耐心细致、深入浅出的教诲。他认为俭朴是一种美德，应大力提倡，反对奢侈腐化。



### 俭乃德之共，侈为恶之大

御孙曰：“俭德之共也，侈恶之大也。”共，同也，言有德者，皆由俭来也。夫俭则寡欲，君子寡欲则不役于物，可以直道而行。小人寡欲，则能谨身节用，远罪丰家。故曰：“俭，德之共也。”侈则多欲，君子多欲则贪慕富贵，枉道速祸；小人多欲则多求妄用，败家丧身。是以居官必贿，居乡必盗，故曰：“侈，恶之大也。”昔正考父饘鬻以糊口，孟僖子知其后必有达人。季文子相三君，妾不衣帛，马不食粟，君子以为忠。管仲镂簋朱纮，山楶藻棁，孔子鄙其小器。公叔文子享卫灵公，史鳅知其及祸，及戍果以富得罪出亡。何曾日食万钱，至孙以骄溢倾家。石崇以奢靡夸人，卒以此死东市。近世寇莱公豪侈冠一时，然以功业大，人莫之非。子孙习其家风，今多穷困。其余以俭立名，以侈自败者多矣，不可遍数，聊举数人以训汝。汝非徒身当服行，当以训汝子孙，使知前辈之风俗云。

（节选自李文泽、霞绍晖《司马光集》卷六九《训俭示康》，四川大学出版社，2010）

# 慎微第十三

**【题解】**

本篇论述积少成多、积微成著的道理，故以审慎于细微之处，防微杜渐为论题。王符从政治和道德上着重强调，为人处世，臣子事君，帝王治国，都是积正积善，不要积邪积恶，"积恶必致危亡之祸"。当然，他所说的"善""恶"，都是以儒家思想为标准的。

**【原文】**

## 积上不止，必致嵩山之高

凡山陵之高，非削成而崛起也[①]，必步增而稍上焉。川谷之卑，非截断而颠陷也[②]，必陂池而稍下焉[③]。是故积上不止，必致嵩山之高[④]；积下不已，必极黄泉之深[⑤]。

（选自彭铎《潜夫论笺校正》卷三《慎微第十三》，下同）

**【注释】**

①成而：原作"而成"，依汪继培改。汪继培说："《山海经·西山经》：'太华之山，削成而四房。'" ②颠陷：陡峭地低陷下去。 ③陂池（pō tuó，坡驼）：叠韵连绵词，也作"陂陀""陂陁""陂陲"，坡度平缓的样子。 ④嵩：崇，山高大的样子。 ⑤黄泉：地下水。古人认为地下水在地层的极深处，所以此文用来形容深。汪继培说："《史记·郑世家》《集解》引服虔注：'天玄地黄，泉在地中，故曰黄泉。'《汉书·杨雄传·解嘲》云：'深者入黄泉。'"极：至。

【品读】

古时候有个行路人，肚子饿极了就买了一个烧饼吃。吃后觉得没起作用，就又买了一个吃，但肚子还是饿得慌。于是再买再吃，一连吃了六个，感觉还不是很饱，最后又买了一个，哪知道这个烧饼只吃了一半就很饱了。这时他十分懊恼，狠狠打了自己一个耳光，并责骂道："我是多么不会过日子的人呀？先前的六个烧饼都被我白白地浪费啦！早知道这半个烧饼就能吃饱，我为什么不先前吃它呢？"这位饥汉的可笑之处在于，他不懂得事物的量变和质变及其辩证关系原理。

众所周知，客观事物的发展变化是一个实实在在的过程，而过程总是逐步进行的——由小到大，由低到高，由简单到复杂。也就是说，任何事物的形成变化都是从量变开始的，没有量变做积累就不会有质变发生。或者说，任何质变的发生都不是偶然的，更不会凭空出现。老子曰："合抱之木，生于毫末；九层之台，起于累土；千里之行，始于足下"(《道德经》)，荀子云："不积跬步，无以至千里；不积小流，无以成江河"(《荀子·劝学》)，王充言："河冰结合，非一日之寒；积土成山，非斯须之作"(《论衡·状留》)，说的都是这个道理。正因为此，王符也认为，不停地向上堆积，一定能达到大山的高度；不停地往下凹陷，一定能达到地下最深处，正所谓"积上不止，必致嵩山之高；积下不已，必极黄泉之深"。

其实，何止是自然界的山川，小到我们的生活，大到社会历史，甚至思维领域中的一切现象，无不告诉我们：忽视小的积累，想一蹴而就，是不可能达到目标的。比如小孩学走路，开始的时候总是爬，然后才能慢慢走；小孩学说话，是通过平时倾听、理解、学习，一点点积累下来，并通过多年实践才达到出口成章的。又比如，知识要慢慢地积累，但很多学生在学习的过程中会出现所谓"眼高手低"的毛病。比方他们在做练习的时候，看着习题简单，就觉得不需去做，然后找一些对自己来说难度很大的习题，可最后也没能做好，结果是基础没打好，又把时间浪费了。其实，不仅仅是知识的积累，学生时代也是人生打基础的阶段，所以，每一个学生都应当明确自己的学习目标和人生目标，然后持之以恒地走下去，每天如能进步一点点，量的积累就会有一个质的飞跃，最终才能实现自我。再比如农民的劳作，没有从春到夏，从夏到秋的辛勤耕耘，就不会有丰收的喜悦。所以，饭要一口一口地吃，路要一步一步地走，学知识要一点一滴地积累，做工作要一步一个脚印。

王符生活在东汉王朝由盛转衰的时期，他深刻地认识到“物有盛衰，时有推移，事有激会，人有变化”（《潜夫论·边议》）。因此，他提出“积上不止，必致嵩山之高；积下不已，必极黄泉之深”的理论，其根本目的在于告诫世人：为人处世，治国理政，要积正积善，不要积邪积恶；否则，就会致祸，不会得福。就像商汤、周武王一样，能实行政令教化，常积恩德，做了许多好事，才会成为天下的主宰，带来了安定太平之世；而夏桀、商纣王暴虐无度，国家终于灭亡。由于王符关于“积善”“积恶”的论述与现代哲学中“量变”“质变”的理论有某种相通之处，因此，它实为东汉思想家对于由量变到质变规律长期认识的一次新的理论概括，包含着一定的哲学价值。

**【扩展阅读】**

导语：在荀子哲学思想中，“积”字是一个重要观点。这段文字，荀子通过正反设喻的对比说明积累的重要。比如人只要努力学习、“积善积德”，就可以具备圣人的思想，而要学有所成，必须坚持不懈地积累。

### 跬步千里

积土成山，风雨兴焉；积水成渊，蛟龙生焉；积善成德，而神明自得，圣心备焉。故不积跬步，无以至千里；不积小流，无以成江海。骐骥一跃，不能十步；驽马十驾，功在不舍。锲而舍之，朽木不折；锲而不舍，金石可镂。蚓无爪牙之利，筋骨之强，上食埃土，下饮黄泉，用心一也。蟹六跪而二螯，非蛇鳝之穴无可寄托者，用心躁也。是故无冥冥之志者，无昭昭之明；无惛惛之事者，无赫赫之功。行衢道者不至；事两君者不容。目不能两视而明；耳不能两听

而聪。螣蛇无足而飞；鼫鼠五技而穷。

（节选自《荀子简释》第一篇《劝学》）

【原文】

## 防微杜渐

夫积微成显，积著成①，鄂誉鄂誉②；鄂致存亡③，圣人常慎其微也。文王小心翼翼④，武王夙夜敬止⑤，思慎微眇，早防未萌⑥，故能太平而传子孙。

【注释】

①汪继培说："下脱一字。按《汉书·律历志》云：'三微而成著，三著而成象。'《易乾凿度》云：'三微而成一著，三著而成一体。'"彭铎先生说："'积著成'下盖脱'象'字，与'亡'为韵。" ②汪继培疑当作"鄂鄂誉誉，以致存亡"。鄂：通"谔"，直言。鄂鄂：同"咢咢"，直言的样子。誉：赞誉，指阿谀奉承。誉誉：谄谀的样子。 ③为了构成四字句，"鄂"下承上省"誉"字。汪继培说："'鄂誉致存亡'即《史记·商君传》赵良所谓'武王谔谔以昌，殷纣墨墨以亡'也。《韩诗外传》十云：'有谔谔争臣者，其国昌。有默默谀臣者，其国亡。'" ④《淮南子·人间训》："圣人敬小慎微。"《诗·大雅·大明》："维此文王，小心翼翼。"即此文所本。郑笺："小心翼翼，恭慎貌。" ⑤《诗·周颂·闵予小子》："维予小子（成王自指），夙夜敬止。"即此文所本。依《毛传》武王当作"成王"。彭铎先生说，《齐诗》作武王，王符引诗多本三家诗，"武"字不误。夙：早。敬：恭敬，谨慎。止：语气词。郑笺谓"早夜慎行祖考之道，言不敢懈倦也"。 ⑥汪继培说："《汉书·贾谊传》云：'礼云者，贵绝恶于未萌，而起教于微眇。'"

【品读】

俗话说："小洞不补，大洞吃亏。"小小的细流，一捧土可以堵住，如泛滥为洪水，可以冲毁村庄；星星之火，一勺水可以浇灭，若成燎原之势，就能焚毁山林；一个人，从小沾染了不良行为，如果听之任之，就会为所欲为，危害社会。

由此可见，事物总是在不断地发展变化，如能从细微处入手，谨慎从事，及时发现危险的苗头，把有害的事物消灭在萌芽状态中，做到防微杜渐，就会避免不良现象的出现，正所谓"为之于未有，治之于未乱"(《老子·六十四章》)。

据《韩非子·喻老》记载，扁鹊刚见到蔡桓公时，看出了蔡桓公有病，只在皮下，抓紧医治就能治好。可蔡桓公讳疾忌医不以为然，扁鹊多次劝他，都无济于事。最后，蔡桓公病倒时才相信了扁鹊的话，又派人去请扁鹊，可扁鹊已经无能为力了。这则故事告诉人们：治小病就能防止大病，等到大病来了再治就来不及了。

**图13　扁鹊见蔡桓公**





同样，就德行的培养而言，个体的思想与行为应时刻保持警惕，当出现不好的兆头时，须及时加以制止与纠正，不能任由其继续发展，以免铸成大错。毕竟，那些看似不起眼易被忽视的小错误、小贪心、坏思想、坏习惯，如果不扼杀在萌芽之中，就会出现"从小偷针，长大偷金"的结局。所以，一个人要坦坦荡荡，修身立德，必须要时时从小事情上约束要求自己，只有做到防微杜渐，才不至于毁了自己的品德，才能避免将来大患降临。比如，现在很多未成年的孩子迷恋网络，沉迷网络游戏。家长每每谈到自己孩子为此而荒废学业甚至闯祸不断时都痛心不已。究其原因，很多家长都将这个结果归罪于社会，归罪于制度，归罪于网吧等，却很少有人去考虑孩子们沉迷网络的过程。家长们总认为自己的儿女是小孩子，他们的事情都是小事情，因此对孩子的精神世界漠不关心。殊不知，如果小事情不多加注意，在孩子犯了小错误的时候不去加以教育和正确引导，那么到最终大错铸成时，则追悔莫及。

又以治国理政为例。历史上有多少君王，从起初的迷恋酒色、玩物丧志发展到后来的骄奢淫逸、暴虐无常、贪婪成性，终落亡国的下场。如春秋的齐国大夫庆封，郑国大夫伯有，花天酒地、沉溺其中、毫无节制，从而毁了家业；晋平公怠于政事，纵情声色，不听大臣劝谏，最终遭遇灾祸。而楚庄王和齐威王，原先虽亦荒淫，有削地弱国的败政，甚至在动乱中即将灭亡，但他们在中途能够觉悟，能勤谨地体恤民众，孜孜不倦，终使国家中兴，称霸诸侯。如果那些亡国之君能像楚庄王和齐威王一样虚心纳谏，在不良不正的苗头出现时当机立断、及时纠正，或许会青史留名。

再来看看理政过程中的那些腐败分子。他们最初从政为官时，并非就是腐化堕落之人，或有一腔热血，有“为官一任，造福一方”的远大抱负。但很多人在面对金钱、美色、人情时，经不住物欲享乐的诱惑，失去了防微杜渐的自觉意识，胆子由小变大，心一点一点变黑，进而为所欲为、目无法纪，最终走上了一条不归路。难怪香港一些以吏治清廉闻名的政府部门对其官员的行为提出了必须“比白色还白”（意指无懈可击）的要求。正是这种近乎苛刻的标准，做到了防微杜渐，才大大降低了官员“染黑”的可能性。

当然，“防微杜渐”的关键在于要能首先发现“微”，正如王符所言，只有“思慎微眇，早防未萌”，才能真正做到“防微杜渐”。周文王治国小心翼翼，周武王为政谨慎从事，圣人常常谨慎对待细微的事情。如此说来，“慎微”的态度，是个人境界与修养的体现，也是千百年来中华民族倡导的传统美德。

【扩展阅读】

导言：韩非强调事物的生成和发展变化是一个由量变到质变的过程，总是由小到大，由少到多，由易到难，由细到粗。因此，要想控制事物就要从细微处着手，这就揭示了防微杜渐的道理，颇能引人深思。

## 欲制物者于其细也

有形之类，大必起于小；行久之物，族必起于少。故曰："天下之难事必作于易，天下之大事必作于细。"是以欲制物者于其细也。故曰："图难于其易也，为大于其细也。"千丈之隄，以蝼蚁之穴溃；百尺之室，以突隙之烟焚。故曰白圭之行堤也塞其穴，丈人之慎火也涂其隙。是以白圭无水难，丈人无火患，此皆慎易以避难，敬细以远大者也。

（节选自王先慎《韩非子集解》卷第七《喻老第二十一》，中华书局，1998）

# 实贡第十四

【题解】

实贡，就是举荐要实事求是。本篇与《考绩》篇相为表里，体现了作者关于选材用人的观点。东汉用“察举”“征辟”的办法选拔官吏，而豪门世族倚仗权势，借举荐弄虚作假，引拔私人。王符对此深为不满。全篇围绕“实”字做文章，既抨击“舍实听声”“高谈相欺”“空造虚美”造成所举名实不副，也愤慨于求全责备堵塞进贤之路。认为这都是贡举有名无实的表现，是造成位无贤臣、国不致治的原因。



【原文】

## 贤兴谄衰，忠安忌危

国以贤兴，以谄衰[1]，君以忠安，以忌危[2]。此古今之常论，而世所共知也。然衰国危君继踵不绝者[3]，岂世无忠信正直之士哉？诚苦忠信正直之道不得行尔。

（选自彭铎《潜夫论笺校正》卷三《实贡第十四》，下同）

【注释】

①谄：原作“諂”，为“谄”之俗字，今用正字。　②忌：嫉妒。以忌危：即《贤难》所说的贤人“见妒”“见嫉”而“必遇患难”，从而使君主“败绩厌覆于不暇”之意。《后汉书·王符传》引文、《太平御览》卷428引文“忌”字作“佞”，虽也通，恐非王符原著之旧貌。　③踵(zhǒng)：脚后跟。继踵：接踵，后面的人的

脚尖接着前面的人的脚跟，形容多得接连不断。绝：断绝。

【品读】

国家依靠贤才而兴旺，依靠谄媚就失败；君主依靠忠良而安固，依靠奸巧就危殆。这是古今的通论，是世人所共知的。人才问题说到底，以能否得贤怎样用人为核心。然而，何为贤才？何为谄人？他们对于国家发挥着怎样的作用？这段文字给我们做了很好的诠释。

"贤才"一般指道德品行高尚，有一技之长、才智出众的人。《尚书·咸有一德》曰："仕官惟贤材，左右惟其人。"《论语·子路》云："仲弓为季氏宰，问政。子曰：'先有司，赦小过，举贤才。'"贤才对于国家的作用极其重要，治理内政、保卫边防、稳定社会、发展生产都离不开贤才。有了贤才的执政，疆土才能得以固守，朝政才得以修明，社会秩序得以稳定，经济与文化生活得以保障，故曰："国以贤兴"。同样，只有忠贤之臣，才会以君主和国家利益为上。而君主只有依靠忠贤之臣，国家才会安定稳固，故又曰："君以忠安"。历史上，既可比之于贤才，又可称之为忠臣的，不乏其人，像屈原、诸葛亮、魏徵、范仲淹、海瑞，等等。

"谄"的意思是谄媚，用卑贱的态度向人讨好。"忌"的意思是嫉妒、憎恨。既"谄"又"忌"的人是小人。如果国君被谄媚嫉妒的小人包围，就会疏远忠诚正直的臣子，得不到善意的规劝。整天听到的都是好话，根本就不了解外面发生了什么，甚至危险已经到来时，还被蒙在鼓里。历史上各个朝代的灭亡，自有各不相同的原因，但在这一点上却几乎存在共性。正如《墨子·亲士》所云："谄谀在侧，善议障塞，则国危矣。"小人始终以自己的个人利益为重，如果一个国家"小人"泛滥、滋长，那么这个国家离灭亡也就不远了。所以王符说"以谄衰"，"以忌危"。既然如此，对待贤才和小人的态度就很明确了，正如诸葛亮在《出师表》中所说："亲贤臣，远小人，此先汉所以兴隆也；亲小人，远贤臣，此后汉所以倾颓也。"

然而历史告诉人们，君主往往"亲小人，远贤臣"。原因是，一方面，"自古

奸臣害忠良”。那些奸巧的善于谄忌的小人，在与贤才的“较量”中历来占有上风；另一方面，君主自身不能明察善断，常常被奸佞之臣所左右，为诽谤之言所动摇。这样发展的结果，如王符所言，只能使衰败的国家、危亡的君主接连不断地出现，从而引起诸多有识之士的强烈愤慨和深沉忧虑。东汉中后期，世风日下，社会黑暗腐败到了莫可名状的地步，贤才所受的压制与忌害也到了无以复加的程度，王符向不公正的世道大声疾呼：“岂世无忠信正直之士哉？诚苦忠信正直之道不得行尔！”

在中国传统治国思想中，“人治”居于主导地位。王符在总结了历史经验的基础上，对当时的用人方法提出了质疑，并指出了用人问题的症结之所在，抒发了自己对人才重要性的看法。这不仅在当时，即使对今天，也有着极为珍贵的借鉴价值。



**【扩展阅读】**

导言：治国需有法制，但更需要贤才。君子是法的本原，也是国家得以治理的根本保证。所以为君之道在于任用君子，尚贤使能，做出好的表率。

### 明主急得其人，暗主急得其势

有乱君，无乱国；有治人，无治法。羿之法非亡也，而羿不世中；禹之法犹存，而夏不世王。故法不能独立，类不能自行；得其人则存，失其人则亡。法者，治之端也；君子者，法之原也。故有君子，则法虽省，足以遍矣；无君子，则法虽具，失先后之施，不能应事之变，足以乱矣。不知法之义而正法之数者，虽博临事必乱。故明主急得其人，而暗主急得其势。急得其人，则身佚而国治，功大而名美，上可以王，下可以霸；不急得其人，而急得其势，则身劳而国乱，功废而名辱，社稷必危。故君人者，劳于索之，而休于使之。《书》曰：“惟文王敬忌，一人以择。”此之谓也。

（节选自《荀子简释》第十二篇《君道》）

【原文】

## 弃其所短，采其所长

夫高论而相欺，不若忠论而诚实。且攻玉以石[①]，治金以盐[②]，濯锦以鱼[③]，浣布以灰[④]。夫物固有以贱治贵，以丑治好者矣[⑤]。智者弃其所短而采其所长，以致其功，明君用士亦犹是也。物有所宜，不废其材，况于人乎？

【注释】

①汪继培说："《诗·小雅·鹤鸣》云：'他山之石，可以攻玉。'《淮南子·说山训》云：'玉待礛诸而成器。'高诱注：'礛诸，攻玉之石头。'《说文》作'厱诸'。"攻：加工。下句的"治"也是加工的意思。以：用。 ②冶金以盐：《后汉书·王符传》注："今之金工发金色者，皆淬之于盐水焉。"则古代以盐水为清洗剂，用来清洗金器以使它发亮。 ③濯（zhuó）：洗。濯锦以鱼：未详。"鱼"或指用鱼皮泡制成的鱼胶；用鱼胶洗锦，或类似后世的上浆，以便使锦挺括。 ④浣（huàn）：洗。浣布以灰：古代常常将丝、麻织物浸渍在草木灰、楝树叶灰、蚌壳灰的温水中以除去污垢、杂质来进行漂白，使之光滑。《礼记·内则》："冠带垢，和灰请漱。衣裳垢，和灰请澣。" ⑤丑：不好。

【品读】

明代吕柟在《泾野子》中讲了这样一个故事：某人有五个儿子，可惜都有残缺。老大木呆呆，老二鬼精灵，老三瞎眼，老四驼背，老五腿瘸。可老父亲并没有嫌弃他们，反而给他们安排了各自的任务：让老大去务农，安心于面朝黄土背朝天；让老二去做生意，一心琢磨着只占便宜不吃亏；让老三去算卦，打扮起来很像模像样；让老四去搓麻绳，整天低头弯腰不知累；让老五纺线织布，坐在织机前不用经常走动。结果他的五个儿子各自发挥了特长，都能安身立命，不愁生计。可见，这位聪明的父亲，是一位高明的用人者。他懂得因才施用的道理，从几个孩子的特殊性出发，注意扬长避短，甚至做到巧用短处，避短扬长，发挥了各自的作用。

古人云："骏马能历险，犁田不如牛。坚车能载重，渡河不如舟。"（顾嗣协《杂诗》）任何事物都有自己的短处，也都有自己的长处，不能因为有短处，便被完全否定，甚至被废弃不用，而应积极发挥其长处。比如石头虽不比美玉好，但也有它自身的价值和作用，因为加工美玉正好需要它，所以不至于被废弃。同样，盐巴可以冶炼金属，鱼膘可以漂洗锦缎，草灰可以洗涤布帛，等等。这些价格低廉、粗糙简陋的东西，都可以发挥自己的优点，产生更大的价值。

然而，"物有所宜，不废其材，况于人乎"？任何一个人既有长处，又有短处。因此，用人时也应选用其长处，不应强求其短处；应选用其精巧之处，不应强求其不好之处，即所谓"任人之长，不强其短；任人之工，不强其拙"（《晏子春秋·内篇问上》）。因为，只有用其所长，避其所短，才能发挥人才的作用，做到知人善任。比如，刘邦以一介布衣提三尺剑崛起于乱世，抗强敌，定天下，成就了伟业。其成功的关键因素之一就是能够最大限度地利用人才的长处。刘邦认为，在擅长运筹帷幄的谋略方面，自己不如谋士张良；在搞后勤工作，征用粮草，治理国家方面，自己不如萧何；在带兵打仗、攻城略地方面，自己不如韩信。但他能够根据各人的优点，委以重任。内政交于萧何，刘邦不干涉；军事托付给韩信，听之任之；谋略由张良、陈平来定，言听计从。刘邦只要求自己在大局上把握好，至于细节问题，都交给臣下去做。可以说，在用人上，刘邦堪称是能"弃其所短而采其所长"的智者。

同样，在与人的交往中，也要善于发现和运用好彼此的优点和缺点，在实践中变"短板"为"长板"。据《论语》载，孔子的学生子夏问孔子，颜回、子贡、子路、子张的为人怎样？孔子回答，颜回的仁义比他强，子贡的口才在他之上，而子路的勇敢和子张的庄重是他所不及的。子夏越听越糊涂，既然都比孔子强，为什么这四人还愿意拜孔子为师呢？孔子说，颜回仁义，但不懂变通；子贡口才好，但不够谦虚；子路勇敢，但不懂退让；子张庄重，但与人合不来。四位学生为人的优点孔子虽不能及，但其缺点也是孔子没有的，所以这四人都愿意拜孔子为师，跟他学习。由此看来，王符关于"弃其所短而采其所

长”的思想，的确是值得借鉴的经验。

图14　孔子答子夏

【扩展阅读】

导言：春秋时代著名的政治家、思想家晏婴认为，人的才能有所不同，任用人的长处，不勉强用其短处；任用人做擅长之事，不勉强他做不擅长之事。因此，只有用其所长避其所短，才能发挥人才的作用。

## 任人之长，不强其短

景公问晏子曰：“古之莅国治民者，其任人何如？”

晏子对曰：“地不同生，而任之以一种，责其俱生，不可得；人不同能，而任之以一事，不可责遍成。责焉无已，智者有不能给；求焉无餍，天地有不能赡也。故明王之任人，谄谀不迩乎左右，阿党不治乎本朝。任人之长，不强其短；任人之工，不强其拙。此任人之大略也。”

（节选自陈涛译注《晏子春秋》第三卷《景公问古之莅国者任人如何晏子对以人不同能》，中华书局，2007）

# 班禄第十五

【题解】

班：列，排列等级的意思。"班禄"就是按等级授予俸禄。本篇以理想化了的西周奴隶制国家的俸禄制度为标准，论证明定官吏俸禄的重要。认为这样才能使"臣养优而不隘，吏爱官而不贪，民安静而强力，此则太平之基立矣"。篇中也指责了当时帝王不务"节礼"，奢侈阔绰及官吏贪污，竞于私利造成社会风化败坏、奸恶丛生的情况。



【原文】

## 天命圣人为天子

太古之时[①]，烝黎初载[②]，未有上下，而自顺序，天未事焉[③]，君未设焉。后稍矫虔[④]，或相陵虐，侵渔不止[⑤]，为萌巨害[⑥]。于是天命圣人使司牧之[⑦]，使不失性，四海蒙利，莫不被德，佥共奉戴[⑧]，谓之天子。

（选自彭铎《潜夫论笺校正》卷四《班禄第十五》，下同）

【注释】

①尧、舜以上称为太古。 ②烝黎：百姓。载：始。 ③事：行事，动词。④矫虔：扰乱。 ⑤侵渔：掠夺他人财物。 ⑥萌：民。 ⑦司牧：治理、管理。 ⑧佥：全，都。

【品读】

提起“天子”一词，我国流传的熟语有很多，像“真龙天子”“真命天子”“草头天子”“一朝天子一朝臣”“挟天子以令诸侯”，等等。中国人自古敬仰天子、畏惧天子而又热爱天子，反映出传统的“天道”观念在人们精神世界里所占的分量。王符这段有关“天子”称呼的表述，就体现了古人对“天道”文化的理解。

在过去的几千年里，“天道”观念被很多人解释为“天人合一”的观念。“天道”观，实际上包含了古代中国人对于宇宙、世界和人生的看法。“天道”观念，最早渊源于先民对“天”的崇拜。在蒙昧社会，生产力极为低下，人类抵抗自然力量的能力极小，面对高山巍峨、江河澎湃、大海浩瀚，人类显得极为渺小无力。于是，人从哪里来，人类应该按照什么规则去生活，都成为不可避免的问题。而对于这些问题的思考与探索，就形成了早期的“天道”观。“天”被解释成一切的主宰，世界的本源。“天”是决定人类生活的最广博、最根本的力量，人世间的一切规则，都由“天定”。按儒家的说法，“天”不仅是“自然之天”，而且是“神灵之天”，世界的一切，都由冥冥之中的“天”来主宰。按照“主宰天”的要求，人世间的统治者是由“天命”所产生。作为“奉天承运”的“天子”，就应随着“天命”的转移而更换。特别是以董仲舒为代表的新儒学提出的君权天授论认为，“天”有神性，主宰着人类社会，但神圣的“天”又不能直接出面指挥社会，唯一的办法是将权力授予现实的人——“天子”。

王符继承了这一说法，认为上古的时候，人类的初期，未有上下尊卑，一切自成顺序，天未从事管理，君主也未设立。后来渐渐混乱起来，有的人欺凌压迫，掠夺他人不止，成为民众的大害。于是天命圣人进行管理，使人们不丧失淳朴的人性，四海蒙受利益，无不受其恩泽，全都侍奉拥戴，称为天子。在王符看来，君主权力的来源是受到了上天的指派，而上天的地位是至高无上的，这就等于说君主是替最高权力的天来行使管理权的，从而将君权与天命紧紧联系起来。此说既印证了“君权天授”的政权合法性，也体现了王符本人的“天道”观。同时，之所以设立君主的职位，王符认为是为了替民兴利除弊。君不是民之本，民才是君之元，这就反映了王符的民本思想。

当然,说起中国古代君主的称谓,天子在夏、商、周三代的正号是王,如周武王即被称为天子。无论是称王还是叫作天子,都是天下最高统治者,而在秦汉至清代,天子则称为皇帝。

【扩展阅读】

导言:董仲舒认为人的身体、血气、德行、情感、命运都是上天赋予的,管理人的是上天,天子从天那里接受使命,天下人也从天子那里接受使命。所以,授与受由上天命定。如此描述天人关系,实指命乃天授,君权天授。

### 为人者天

为生不能为人,为人者天也。人之人本于天,天亦人之曾祖父也。此人之所以乃上类天也。人之形体,化天数而成;人之血气,化天志而仁;人之德行,化天理而义。人之好恶,化天之暖清;人之喜怒,化天之寒暑;人之受命,化天之四时。人生有喜怒哀乐之答,春秋冬夏之类也。喜,春之答也;怒,秋之答也;乐,夏之答也;哀,冬之答也。天之副在乎人。人之情性有由天者矣。故曰受,由天之号也。为人主也,道莫明省身之天,如天出之也。使其出也,答天之出四时而必忠其受也,则尧舜之治无以加。是可生可杀,而不可使为乱。故曰:"非道不行,非法不言。"此之谓也。

传曰:唯天子受命于天,天下受命于天子,一国则受命于君。君命顺,则民有顺命;君命逆,则民有逆命。故曰:"一人有庆,兆民赖之。"此之谓也。

(节选自苏兴、钟哲《春秋繁露义证》卷第十一《为人者天第四十一》,中华书局,1992)

【原文】

### 天之立君以役民

故天之立君,非私此人也,以役民[①],盖以诛暴除害利黎元也[②]。是以人谋鬼谋[③],能者处之。《诗》云:"皇矣上帝!临下有赫[④]。监观四方,求民之瘼[⑤]。惟此二国,其政不获[⑥]。惟此四国,爰究爰

度[7]。上帝指之,憎其式恶[8]。乃睠西顾,此惟与度[9]。"盖此言也,言夏、殷二国之政不得,乃用奢夸廓大[10],上帝憎之,更求民之瘼圣人[11],与天下四国究度而使居之也。

【注释】

①彭铎先生说:"以役民"疑当在"立君"之下。 ②黎元:百姓。 ③鬼谋:和鬼商量,即占卜。详见《思贤》篇注。 ④见《诗·大雅·皇矣》,《毛诗》作"临下有赫"。皇:大。临:下视。有:形容词词头,无实义。赫:明,明白。⑤监观:监察。四方:指天下众国。《毛诗》作"求民之莫","莫"训"定"。此为三家诗义。瘼(mò):病,疾苦。 ⑥二国:指夏桀、殷纣。获:得,好。 ⑦四国:四方之国,天下。爰:动词词头,无实义。究、度(duó):都是谋的意思。⑧《毛诗》作"上帝耆之,憎其式廓"。耆、指通用,都是怒责之义。"恶"当为"廓"之误,由下文"乃用夸奢廓人,上帝憎之"可知。廓:大的意思,这里指权势大。式:形容词词头。 ⑨《毛诗》作"乃眷西顾,此唯与宅"。"眷":同"睠",顾念、留恋的样子。西顾:回头看西方,指授命于地处西北的周。"度""宅",古文是同一个字,这里都是居的意思。郑笺:"见文王之德,而与之居,言天意常在文王所。" ⑩用:以。廓大:程本作"廓人"。"廓人"即"阔人",指阔绰的人。夸、奢、廓三字同义。 ⑪彭铎先生以为,当依邹汉勋说作"更求知民瘼之圣人"(《读书偶识》)。

【品读】

王符生活的时代,是东汉社会走向衰败的重要转折时期。由于东汉皇帝大多年幼即位,寿命较短,形成了外戚宦官把持朝政的局面。这种局面对君权造成了极大的威胁。为了重申君权存在的合法性,使其具有神圣不可侵犯的威慑力,在那些权臣贵戚面前,只有将君权诉诸天命,才能以天来保证君主的权威。这段文字,就反映了王符维护君权权威性的主张,以及期盼君主治国实行"王道"的愿望。

汉代儒家的集大成者董仲舒，在政治上继孔孟之理，以社会现实为根基，极力推崇维护君权。他认为，人不能直接与天联系，只有通过帝王或圣王作为中介才能与天相通。因为“唯天子受命于天，天下受命于天子”（《春秋繁露》）。正是在天人感应的基础上，董仲舒建立了“以人随君，以君随天”（《春秋繁露》）的君权天授观。王符认同君权天授观，认为“天之立君，非私此人也”。这就是说，在虚构天的至高无上，树立皇帝的最高权威，维护和加强君权统治方面，他们的主张是一致的。然而，君主怎样统治才能很好地巩固国家，这要从儒家所主张的“王道”思想说起。

图15 董仲舒像



“王道”是中国传统政治中一个重要概念。王，顾名思义，就是高高在上的意思。儒家认为，圣人成了君王，其统治即是王道，也可说成“圣王之道”。儒家所崇尚的“王道”，是一种极高的政治理想和原则。按照这种政治理想，作为“奉天承运”的统治者，应该是“内圣外王”，也就是说统治者本身须是道德的表率、人伦的典范，在具备一切美好的人间品德以后，才有资格统帅、治理万民。而治国、治民的要道，在于“以民为本”，而不是以一己偏私，肆意妄为；在于要以“德教”“仁政”为先。一句话，“王道”就是君主以仁义治天下，以德政安抚臣民的统治方法。按照这一说法，王符认为君主应“诛暴除害、利黎元也”，要“监观四方，求民之瘼”。这里，他引用《诗经》，刻画出两类完全不同的君主形象：周文王仁义有德，关注人民的疾苦；夏桀和殷纣狂妄自大、野心勃勃、骄奢阔绰、治政混乱。而上帝（即天）明察秋毫、善恶分明、选贤任能。因此，夏桀、商纣王无道，违背了“天命”，被寻求替代，而周文王被“上帝”授命。可见，王符一方面认同“天命”，认为上天在众生之中寻找具有圣人品质的领导者，并赐给他“上天的意志”来管理天下。另一方面，又主张至高无上的君主也要善施仁德，以民为本。而这正是“王道”思想的内涵。

当然，要求治国以“德教”“仁政”为先的“王道”与主张以武力、刑法、权势治国的“霸道”，共同构成了中国传统政治中的一对重要概念。

**【扩展阅读】**

导言：中国近代思想家郑观应提出自己对君王的认识与要求。他认为，在君民关系上，帝王虽说是“万民之主”，但应该为天下人服务，即“为天下之人役”。

### 君主为天下之人役

使为君者，毋曰竭天下万民之利以养一人也，而曰溥天下之利以养万民，予一人分而给之，总而理之斯可矣。勤勤恳恳焉，日不及餐，夜不及寐，视天下万民之事皆己之事，视天下万民之身如己之身。尽地利，薄赋税以养之；设学校，择师傅以教之；天下有病民者吾斥之，天下有虐民者吾诛之；天下有爱民者吾亲之，天下有利民者吾显之。必使天下无一饥民，无一寒民，无一愚民，无一莠民。否则勤勤恳恳，日忘餐，夜废寝者如故。自能上合天心，下合民心，天下之人惟恐其不克为千秋万世之共主。故知君人者，欿然视己为天下之人役，适所以永为天下之人主；侈然自为天下之人主，终且求为天下之人役焉而不可得矣。噫！

（节选自夏东元《郑观应集·盛世危言》上册《原君》，中华书局，2013）

# 述赦第十六

【题解】

本篇论述东汉社会犯罪与执法之弊的问题。王符认为,"国无常治,又无常乱,法令行则国治,法令弛则国乱"。因此,"致治""在于明法",而当时法制的严重问题在于不"显行赏罚以明善恶",反倒常常"枉善人以惠奸宄";在于犯罪集团与高官贵戚勾结"以转相驱",借"赦、赎(以钱赎罪)"以纵恶养奸,法律不能起到"诛邪恶而养正善"的作用,反成了"贪残不轨,凶恶弊吏,掠杀不辜,侵冤小民"的工具,造成"恶人昌而善人伤"的恶果。文中对东汉社会这方面的弊病多揭露评析,为后代提供了历史的借鉴。

【原文】

### 残害良民皆因数赦

今日贼良民之甚者[①],莫大于数赦[②]。赦赎数,则恶人昌而善人伤矣。奚以明之哉[③]?曰:孝悌之家,修身慎行,不犯上禁,从生至死,无铢两罪[④];数有赦赎,未尝蒙恩,常反为祸。何者?正直之士之为吏也,不避强御[⑤],不辞上官[⑥],从事督察,方怀不快[⑦],而奸猾之党,又加诬言,皆知赦之不久,则且共横枉侵冤,诬奏罪法。今主上妄行刑辟[⑧],高至死徙,下乃沦冤[⑨],而被冤之家,乃甫当乞鞠告故以信直[⑩],亦无益于死亡矣。

(选自彭铎《潜夫论笺校正》卷四《述赦第十六》,下同)

【注释】

①贼：残害。②数(shuò)：屡次。③奚：何。④铢两：古代重量单位，二十四铢为一两。比喻极其轻微。⑤强御：即"强圉"，强悍不法。⑥辞：谒辞，说好话巴结。⑦方怀：情怀方正，为人刚直。快：放纵，乱来。《荀子·大略》："人有快，则法度坏。"这几句或解为正直之士为属吏，不讨好上官，从事督察，故上官心怀不悦，亦可通。⑧今，当从程本作"令"。刑辟：刑律，刑法。⑨高、下：这里是重、轻的意思。沦冤：孙诒让说，当为"论免"之形误，指论罪免官。⑩甫：方，才。乞鞫：请求申诉。信：通"伸"。伸直：申冤。

【品读】

鲁迅小说《风波》中有这样一个场景，当"皇帝坐了龙庭了"的消息传到绍兴临近小村时，七斤嫂的第一反应就是："这可好了，这不是又要皇恩大赦了么！""大赦"是赦免的一种，这个本属皇帝和朝廷的政治行为，连不识字的农妇都理解，并且非常熟练地脱口而出，说明千百年来，它早已深入人心。由于大赦不仅事关犯罪人员，有时老百姓也会得到些好处，如减免租税等等，所以老百姓把它当作一件好事来欢迎。七斤嫂如此欣喜的反应便是。又如诗仙李白，晚年因永王事件受牵连，被发配流放夜郎。在行至白帝城时，忽然收到赦免的诏书，惊喜交加之时，留下了那首流传千古的《早发白帝城》："朝辞白帝彩云间，千里江陵一日还。两岸猿声啼不住，轻舟已过万重山。"可见，作为一种法律制度，赦免的存在，具有一定的积极作用，它在应对社会危机，笼络有用人才，缓解严苛的刑律方面表现出极大的灵活性和高效性。

然而，赦免制度毕竟是一种由权力机关减轻或免除罪犯的刑罚，如果毫无节制地滥用，就会带来诸多消极影响。比如，东汉末年，大汉帝国岌岌可危之时，赦令多到几乎每年一赦的境地。据《后汉书·党锢传》载，当时有个叫张成的人善于算卦，在算出朝廷即将颁布赦令之时，就让儿子出去杀人。李膺作为地方官抓了张成之子，但随后朝廷果有大赦。李膺气愤不过，无视赦令，坚持杀了张成之子。可见，频繁赦免会带来极大的危害性。正如王符所言，

残害善良百姓最严重的，莫过于再三赦免罪犯了。赦免和用钱赎罪的做法接连不断，就使恶人猖狂而善人愈受伤害。因此，这一制度自其产生之时就出现了反对的呼声。《管子·法法篇》："凡赦者，小利而大害者也，故久而不胜其祸；毋赦者，小害而大利者也，故久而不胜其福"；《商君书·赏刑篇》："不肴过，不赦刑"；《韩非子·内储说上篇》："无赦，犹入涧之必死也，则人莫之敢犯也"。而王符正是反对频繁赦免的代表人物。他认为，"正直之士"和"奸猾之党"品行不同，最后的结果也不同，前者常受到祸害，后者常合伙诬陷别人，且肆无忌惮，其中重要的原因就是"皆知赦之不久"。在王符看来，宽待犯罪分子就是对受害者的再度伤害，是对守法者的不公正；犯罪分子因此会为所欲为，也让坏人有了可乘之机。这一观点，在今天看来，也有着借鉴价值。

**图16　中国古代赦免制**



当然，王符所指的滥用赦免不仅关系到犯罪的多少，也是吏治腐败、用人失当的原因之一。可见，王符对东汉滥用赦免所带来的严重后果的批判，是富有现实意义的。

【扩展阅读】

导言：皇太子奏报了赦免囚徒以求福的请求，但病势渐危的长孙皇后并不赞同，她认为赦免是国家大事，不能因为个人原因而搅乱天下的法令。

### 皇后遇疾，禁止奏赦

长孙皇后遇疾，渐危笃。皇太子启后曰："医药备尽，今尊体不瘳，请奏赦囚徒并度人入道，冀蒙福祐。"

后曰："死生有命，非人力所加。若修福可延，吾素非为恶者；若行善无效，何福可求？赦者，国之大事，佛道者，上每示存异方之教耳。常恐为理体之弊，岂以吾一妇人而乱天下法？不能依汝言。"

（节选自《贞观政要》卷八《赦令第三十二》）

【原文】

### 惠奸宄者贼良民

夫养稊稗者伤禾稼，惠奸宄者贼良民[①]。《书》曰："文王作罚，刑兹无赦[②]。"是故先王之制刑法也，非好伤人肌肤，断人寿命者也，乃以威奸惩恶除民害也。天下本以民不能相治，故为立王者以统治之。天子在于奉天威命，共行赏罚[③]。故经称"天命有德，五服五章；天罚有罪，五刑五用[④]。"《诗》刺"彼宜有罪，汝反脱之[⑤]"。古者惟始受命之君，承大乱之极，被前王之恶，其民乃并为敌仇，罔不寇贼消义奸宄夺攘[⑥]，以革命受祚[⑦]，为之父母[⑧]，故得一赦。继体以下[⑨]，则无违焉[⑩]。何者？人君配乾而仁[⑪]，顺育万物以成大功，非得以养奸活罪为仁，放纵天贼为贤□也[⑫]。

【注释】

①《韩非子·难二》："夫惜草茅者耗禾穗，惠盗贼者伤良民。今缓刑罚，行宽惠，是利奸邪而害善人也。"此用其意。　②见《尚书·康诰》。作罚：制定刑

罚。兹：此，指有大罪的人。 ③共：即“恭”字。恭行：奉行。 ④语本《尚书·皋陶谟》。孔传：“五服：天子、诸侯、卿、大夫、士之服也。尊卑彩章各异，所以命有德。”章：花纹。孔颖达疏：“为五等之刑，使五者轻重用法哉。”各个历史时期五等具体规定不同，先秦指墨、劓、剕(刖)、宫、大辟(杀)，秦汉为黥、劓、斩左右趾、枭首、菹其骨肉。五用：据《国语》，大刑用甲兵，其次用斧钺，中刑用刀锯，其次用钻笮，薄刑用鞭扑，以威民也。 ⑤见《诗·大雅·瞻仰》。反脱：《毛诗》作“覆说”。覆，反。说，通“脱”，《郑笺》：“赦也”。 ⑥此句本《尚书·吕刑》。寇贼：寇掠。消义：《尚书》作“鸱义”，指“盗贼状如鸱枭，抄略良善，劫夺人物”。消义当是“枭义”之讹。指残暴的行为。奸宄：犯法作乱的人。夺攘：争夺。 ⑦革命：旧时指推翻前朝做了皇帝。祚：指王位。 ⑧《尚书·洪范》：“天子作民父母。” ⑨继体：后嗣，子孙。这里指继体之君，即子孙做皇帝者。 ⑩违：汪继培说，应作“遵”。意思是，继体之君即位时，不应当行赦。 ⑪配乾：德配于天。乾：天。仁：指行“仁”道。《孟子·离娄下》：“仁者爱人。”《春秋繁露·王道通三篇》：“仁之善者在于天，天仁也。”“天常以爱利为意，以养长为事……王者亦常以爱利天下为意，以安乐一世为事。” ⑫天贼：天以为贼。《孟子·梁惠王下》：“贼仁者谓之贼。”意为败坏仁德叫作贼。



【品读】

小时候看《水浒传》时，总有一个问题百思不解：那些梁山好汉，为什么一有了人命案后，往往是选择出去避风头，然后老老实实地等天下大赦，实在不行，他们也会选择去吃官司，反正也坐不了几年牢。后来逐渐明白：大赦可以减免刑罚，可以不追究、赦前事，甚至还能得到赏赐。大赦与古代老百姓的生活息息相关。所以，再读这部小说时，类似的谜团便迎刃而解。宋江杀了阎婆惜，后来要被刺配江州，父亲宋太公对他说，你现在到江州去，不要去做强盗，一年半载等到皇恩大赦下来，依旧回来父子团聚。宋太公说的“一年半载”，正好是宋大赦天下的平均时间：十八个月一次。这个时间频率应该说是很高的了,在中国古代历史上,唯有两汉四百多年间,颁布了不少于两百八十多次的赦免,平均不到两年时间,朝廷就下一道宽待的诏令。由于皇帝在宣布大赦天下罪人的同时,对皇室成员、各级官吏及平民百姓进行普遍的赏赐,所以天下之人莫不皆大欢喜。

然而,18世纪法国著名思想家孟德斯鸠在谈到这皆大欢喜的大赦时,对其批判了一通。他说中国皇帝不讲道理,没有逻辑性,因为皇帝也是最高法官,既然判了别人的刑,怎么又去赦免,他觉得这个不正常。孟德斯鸠的批评有一定的道理,但比起东汉时期的王符,无论在时间的早晚,还是在批评的程度上都无法相比。王符认为,古时只有开国的君主,承受了大乱的破弊,遭受了前代亡国之君的恶果,人民互相敌视,到处是残暴的劫掠,奸恶的争夺,自己革旧鼎新,接受了王位,作为民之父母,所以应该大赦一次。而后来即位的帝王,就不能依照先例都行大赦了。这说明,赦免与政局是否稳定有很大的关系。政局稳定,则赦免次数较少;反之,则较多。而每一朝代在建国初期和末期的赦免次数较中期为多。如汉初高祖十二年九赦,光武三十年十赦,西汉末哀帝六年四赦,平帝五年四赦;东汉末灵帝二十二年二十赦,少帝六个月时间竟两赦。统治者大肆赦免,是有其原因的。建国初,是在大乱之后,国内动荡不安,经济凋敝,统治阶级进行赦免,目的是尽快稳定统治秩序,恢复经济,发展农业生产;而在末世,农民起义不断,封建统治岌岌可危,统治者欲以赦免来挽救其摇摇欲坠的统治,因而大赦特赦。这都是不得已而为之,并不是出于统治者的意愿。

当然,赦免不是不可以,而不应那么频繁。正如王符所言,毕竟"天子"是上天派来管理人民的,"天子"的职责在于顺承天命,奉行赏罚。而那些被赦免的人秉性恶劣、轻浮傲慢、欺侮他人、践踏仁义、残酷暴虐,他们屡屡触犯王法,是危害人民的贼子。如果将其解脱镣铐,放出监狱,他们不但没有悔改之心,转眼又去犯罪,危害百姓。如果这样奸恶的人都能被宽容赦免,如同放任杂草生长就会伤害庄稼一样,只会残害人民。所以,"文王作罚,刑兹无赦"(《尚书》)。

王符的说法很有见地。赦免制度是中国古代司法制度的一项重要原则。司法的功能在于惩罚坏人、威慑奸邪、清除民害，而不是姑息养奸、救活罪犯、残害良民的工具。赦免是凌驾于司法制度上的一种特权，过多的赦免会严重破坏法律的威严，使法律成为一具空文。可以说，滥用赦免将整个司法机关权能破坏得干干净净，法律根本起不到维护社会秩序的作用。非但达不到"治"，反而加速了"乱"。同时，在一定程度上，赦免助长了犯罪者的侥幸心理，其结果势必会纵民为恶。因此，对于赦免，如果统治者能审时度势，适当地加以利用，就会起到巩固其统治的作用；反之，无视形势的发展，一味地加以滥用，则只能加深社会矛盾，最后危及统治。因此，王符反对滥用行赦的主张针砭时弊，具有极其强烈的批判意义和现实精神。



**【扩展阅读】**

导言：唐太宗认为，随意颁布赦免，对违法作乱的人施予恩惠就会伤害好人，犹如留下杂草就会伤害庄稼一般。他结合周文王、诸葛亮治国不赦而国泰民安，梁武帝放赦而亡国的例子，表明自己从来不使用赦令。

### 绝不放赦，以除稂莠

贞观七年，太宗谓侍臣曰："天下愚人者多，智人者少。智者不肯为恶，愚人好犯宪章。凡赦宥之恩，惟及不轨之辈。古语云：'小人之幸，君子之不幸。''一岁再赦，善人喑哑。'凡养稂莠者伤禾稼，惠奸宄者贼良人，昔'文王作罚，刑兹无赦'。又蜀先主尝谓诸葛亮曰：'吾周旋陈元方、郑康成之间，每见启告理乱之道备矣，曾不语赦。'故诸葛亮理蜀十年不赦，而蜀大化。梁武帝每年数赦，卒至倾败。夫谋小仁者，大仁之贼，故我有天下已来，绝不放赦。今四海安宁，礼义兴行，非常之恩，弥不可数。将恐愚人常冀侥幸，惟欲犯法，不能改过。"

（节选自《贞观政要》卷八《赦令第三十二》）

# 三式第十七

【题解】

"式":法。彭铎先生认为:"此篇述封建遗法有宜遵者三:封爵三公,以褒有德,若其尸素,则从渥刑,一也;分封诸侯,期于佐治,有功者迁,无状者夺,二也;审选守相,明察治功,称职者封,怀奸者戮,三也。"而贯穿全篇的核心仍在于选练贤能,严明考绩,信赏必罚,以整顿东汉吏治为指归。名虽法古,实为针砭现实,忧国救时之议。

【原文】

## 无功不受禄

先王之制,继体立诸侯[①],以象贤也[②]。子孙虽有食旧德之义[③],然封疆立国[④],不为诸侯,张官置吏,不为大夫[⑤],必有功于民,乃得保位,故有考绩黜刺九锡三削之义[⑥]。《诗》云:"彼君子兮,不素餐兮[⑦]。"由此观之,未有得以无功而禄者也。

(选自彭铎《潜夫论笺校正》卷四《三式第十七》,下同)

【注释】

①继体:此指继承君位的人,即君位的继承人。《仪礼·士冠礼》和《礼记·郊特牲》均作"继世"。　②《仪礼·士冠礼》:"继世以立诸侯,象贤也。"郑注:"象,法也。为子孙能法先祖之贤,故使之继世也。"象贤:指效法贤人,子孙能

继承父辈的德行。 ③旧德:先辈的功德。食旧德:依靠先辈的功德而享受爵禄。古代子孙往往因为先世有功德而推恩受赐官爵,如"父荫"之类。义:宜。 ④封:《礼记·檀弓上》"吾见封之若堂者矣"注:"封,筑土为垄。"《白虎通·封公侯》:"列土为疆,非为诸侯,张官设府,非为卿大夫,皆为民也。" ⑤汪继培说:"《荀子·大略篇》云:'天之生民,非为君也。天之立君,以为民也。故古者列地建国,非以贵诸侯而已;列官职,差爵禄,非以尊大夫而已。'《白虎通·封公侯篇》云:'列土为疆,非为诸侯,张官设府,非为卿大夫,皆为民也。'《后汉书·光武帝纪》建武六年诏曰:'张官置吏,所以为人也。'按'张官置吏'本《管子·明发解》。" ⑥九锡:锡通赐,古时天子对有大功或有权势的诸侯、大臣,赐给车马衣服等九种东西,表示最高的礼遇。见《公羊传·庄公元年》何休注。三削:三次削地削爵;古代天子对各级贵族考绩,无功既予削黜,三削则地尽或爵尽。见《白虎通·考黜》。义:事宜、道理。 ⑦引语见《诗·魏风·伐檀》。素:空。素餐指无功而空受禄。



**【品读】**

常言道:"拿人手短,吃人嘴软。"当一个人从别人那里获取好处的时候,也就意味着必须要付出某些东西,因为"无功不受禄"。

图17 列子拒粟

"无功不受禄",顾名思义指没有功劳不接受钱财或官位。通俗地讲,就是自己对别人没有付出什么代价,就不接受别人的恩惠。列子是战国早期著名的思想家,一生安于贫寒,不求名利,潜心著述。一位列国使者入郑拜访列子时,发现这位自己仰慕的有道之士,竟然经常饿着肚皮，埋头做学问。郑国宰相子阳听说此事，随即派遣官吏给列子送粮食。列子不为所动，拜谢说："无功不受禄"，使者只得带上粮食返回复命。列子不轻易接受别人的施舍，洁身自好，具有良好的道德修养。

"无功不受禄"还有更深层的含义，指要在其位，谋其政。也就是说，一个人有什么样的地位、职位，就应该完成相应的职责。如果在其位，不谋其政，就等于"无功受禄"，是尸位素餐的贪位苟且者。据《史记·循吏列传》载：李离是晋文公的狱官，因错误听取了下级的汇报而判人死罪，就把自己关押起来也定了死罪。晋文公为他开脱，认为是下级的错误，李离不该负责。但李离坚持说："像我这样没有能力为君王办事，糊里糊涂地占着官位，居其位却不能理其政，是无功受禄，白吃国家的粮食，我李离不能当这样的小人。"说完，他不顾晋文公的劝阻，伏剑自杀。这个故事说明，无论是文臣还是武将，要居其位，谋其政，建其功，而不要无功受禄。

然而，在中国历史上，无功受禄的人却大有人在。这类人，一般而言，平庸无能，没有个性特点，没有原则主见；对上唯唯诺诺，对下模棱两可；人云亦云，阿众取容，迎俗全身，苟求免祸；尸位素餐，形如虚设，不敢、不愿、不会、不能处理实际政务，于国于民均无补益。这类庸官俗吏，对封建政治的危害也是显而易见的。由于其职权范围内的政务只能由他人分担，因此官僚机构的重叠设置和官吏队伍超出实际需要，不断膨胀，使他们有如附赘悬疣，增加了国家机器中的无效成分。而这些人才智不足且办事不负责任，又造成官僚机构办事效率极度低下，大大影响了统治集团的治政能力。在贪位苟且者缺乏个性和想象力的领导之下，国家政治自然很难具有革新的活力。以东汉后期为例。大多诸侯为了自身的利益，对人民无德无功，对国家也没有贡献，他们掌管一国，占有一国的财富，躺在禄位上享尽荣华，白吃俸禄。王符认为，对于有功德的人，才能封为诸侯；对于无功德的人，应该罢黜。那些占着位子不做事情，不为国家、百姓谋利益的人，如同"尸位素餐"一般。只有用措施或法令去约束，才能减少。由此看来，王符对那些无功受禄、贪位苟且的官吏是极为深恶痛绝的。

当然，"无功不受禄"这句话，在今天也有着针砭时弊的作用。对于那些

凭借特殊关系，按期领取薪金，只知道吃喝闲坐，而没有任何贡献的人来说，实在是极大的讽刺。

【扩展阅读】

导言：太康是大禹的孙子，是夏王启的儿子，他处在尊位而不理事，尸位素餐，逸豫灭德。太康的五个兄弟怨恨太康，追述大禹的教戒，写了这组诗歌。

### 太康尸位

太康尸位，以逸豫灭厥德，黎民咸贰。乃盘游无度，畋于有洛之表，十旬弗反。有穷后羿因民弗忍，距于河。厥弟五人御其母以从，徯于洛之汭。五子咸怨，述大禹之戒以作歌。



其一曰："皇祖有训：民可近，不可下，民惟邦本，本固邦宁。予视天下，愚夫愚妇一能胜予。一人三失，怨岂在明？不见是图。予临兆民，懔乎若朽索之驭六马；为人上者，奈何不敬？"

其二曰："训有之：内作色荒，外作禽荒，甘酒嗜音，峻宇雕墙。有一于此，未或不亡。"

其三曰："惟彼陶唐，有此冀方。今失厥道，乱其纪纲。乃底灭亡。"



其四曰："明明我祖，万邦之君。有典有则，贻厥子孙。关石和钧，王府则有。荒坠厥绪，覆宗绝祀。"

其五曰："呜呼曷归？予怀之悲。万姓仇予，予将畴依？郁陶乎予心，颜厚有忸怩。弗慎厥德，虽悔可追？"

（选自李民、王健《尚书译注·虞夏书·五子之歌》，上海古籍出版社，2000）

【原文】

### 重赏痛罚世升平

昔宣皇帝兴于民间[①]，深知之，故常叹曰："万民所以安田里无忧患者，政平讼治也。与我共此者，其惟良二千石[②]。”于是明选守相，其初除者[③]，必躬见之，观其志趣，以昭其能，明察其治，重其刑赏。奸宄减少、户口增息者，赏赐金帛，爵至封侯[④]。其耗乱无状者[⑤]，皆衔刀沥血于市[⑥]。赏重而信，罚痛而必[⑦]，群臣畏劝[⑧]，竞思其职。故能致治安而世升平，降凤皇而来麒麟，天人悦喜，符瑞并臻，功德茂盛，立为中宗[⑨]。由此观之，牧守大臣者，诚盛衰之本原也，不可不选练也；法令赏罚者，诚治乱之枢机也，不可不严行也。

【注释】

①宣皇帝：西汉宣帝刘询，为武帝戾太子之孙，自幼流落民间，《汉书·宣帝纪》说他“具知闾里奸邪，吏治得失”。 ②语见《汉书·循吏传》。二千石：指郡守、诸侯相，食禄二千石。 ③除：拜官。 ④《汉书·循吏传》载：胶东相王成、颍川太守黄霸有治绩，增秩赐金，封关内侯。 ⑤耗乱：混乱。 ⑥衔刀沥血：处死。 ⑦《汉书·宣帝纪赞》：“孝宣之治，信赏必罚。”《韩非子·五蠹》：“赏莫如厚而信，使民利之；罚莫如重而必，使民畏之。” ⑧劝：勉。 ⑨东汉光武帝刘秀建武十九年(公元43年)，下诏尊汉宣帝为中宗。

【品读】

《史记》中讲了这样一则故事。齐威王召见即墨大夫对他说：“自从你到即墨任官，每天都有毁谤你的言论。可是我派人去察看，一切却都很好。我知道这是你不巴结我的左右以谋求赞扬的缘故啊！”于是，封给他一万户食邑。齐威王又召见阿大夫对他说：“自从你到阿地镇守，称赞你的话每天都能听到。但我派人前去察看，一切都很糟糕。这都是你贿赂我左右的结果吧！”说完当天就烹杀了阿大夫及曾经吹捧过他的人。于是，臣僚们毛骨悚然，不敢再文过饰非，都尽力做实事，齐国因此大治，成为天下最强盛的国家。齐威王对待即墨大夫和阿大夫的态度迥异，反映了重赏痛罚的治国理念。

赏罚，曾被古人称为御人的“二柄”，是领导者统御部属、使用人才的重要招数。古今中外，无论是用兵、用人还是管理社会，都力图赏罚分明。因为奖赏善行，可以使做好事的人受到鼓励，从而激励更多的人做好事；惩罚恶行，能够使做坏事的人罪有应得，而使其他人不敢妄为。但是，如果赏罚的力度太轻，就不能收到很好的效果。《管子》云："赏薄则民不利，禁轻则邪人不畏。"毕竟"趋利避害"是人之常情，奖赏薄则人们认为无利可图，禁罚轻则恶人无所畏惧，都起不到应有的作用。因此，最好的办法是"重赏痛罚"。像齐威王对即墨大夫与阿大夫实行了重赏痛罚的措施，才有了齐国强盛的局面。又如三国时的刘备，在荆州站稳后封拜元勋，关羽、张飞被分别任命为襄阳太守、宜都太守等职；平定益州后，又重赏有功的诸葛亮、法正、关张等人，每人黄金五百斤、白银千斤、钱五千万、锦千匹，极为丰厚。而刘备的义子刘封，虽然跟随刘备多年，且武功高强，才干突出，但当刘封违反军令，不去救援关羽，并以"孟达谏阻"作为理由时，刘备不为所动毅然杀了他。可以说，刘备的重赏，使臣僚为其效忠尽力，慷慨赴死；刘备的痛罚既收拢了军心，又严肃了军纪，还赢得了大家的拥戴。

然而，王符对他所生活的时代极为不满，尤其对不能选练贤能、严明考绩、信赏必罚的吏治问题忧心忡忡。因此，在谈到重赏痛罚这一问题时，他追忆起汉宣帝的吏治情景。他认为宣帝深知吏治的得失，能体恤民情，选贤任能，特别在郡守国相的考查上，能"明察其治，重其刑赏"——凡在各自治理的地区，能做到犯罪人数减少、户口增多的，就赏赐钱财，升官加爵，直至封侯；凡极端混乱的，都在街头斩首示众。王符认为，这样"赏重而信，罚痛而必"的结果令群臣畏惧而努力，争相尽心恪守，所以才实现了国家的安定而世道升平。他还强调，法令的赏罚，实在是国家太平或混乱的关键，一定要严格执行。王符的法制思想可见一斑。

**【扩展阅读】**

导言：《尉缭子》是中国古代一部重要的兵书。作者认为，只有敢于杀掉有罪该杀的大人物，不忘奖赏有功应赏的小人物，才能真正发挥赏罚的作用。

### 杀之贵大，赏之贵小

凡诛者，所以明武也。杀一人而三军震者，杀之；杀一人而万人喜者，杀之。杀之贵大，赏之贵小。当杀而虽贵重，必杀之，是刑上究也；赏及牛童马圉者，是赏小流也。夫能刑上究、赏下流，此将之武也，故人主重将。

（节选自华陆综《尉缭子注释》卷第二《武议第八》，中华书局，1979）

# 爱日第十八

**【题解】**

爱日即爱惜民时，珍惜农民的劳动时间。本篇从政治良窳与社会生产的关系上着重揭露东汉"百官乱而奸宄兴、法令鬻而赋役繁"及"万官挠民"等严重破坏农业生产的问题，重点尤在痛诋治讼之弊。"为务助豪猾而镇贫弱"，是造成"郡县所以易侵小民，而天下所以多饥贫"的重要原因，从而把"法治"与社会生产紧密联系起来。



**【原文】**

## 功之能建因日力

国之所以为国者，以有民也；民之所以为民者，以有谷也；谷之所以丰殖者[①]，以有人功也[②]；功之所以能建者，以日力也[③]。治国之日舒以长[④]，故其民闲暇而力有余；乱国之日促以短，故其民困务而力不足[⑤]。

（选自彭铎《潜夫论笺校正》卷四《爱日第十八》，下同）

**【注释】**

①丰殖：丰产。 ②人功：人工，劳动力。 ③日力：一日之力，指一天的劳动效率（时间和成果）。 ④舒：安详。以：而。 ⑤困务：困于所务，指繁重的赋役。

【品读】

我国是农业大国，农业在很大程度上要靠天吃饭，因此古代人特别重视气候、节气和农时对农业生产的重要意义。孔子说“使民以时”(《论语·学而》)，孟子讲“无失其时”(《孟子·梁惠王上》)，儒家把尊重农时、按自然节律进行农业生产看作德治仁政的重要内容。这段文字就是王符在传统农业社会背景下，提出爱惜农时的经典论述。

对于农民而言，种植农作物应特别注意时间的把握，因为农作物生产受时节的限制，季节性很强，如果错过一时，收成会全无或剧减；如果能适时而为，才可望丰收。比如北方黄土高原上的冬小麦，一般是在白露节气之后才开始播种，种得早或种得晚都不行。再比如民间常说“清明过后，点瓜种豆”，如果在清明之前就撒上种子，就不利于种子的发芽。这些道理人们一般都懂，毕竟它是人类农业劳动积累的宝贵经验。

图18　古代农耕图

王符也早就注意到了这一问题。可贵的是，他不但强调劳动时间的重要性，还能从民本思想出发，把国家、民众和劳动时间结合在一起进行阐述。他认为，国家之所以能成为国家，是因为有人民；人民之所以安心为民，是因为有粮食；粮食之所以能增产，是因为有足够的劳力；劳力之所以能出

功效，是因为每日的劳动效率高。其实，这是一个逆向的推理过程，反过来讲就是：充足的时间保证民众劳作——劳作生产粮食——粮食丰裕意味着民安——民安才有国家兴盛。这样的论述从民本思想出发，率先站在人民的立场上，从劳动实践的角度谈及劳动时间的经济价值与意义，既阐明了劳动时间对于人民的重要性，也回答了爱民惜时的理由。

然而，怎样才能保证人民的劳动时间，做到爱民惜时？王符认为取决于国家的太平与否。“治国之日舒以长，故其民闲暇而力有余；乱国之日促以短，故其民困务而力不足。”太平的国家，日子安定而舒长，所以人民悠闲从容而力量有余；混乱的国家，日子急迫而短促，所以人民疲困而力量不足。王符的论述，既突出了民众是国家存在的根本因素，也强调了国家对民众的保障作用。毕竟，民众是国家统治的先决条件，没有民众就没有国家的存在，君主也就失去了存在的价值。但同时，也只有国家长治久安、太平清明才能确保人民行施劳动和运用劳动时间的权力。而王符生活的东汉中后期，政治腐败、民生凋敝，百姓苦不堪言，他将劳动时间与国家的太平与否联系起来，反映了他对自己生活时代的忧患意识。其中，既有对百姓的深切同情，也有对统治者的警告之意，而这正是王符道德精神中甚为光辉的部分。





【扩展阅读】

导言：东汉末至三国时代的数学家赵爽深入研究了《周髀》，这段文字是他对书中八节二十四气所做的精辟解释。在他看来，八节是二十四气的骨架。这就将全年节气变化和农作物生长收藏紧密地联系在一起，而物候是“农时”的指示器，这又使天时、气象、物候和农事成为和谐与统一的有机整体。

### 凡为八节二十四气

二至者，寒暑之极；二分者，阴阳之和；四立者，生长收藏之始，是为八节。节三气,三而八之,故为二十四气。气损益九寸九分六分分之一。

(赵爽注《周髀算经》卷下之二,上海古籍出版社,1990)

【原文】

## 务省役而为民爱日

《诗》云:"王事靡盬,不遑将父①。"言在古闲暇而得行孝,今迫促不得养也。孔子称庶则富之,既富则教之②。是故礼义生于富足,盗窃起于贫穷③,富足生于宽暇,贫穷起于无日。圣人深知,力者乃民之本也,而国之基④,故务省役而为民爱日⑤。是以尧敕羲和,钦若昊天,敬授民时⑥;邵伯讼不忍烦民,听断棠下⑦,能兴时雍而致刑错⑧。

【注释】

①《诗·小雅·四牡》。靡:没有。盬(gǔ):止息。不遑:顾不上,没有时间。将:奉养。 ②语本《论语·子路》。庶:众,指人口多。 ③《史记·货殖传》:"仓廪实而知礼节,衣食足而知荣辱,礼生于有而废于无。"《淮南子·齐俗训》:"夫民有余即让,不足则争,让则礼义生,争则暴乱起。" ④当从《后汉书·王符传》作"民之本而国之基也。"这里的"力"是指直接用于农业生产的劳力,上文的"宽暇""无日"及下文的"爱日"也指农业生产的劳动时间而言。 ⑤务:尽力。 ⑥语本《尚书·尧典》。敕:命令。羲、和:羲氏、和氏,尧时掌历法的两个官,非日御"羲和"。钦:恭敬。若:顺从。昊(hào)天:广大的天。敬授民时:孔传:"敬记天时以授人。"意思是教老百姓按照四时节令从事生产。 ⑦汪继培说,"讼"字上应有"决"字。彭铎先生疑"讼"上脱"理"字。邵伯:即召伯,周成王时任太保。《诗·召南·甘棠》郑笺:"召伯听男女之讼,不重烦劳百姓,止舍小棠之下而听断焉。" ⑧时雍:太平。详见《班禄》篇注。错:通"措"。措,搁置。刑措,意思是没有人犯罪,刑法用不着。

【品读】

百姓是国家的根本和基础，历史上的改朝换代，几乎都是在百姓贫困得无法生存时发生的。而赋役繁重、侵夺民时是造成劳动力缺乏、百姓贫困的原因之一。这段文字，王符从民本思想出发，提出了“为民爱日”的观点。

日本谚语说：“贫穷就是罪恶”，佛教《净心诫观法》云：“人间贫穷，偷盗余报”。这些说法，都有一定的道理。因为“无恒产而有恒心者，惟士为能。若民，则无恒产，因无恒心。苟无恒心，放辟邪侈，无不为已”（《孟子·梁惠王章句上》），所以“盗窃起于贫穷”。相反，“仓廪实而知礼节”，只有人民丰衣足食，才能对其进行教化，提高他们的道德修养，讲求礼仪，所以“礼义生于富足”。而人民能否丰衣足食，取决于他们的劳作时间。如果劳作时间充裕，就能创造一定的社会财富；劳作时间越多，其创造的社会财富越多；如果没有劳作时间，就会贫穷。正所谓“富足生于宽暇，贫穷起于无日”。既如此，为政者要想消除贫困，富民富国，就必须搞好农事，爱惜并保证人民的劳作时间，提供一个安定宽松的政治环境。

古人云：“不违农时，谷不可胜食也”（《孟子·梁惠王上》），“不失其时，然后富”（《管子·禁藏》），“罕举力役，无夺农时”（《荀子·王霸》），都在强调农耕劳作时间的重要性。只要封建统治者不在农忙时征徭役，使百姓能按耕种规律来从事生产，谷物就会有好的收成，国家就会富有。相反，统治者如果无休止地对农民强征徭役，而且力役繁多，就会导致土地荒芜、粮谷无收的严重后果。遗憾的是，历史上因徭役迫使农民离开土地，丧失劳作时间并带来巨大灾难的例子很多。比如秦朝徭役沉重，绝大部分家庭的男丁被强征徭役，使得劳动力减少，社会动荡，并最终引发反抗秦朝暴政的大泽乡起义，加速了秦朝的灭亡。而古代圣贤深知役使农民要避农忙而就农闲的道理，所以能尽量减少百姓的劳役负担而为其爱惜时日。比如尧命令他的历官羲氏、和氏敬顺天时，教导百姓按节气从事生产；召伯处理民事纠纷，不愿烦扰百姓占用农时，就在村头树下审理判决，而致天下太平。

王符深知这些道理，他认为“力者乃民之本也，而国之基”，从事农业生产

的劳动力是百姓的根本和国家的基础，所以要“为民爱日”。这里，他把“爱日”与“民力”结合起来论述农时，具有较大的进步性；而且将“日力”这个经济问题提到“民本”“国基”的政治高度来看待，见解独到。然而，如何才能做到“为民爱日”？王符告诫封建统治者：必须减少百姓的劳役负担，做到“务省役而为民爱日”。原来，东汉中后期，苛捐重税繁多，侵夺民时，浪费民力，有的百姓不得不放弃劳作，“废农桑而趋府庭”，乃至倾家荡产。显然，这样的主张体现出王符极富人文关怀精神。当然，在本篇论述中，除了“徭役繁重”之外，王符认为“忌讳避时”和“诉讼太慢”也是影响人民劳作时间的因素，只有从这三个方面去除弊端，才能真正保证人民的劳作时间，才能为人民谋利益。这一认识是很有见地的。

**【扩展阅读】**

导言：这段文字是唐太宗李世民与谏议大夫王珪对话中的一部分，反映了唐太宗不违农时、爱惜民力的思想。

## 君多欲则民苦

贞观二年，太宗谓侍臣曰：“凡事皆须务本，国以人为本，人以衣食为本，凡营衣食，以不失时为本。夫不失时者，在人君简静乃可致耳。若兵戈屡动，土木不息，而欲不夺农时，其可得乎？”

王珪曰：“昔秦皇、汉武，外则穷极兵戈，内则崇侈宫室，人力既竭，祸难遂兴。彼岂不欲安人乎？失所以安人之道也。亡隋之辙，殷鉴不远，陛下亲承其弊，知所以易之。然在初则易，终之实难。伏愿慎终如始，方尽其美。”

太宗曰：“公言是也。夫安人宁国，惟在于君。君无为则人乐，君多欲则人苦，朕所以抑情损欲，克己自励耳。”

（节选自《贞观政要》卷八《务农第三十》）

# 断讼第十九

【题解】

讼：诉讼。本篇论断狱讼繁多的原因和救治的办法。文中详述了东汉社会混乱、狱讼繁兴两个方面的主要问题，一是王侯贵戚骄奢负债、掠夺人民；一是不法之徒逼嫁妇女、侵占财产。作者将两者的祸根归结为"大半欺诈之所生也"，认为解决的办法是"设法禁而明赏罚"，"表显有行，痛诛无状"。其见解显然具有很大的局限性。



【原文】

## 法随时宜

五代不同礼[①]，三家不同教[②]，非其苟相反也，盖世推移而俗化异也[③]。俗化异则乱原殊，故三家符世[④]，皆革定法[⑤]。高祖制三章之约[⑥]，孝文除克肤之刑[⑦]，是故自非杀伤盗臧[⑧]，文罪之法[⑨]，轻重无常，各随时宜，要取足用劝善消恶而已。

（选自彭铎《潜夫论笺校正》卷五《断讼第十九》，下同）

【注释】

①五代：此指五帝，详见《衰制》篇注。 ②三家：三代，夏、商、周。 ③《管子·正世》："古之所谓明君者，非一君也，其设赏有薄有厚，其立禁有轻有重，迹行不必同，非故相反也，皆随时而变，因俗而动。"《史记·秦始皇本纪》："李斯曰：'五帝不相复，三代不相袭，各以治，非其相反，时变异也。'"俗化：世

风。 ④符：彭铎先生说，当作“拊”，“拊”通“抚”。 ⑤《商君书·更法》：“伏羲、神农，教而不诛；皇帝、尧、舜，诛而不怒。及至文、武，各当时而立法，因事而制礼，礼法以时而定，制令各顺其宜。”又《商君书·一言》：“圣人之为国也，不法古，不修今，因世而为之治，度俗而为之法。” ⑥指刘邦入关中后与秦民约法三章，“杀人者死，伤人及盗抵罪”，见《史记·高祖本纪》。 ⑦指汉文帝刘恒废除肉刑。见《史记·孝文本纪》。克肤：指伤残肌肤。 ⑧臧：通“脏”。 ⑨文罪：论罪，定罪。“文”用为动词，援用法律条文以定罪。

**【品读】**

《吕氏春秋》中有这样一则寓言故事：楚国人想要偷袭宋国，派人先在澭河里做标记，澭河的水面突然涨起，楚国人不知道这件事，沿着原来做的标记在夜间涉水，结果淹死了千名士兵。这则寓言叫“循表夜涉”，它讽喻那些墨守成规、拘泥固执、不知变通，不懂得根据客观实际采取灵活对策的人。

众所周知，人们观察事物和处理问题时，应当以时间、地点等因素为转移，不能一成不变、一概而论，否则，就会犯“循表夜涉”的愚蠢错误。这个道理不难理解，但人们在具体实践时，往往不自觉地甚至是下意识地受旧有方式的影响，而忽视了时间、地点的变化。所以，当我们参照旧有方式来解决眼前问题时，一定要注意，所谓“彼一时，此一时也”(《孟子·公孙丑下》)。

以秦汉时期施行的刑罚为例。秦王朝严刑酷罚，频繁使用肉刑，与民为仇，导致怨声载道，人民揭竿而起。刘邦深知社会下层的疾苦，在初入关中时就“约法三章”：“杀人者死，伤人及盗抵罪。余悉除去秦法”(《资治通鉴》)。后来，在汉王朝的统治已趋于稳定时，文帝和景帝进一步废除残酷的肉刑制度，以笞刑代替肉刑，随之又减少笞刑使用的次数。可见，秦王朝抱住历史的僵尸不放，一味滥用肉刑，其结果被天下人耻笑；而汉代君主能够做到法随时宜，终有治世的太平强盛。

法随时宜是指历史的进化、社会的发展是不可避免的，因此，建立在特定历史社会条件基础上的治世措施必须随时加以调整、充实或改弦更张，做到

与时迁移、应物变化，而不可陈陈相因、拘泥保守、不知变通。法随时宜的说法，先秦法家早已有之。商鞅说："各当时而立法，因事而制礼；礼法以时而定，制令各顺其宜"(《商君书·更法》)；韩非云："古今异俗，新故异备"，"世异则事异"，"事异则备变"(《韩非子·五蠹》)。历史上，像赵武灵王、桑弘羊、仲长统、拓跋宏、王安石、张居正等政治家，都是能够推行变法并做到法随时宜的杰出人物。他们在改革上，都能秉承"三代不同礼而王，五霸不同法而霸"(《商君书·更法》)的理性精神。

王符受法家变法思想的影响较大，在发展前人思想的基础上，提出了自己的看法："五代不同礼，三家不同教，非其苟相反也，盖世推移而俗化异也。俗化异则乱原殊，故三家符世，皆革定法。"意思是说，随着时代的变迁，风俗也发生了变化，因而祸乱的根源也不同了，所以必须因时制宜，采取适当的整治措施。否则，就成了"守株待兔"了。正所谓：政可宽可猛，法可轻可重，关键要"各随时宜"。从这个意义上讲，王符的观点不仅是十分鲜明的历史进化论的观点，也是实事求是的观点。



【扩展阅读】

导言：《上皇帝万言书》被梁启超称为"秦汉以下第一大文"，是王安石要求革新变法的具有纲领性的政治论文。在这段文字中，王安石针对北宋中期墨守祖宗家法的状况，陈述了法先王之意和因时制宜、改易更革的必要性。

**法先王者，当法其意**

夫以今之世，去先王之世远，所遭之变，所遇之势不一，而欲一二修先王之政，虽甚愚者，犹知其难也。然臣以谓今之失，患在不法先王之政者，以谓当法其意而已。夫二帝、三王，相去盖千有余载，一治一乱，其盛衰之时具矣。其所遭之变，所遇之势，亦各不同，其施设之方亦皆殊，而其为天下国家之意，本末先后，未尝不同也。臣故曰：当法其意而已。法其意，则吾所改易列革，不至乎倾骇天下之耳目，嚣天下之口，而固已合乎先王之政矣。

（节选自王安石《王文公文集》卷第一《上皇帝万言书》，上海人民出版社，1974）

【原文】

## 贞女不二心以数变

或妇人之行[①]，贵令鲜洁[②]，今以适矣[③]，无颜复入甲门，县官原之[④]，故令使留所既入家[⑤]。必未昭乱之本原[⑥]，不惟贞洁所生者之言也[⑦]。贞女不二心以数变，故有匪石之诗[⑧]；不枉行以遗忧[⑨]，故美归宁之志[⑩]。一许不改[⑪]，盖所以长贞洁而宁父兄也。其不循此而二三其德者，此本无廉耻之家，不贞专之所也。若然之人，又何丑吝[⑫]？轻薄父兄，淫僻妇女，不惟义理，苟疏一德[⑬]，借本治生[⑭]，逃亡抵中[⑮]，乎以致于刳腹芟颈灭宗之祸者[⑯]，何所无之？

【注释】

①这一段疑为错简或有脱漏。 ②鲜洁：清洁，清白。 ③以：通“已”。适：出嫁。汪继培说，“适”下应有“乙”字。古代称人以甲乙为喻。 ④县官：这里泛指官吏。《周礼》司厉疏：“汉时名官为县官，非渭州县也。” ⑤所既入家：指乙家。以下有脱文，疑即上段“岂谓每有争斗辞讼，妇女必致此乎？亦以传见”数句。 ⑥彭铎先生说，“必”当依《述赦篇》作“此”。汪继培说，“乱”上应有“治”字。 ⑦惟：思。 ⑧《诗·邶风·柏舟》：“我心匪(非)石，不可转也。” ⑨枉行：行为不合正道。遗(wèi)忧：给父母添忧。 ⑩《诗·周南·葛覃》：“归宁父母。”宁：安。归宁：即妇女回娘家。 ⑪许：嫁。 ⑫又：有。丑：羞耻。吝：恨，遗憾。 ⑬苟：随便。疏：弃，除。一德：专一之德。指女子从一而终的封建节操。 ⑭本：资本。治生：经营生计。 ⑮抵中：未详。义或为抵赖，赖账。 ⑯乎：汪继培说，应作“卒”。刳(kū)：剖。芟(shān)：彭铎先生说当作“殳”，断也。

【品读】

清代《清稗类钞》记载了这样一件事。秀才赵蓉江受聘到东城寡妇陆氏家教书。一天晚上，赵蓉江正在读书，陆氏敲门说：“先生一个人睡得很孤独，今晚风月正好，就让我为你陪睡吧。”这里，陆氏的行为虽然表现出一名正常女子对性的渴求，但在古人看来，属于寡妇偷汉的行为，毫无道德贞节可言。而在东汉，却有两个女子，在丈夫死后誓言不嫁，甚至不惜用生命守护自身的贞节。一是桓氏，丈夫早死，留下的儿子也夭折，桓氏怕父母逼她再嫁，预先割耳毁容，以示决不再嫁；一是荀采，十七岁嫁给丈夫，不久，丈夫亡故。荀采的父亲骗她回家，强令改嫁。荀采誓不相从，自缢身亡。

两位女子年纪轻轻，为何宁死不嫁？这反映了我国古代社会重视妇女贞操、守节的问题。《周易》云：“妇人贞吉，从一而终也”，《礼记》曰：“一与之齐，终身不改”，《史记》亦曰：“忠臣不事二君，贞女不更二夫”，都将“从一而终”作为对贞妇的要求。之所以要求妇女严守贞操，是因为只有本血统的儿子才能立为后嗣，享有继承权。如果妻不能守贞，生得异姓子，则上不能奉祖先之祭祀，下不能传血统于永远。为了保证传宗接代和嫡长子的继承权，把“讲贞”列为“妇道”之首，要求妇女严守贞操，如果妇女“失身”或改嫁，将被视为极不道德的行为。

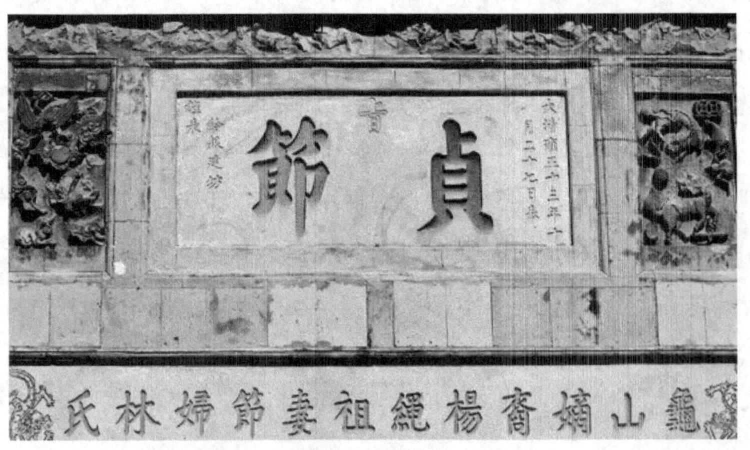


图19　贞节牌坊

正因为此，封建统治者推行贞节思想，极力赞赏贞女烈妇的行为。如秦始皇统一六国后，开始用朝廷的名义表彰寡妇，力求树立男女有别、谨守贞节的榜样。汉代沿袭秦制，对贞节更加提倡，汉宣帝就有赐给贞女帛匹之举；汉平帝和汉安帝，也都曾专门颁布诏书，表彰贞妇；而汉武帝继承秦代褒奖贞节的传统，整制法典和礼制。可以说，自汉以后，贞节开始成为裁定妇女行为的礼法。由于西汉中期推行“独尊儒术”，再经董仲舒、刘向、班固、班昭等人的发挥，到东汉时，女性寡居守节、遇暴殉节已成为社会普遍推崇的做法。

王符也不例外，他认为，有贞节的女子不生二心，不屡变情意；妇人的品行贵在清白，已经嫁了甲家，就没有脸面再嫁乙家；三心二意的人是不贞洁不专一的，这样的人没有羞耻遗恨可言；淫邪的妇女，不思考德义之理，随便地丢弃了专一的德行；一嫁就不改，是为了修养贞洁的志节而慰安父兄；不做不道德的行为给父母添忧。显然，王符的说法代表了当时“从一而终”的贞节观，具有很大的历史局限性。毕竟，贞节作为妇女的“道德规范”，泯灭了“饮食男女，人之大欲”（《礼记》）这一人类的自然属性，显得极不道德。因此，限制寡妇再嫁自然成为套在妇女身上的枷锁，而那些断发、毁容、誓死“不嫁二夫”的“烈女”，也注定成为封建礼教的牺牲品。不过，与后世一些自觉守节，不再与任何男子发生关系，甚至连皮肤手臂也不愿接触或遵从“饿死事小，失节事大”（《程氏遗书》）的寡妇相比，还远远不及。

【扩展阅读】

导言：东汉“女圣人”班昭是守贞节的典范——十四岁出嫁，年轻守寡，在七十多岁高龄时，写出了中国第一部完备的女性礼教典籍《女诫》。《女诫》在古代是女子教育的楷模，在近代是男尊女卑的祸首。这段文字要求妻子不能再嫁，要忠于丈夫，专心正色，守礼义，存纯洁。

## 专心正色

《礼》，夫有再娶之义，妇无二适之文，故曰夫者天也。天固不可逃，夫固不可离也。行违神祇，天则罚之；礼义有愆，夫则薄之。故《女宪》曰："得意一人，是谓永毕；失意一人，是谓永讫。"由斯言之，夫不可不求其心。然所求者，亦非谓佞媚苟亲也，固莫若专心正色。礼义居洁，耳无涂听，目无邪视，出无冶容，入无废饰，无聚会群辈，无看视门户，此则谓专心正色矣。若夫动静轻脱，视听陕输，入则乱发坏形，出则窈窕作态，说所不当道，观所不当视，此谓不能专心正色矣。

（节选自王相《女四书女孝经·女诫·专心第五》，中国华侨出版社，2011）

# 衰制第二十

【题解】

衰制，意为衰世应该推行的制度。王符认为治国方案不可一味法古，而应“以今行古”，按不同时代而变通。文中批驳了“刑杀当不用而德化可独任”的俗儒的观点，强调东汉衰世必须厉行法治，君主掌握政令大权，明法严刑，严诛“妄违法之吏，妄造令之臣”，达到“以诛止杀，以刑御残”，“行赏罚而齐万民”的目的。这是针对东汉后期中央集权严重削弱，豪强、外戚、宦臣交相危害国家的现状而提出的。

【原文】

## 以诛止杀，以刑御残

议者必将以为刑杀当不用，而德化可独任[①]。此非变通者之论也[②]，非救世者之言也[③]。夫上圣不过尧、舜，而放四子[④]，盛德不过文、武，而赫斯怒[⑤]。《诗》云[⑥]：“君子如怒[⑦]，乱庶遄沮[⑧]；君子如祉[⑨]，乱庶遄已。”是故君子之有喜怒也，盖以止乱也。故有以诛止杀[⑩]，以刑御残[⑪]。

（选自彭铎《潜夫论笺校正》卷五《衰制第二十》）

【注释】

①德化：以道德感化。独任：专用，指专用德化实现天下大治。《汉书·董仲舒传》：“天道之大者在阴阳，阳为德，阴为刑，刑主杀而德主生。是故阳常

居大夏，而以生育养长为事，阴常居大冬，而积于空虚不用之处，以此见天之任德不任刑也。王者承天意以从事，故任德教而不任刑。刑者不可任以治世，犹阴不可任以成岁也。” ②《周易·系辞下》：“穷则变，变则通，通则久。”“变通者趋时者也。” ③救：原作“叔”。据王宗炎说改。 ④四子：共工、驩(huān)兜、三苗、鲧(gǔn)。放四子：流放四人。即把共工流放到幽州，把驩兜流放到崇山，把三苗流放到三危，把鲧流放到羽山，见《尚书·尧典》。“放四子”是舜在位时所为，此文说“尧、舜”，“尧”只是连类而及之辞。 ⑤赫斯：赫然，满脸怒气的样子。赫斯怒：是《诗经·大雅·皇矣》之语，指文王而言。《孟子·梁惠王下》也说：“《诗》云：‘王赫斯怒，爰整其旅，以遏徂莒，以笃周祜，以对于天下。’此文王之勇也。文王一怒而安天下之民。”此文说“文、武”，与上句说“尧、舜”一样，“武”只是连类而及之辞。 ⑥引诗见《诗经·小雅·巧言》。⑦君子：有地位的统治者，指君主。 ⑧庶：庶几，差不多。遄(chuán)：迅速。沮(jǔ)：阻止。 ⑨祉：福，意指让贤人得福，即奖赏任用贤人，给他们爵禄。 ⑩以诛止杀：用杀人来制止杀人。指用杀掉杀人凶手的办法来除去祸根，并使人不敢杀人。汪继培说：“《商子·画策篇》云：‘以杀去杀，虽杀可也；以刑去刑，虽重刑可也。’”有：犹“为”。 ⑪御：与“止”对文同义。

**【品读】**

俗话说，“没有规矩，不成方圆”。法律作为约束人们行为的规范，是巩固政权，维护社会秩序的必要手段。而法制是国家进行统治的工具，是维护社会稳定和谐的保障。因此，在古代中国，很早就有人认识到了立法与治国的关系，有不少治国之道都是围绕法制提出的。这段文字就体现了王符德刑并举、礼法兼用的治国策略。

一般而言，儒家主张以德治国，其根本含义是要突出道德在治国上的主导作用，讲求以道德礼仪引导而不是以行政约束、刑罚惩治来安定民邦。儒家认为道德礼仪可治本，而政令刑法仅可治标，即所谓“道之以政，齐之以刑，民免而无耻；道之以德，齐之以礼，有耻且格”(《论语·为政》)。所以，明智的统治者都应坚持“德治”立场，在治国中坚决贯彻“任德不任刑”的原则。但是，这并不意味着儒家完全排斥刑罚的地位与作用。在儒家学者看来，刑罚不能作为治国的主导手段，但可作为“德化”的有益补充。原因在于，没有以“德治”为基础的“法治”，往往会失去正确的方向；而没有以“法治”为手段的“德治”，往往会流于形式，不能产生实质效用。因此，高明的统治者在治国方面应该拥有两手——文武并用，恩威兼济，德主而刑辅，先礼而后法。

然而，由于秦王朝“尚刑而亡”的历史教训，在西汉初期，几代思想家、政治家对秦大张挞伐，极力强调“治以道德为上”，大力提倡道德教化，甚至有人认为刑罚作为法治的重要内容可以不必采用，只有通过道德的感化才能使民臣服。也就是说，儒家德刑并举、礼法兼用的治国方针，在这个时期，出现了只主张实行“德治”的偏向。

图20　商代末期三苗地域图

王符针对这一说法，提出了自己的看法。他认为，这是不通达事理变化的腐儒之论，完全是一种“弱视”和“短见”。因为即使是至高无上的圣人尧、舜，还曾运用刑罚，将驩兜、共工、鲧、三苗这四位有罪或治理无方的部族首领放逐到了边远地区，尧、舜并不认为德化教育是万能的工具。同样，品德最崇高的周文王和周武王，也都诉诸过武力。因此，必须运用刑罚乃至武力，才能平息祸乱，即所谓“以诛止杀，以刑御残”。这就是说，王符继承了儒家的学说，虽然也将刑罚的地位界定为德教的辅助，但不主张废弃刑罚。甚至，在这段文字中，他似乎更加强调刑罚的作用，认为刑罚本身也蕴含着仁义价值，这就比一般儒学者更为重视刑罚的作用了。实际上，王符“以诛止杀，以刑御残”的主张与法家商鞅“以杀止杀，虽杀可也；以刑去刑，虽重刑可也”(《商君书·画策》)的说法一脉相承，说明王符在对儒家法制思想继承和发展的同时，也受到了法家理论的影响。不过，从思想渊源来看，王符仍没有超出儒家的思维模式。

【扩展阅读】

导言：南宋著名诗人杨万里认为，百姓之所以畏惧法律，并非是畏惧法律而是畏惧刑罚。没有法律，百姓则无法估计因自己罪过而应受的处罚，这就批评了有法不用的弊病，尖锐地指出其恶果是失信于民。



## 有法不用，不如无法

古之立法，不惟惩天下之已犯，亦以折天下之未犯。盖已犯之必惩，未犯之所以必折也。是故惩之者法之义，折之者法之仁。……夫民之所以畏法者何也？非畏法也，畏刑也。法不用则为法，法用之则为刑——是以畏之也。有法而不用，不如无法。何则？无法则民未测其罪之所当；有法而不用，则民知其法之不足忌。有法而民不忌，是故布之号令，不曰“号令”而曰“空言”；垂之简书，不曰“简书”而曰“文具。”法至于为空言、文具，是无法贤于有法也。古之法始乎必用而终乎无所用，今之法始乎不用而终乎不胜用。

(节选自杨万里《诚斋集》卷八九《刑法下》，四部丛刊本)

# 劝将第二十一

【题解】

东汉后期，生活在我国西部地区的羌族人民，由于不堪忍受东汉统治者的残酷剥削和压迫，在安帝、顺帝、桓帝时先后三次掀起大规模的反抗斗争，沉重打击了东汉王朝的统治，激起了内地农民起义的爆发。羌族人民的起义是正义的，但由于东汉统治者的镇压和羌族豪右的乘机杀掠，羌汉两族人民都蒙受了巨大创痛。安帝永初元年(107)夏，羌人因不愿被迫随征西域，在凉州爆发了第一次大起义。起义时间前后延续了十二年。《劝将》和以下的《救边》《边议》《实边》数篇，都写于这次起义过程中。王符站在东汉王朝的立场上，主张镇压羌人起义。但几篇文章的中心内容，却在于揭露统治者的治边无策，治国无方，从而造成国土残破、百姓灭没的事实，留下了极为珍贵的历史资料。《劝将》写于羌人起义发生的第五年，即公元111年。文中分析了对羌人战争连连失败的主要原因——“将不明于变势，而士不劝于死敌”，揭露了边帅、长吏腐败无能的问题。

【原文】

### 趋利避害人本性

夫服重上阪[①]，出驰千里，马之祸也。然节马乐之者[②]，以王良足为尽力也[③]。先登陷阵，赴死严敌[④]，民之祸也。然节士乐之者[⑤]，以明君可为效死也[⑥]。凡人所以肯赴死亡而不辞者，非为趋利，则因以避害也。无贤鄙愚智皆然，顾其所利害有异尔⑦。不利显名，则利厚赏也；不避耻辱，则避祸乱也。非此四者，虽圣王不能以要其臣⑧，慈父不能以必其子⑨。明主深知之，故崇利显害以与下市⑩，使亲疏贵贱贤鄙愚智，皆必顺我令乃得其欲，是以一旦军鼓雷震，旌旗并发，士皆奋激，竞于死敌者⑪，岂其情厌久生，而乐害死哉⑫？乃义士且以徼其名⑬，贪夫且以求其赏尔。

（选自彭铎《潜夫论笺校正》卷五《劝将第二十一》，下同）

【注释】

①服：驾车。阪（bǎn）：山坡。 ②节马：《群书治要》作“骐骥”。王宗炎说，当作“良马”，涉下“节士”而讹。 ③王良：古代著名的车夫。《论衡·状留》：“骥曾以引盐车矣，垂头汗落，行不能进。伯乐顾之，王良御之，空身轻驰，故有千里之名。” ④严敌：强敌。严，猛烈。 ⑤节士：有气节的人。⑥效死：以死相效力。效：呈献。 ⑦顾：只是，不过。所利害，认为有利的和有害的。 ⑧要（yāo）：要求。 ⑨必：一定。必其子：要求儿子一定做到。 ⑩崇：高，重。市：做交易。《韩非子·难一》：“臣尽死力以与君市，君垂爵禄以与臣市。” ⑪死敌：和敌人拼命。 ⑫害死：《治要》作“空死”。汪继培说作“空”是。指空死而无成名。 ⑬徼（yāo）：通“邀”，求取。

【品读】

古人云：“重赏之下，必有勇夫。”意思是说治军如果加大奖赏的力度，就会提振士气，就会使士兵奋不顾身地杀敌。以战国后期秦国统一天下的战争为例，秦国原本是一个军力并不强大的国家，但最终“威震四海”、统一中国，其根本原因就是商鞅变法推行了奖励军功的“军功爵制”——无论何人，只要杀敌立功，就可以得到一定级别的爵位或奖赏。于是，秦国出现了“民勇于公战，怯于私斗”（《史记·商君列传》）的社会风气，从而“无敌于天下，立威诸侯”（《战国策·秦策三》）。这种因重赏而奋勇杀敌的做法体现了人趋利避害的本性。

关于人趋利避害的本性，管仲在《管子·禁藏》篇做了极为形象的说明：天下很多事情，大家都是被一些利益所驱使，为利益而奔忙。人们见到有利可图的事情不可能不干，遇到祸害不可能不躲避，这是人之常情。比如商人们做买卖，夜以继日地赶路，两步并作一步走，千里之行也不会感到遥远，是什么道理？因为努力向前可以获得更多利益！渔人们入海捕鱼，海水深达万仞，逆流而进，冒着生命危险停留于百里之外，日夜操劳而不归，是因为多捕到一些鱼，就能获得更多利润。凡是利益存在的地方，山再高也能爬上去，水再深也能潜下去。管仲的解释是符合实际的。毕竟，人要生存，要生活得好，自然会时时处处寻找对自己有利的东西，创造对自己有利的条件；同时也会极力避免和排除一切对自己有害的东西。可以说，趋利避害是人的本性，是天经地义的。

王符深知此理，认为“凡人所以肯赴死亡而不辞者，非为趋利，则因以避害也”。只不过，他所指的利与害，不仅包括物质层面的东西，还包括荣誉、耻辱等精神的因素——“不利显名，则利厚赏也；不避耻辱，则避祸乱也”。正因为此，战场上“一旦军鼓雷震，旌旗并发，士皆奋激，竞于死敌者”。如果士兵不怕死，只是为了求得物质奖赏，就只能称其为“贪夫”了，即所谓“义士且以徼其名，贪夫且以求其赏尔”。其实，士兵并非不怕死，不想活，而是为了贤明的君王作战，他们“肯赴死亡而不辞”。究其原因，王符用拉重车上陡坡的骏马做比喻，认为奔驰千里远道是马的灾难，但骏马乐于这样做，是因为王良驾车，值得为他效力。而士兵义无反顾，以死相报，既不追求物质利益，也不渴望获得荣誉奖赏，是他们极乐意为明君去做的结果。可见，王符在揭示“趋利避害”道理的同时，也在宣扬“知恩图报”的精神，而这正是中国古代兵家极为重视的“恩义御兵术”的体现。比如战国名将吴起亲自为士兵吮吸脓毒，令士兵深受感动，从而愿意为其将领出生入死，为其国家效力。

**【扩展阅读】**

导言：林则徐抗英有功却遭诬陷，被革职发配伊犁，临行前写下此诗。其中颔联是全诗的思想精华之所在,包含着趋利避害的意思。因所指不同,作者刚正不阿的高尚品德和忠诚无私的爱国情操得到了充分体现。

### 赴戍登程口占示家人

力微任重久神疲,再竭衰庸定不支。

苟利国家生死以,岂因祸福避趋之?

谪居正是君恩厚,养拙刚于戍卒宜。

戏与山妻谈故事,试吟断送老头皮。

(选自上海师范大学历史系中国近代史组《林则徐诗文选注·诗选·赴戍登程口占示家人》,上海古籍出版社,1978)

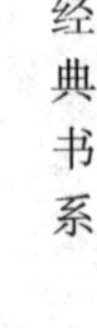



**【原文】**

### 为将须有六德

孙子曰:“将者,智也,仁也,敬也,信也,勇也,严也[①]。”是故智以折敌[②],仁以附众,敬以招贤,信以必赏,勇以益气,严以一令。故折敌则能合变[③],众附爱则思力战,贤智集则英谋得[④],赏罚必则士尽力,勇气益则兵势自倍,威令一则惟将所使。必有此六者,乃可折冲擒敌[⑤],辅主安民。

**【注释】**

①今本《孙子·计》作:“将者,智、信、仁、勇、严也。” ②折:汪继培疑“料”字之误。料敌:估计敌情。下文的“故折敌则能合变”的“折”也应为“料”字之误。《史记·白起传论》:“料敌合变,出奇无穷。” ③合变:《孙子·军争》:“兵……以分合为变者也。”意思是兵力的分散和集中根据客观情况的变化而变化。 ④英:当依程本作“阴”。阴谋:秘密计谋。《史记·齐太公世家》:“西伯……与吕尚阴谋修德以倾商政。”又《陈丞相世家》:“陈平曰:‘我多阴谋,是道家之所禁’。” ⑤折冲:击退敌军。冲,战车,折冲意为使敌方战车败退。

【品读】

古人云："千军易得，一将难求"。自古以来，任何战争的主角都是指挥作战的高级军官"将"或"帅"，他们是千军万马的组织指挥者，是瞬息万变的战场上的舵手，是辅国的栋梁之材。选择什么样的将帅统兵，在很大程度上决定着军队治理的成败、作战行动的胜负和国家命运的安危，"故兵者，国之大事，存亡之道，命在于将"。(《龙韬·论将》)将帅作为国君的主要助手，辅弼周密有力，国家就一定强盛兴旺；反之，辅助者有缺陷，国家就难以摆脱衰微贫弱的命运。

将帅的地位和作用如此重要，故历来兵家都高度重视对将帅队伍的建设，对选将任将提出了严格的条件，普遍认为作为一名良将必须具备突出的优良素质。这方面，《孙子兵法·计篇》明确提出了"将者，智、信、仁、勇、严也"的"五德"之说。这一观点既规范了将帅政治德操的标准，也明确了将帅军事才能的要求，强调身为将帅应力求达到德才兼备、文武双全的理想境界，堪称纲领性的见解。因此，也引起后人对其阐发解释，如曹操认为这是为将必备的"五德"，岳飞认为这五点乃"用兵之术"，"阙一不可"(《宋史·岳飞传》)，还有杜牧等等都有自己的认识。

王符继承了此说。具体地讲，以"智""勇"而言，有智谋就能正确判断敌情，就能随机应变调度指挥；能勇敢就足以鼓舞士气，士气旺盛，军威就会成倍增强。秦汉之际的项羽，出生在军事世家，自幼曾学书、学剑，熟读兵法，他以其"智"在巨鹿断秦军粮道，破釜沉舟，与秦军"九战，大破之"，消灭了秦军主力。项羽不仅"才气过人"，而且"力能扛鼎"，所谓"力拔山兮气盖世"，他多次率大兵出征，身先士卒，如入无人之境，堪称武勇的典范。可以说，正是项羽的智勇双全，才使他取得了秦末农民大起义中具有决定性的胜利，从而"威震楚国，名闻诸侯"(《史记·项羽本纪》)。

其实，要成为一名合格将领，不仅要智勇双全，还需爱刑兼用、赏罚分明。因为能仁爱就可以使众心归附，士兵就愿意尽全力作战；能严格就可以统一军令，将士就会服从指挥；守信用就能够赏罚必行，士兵就会尽力效忠。

如战国名将吴起，在魏国做将军，关心爱护士卒，“卒有病疽者，起为吮之”。他因此“尽能得士心”，出师大捷，“击秦，拔五城”(《史记·孙子吴起列传》)。春秋时期的司马穰苴，被齐景公任命为将军，在大军集中的第一天就斩杀了宠臣庄贾，原因是身为监军的庄贾傲慢无拘，严重违反了军纪。司马穰苴既“严”又“信”，使得“三军之士皆振栗”，“争奋出为之赴战”(《史记·司马穰苴列传》)。

图21　战国名将吴起

此外，王符认为将帅还应有“敬”的品德。敬本有约束自己和谨慎对待自己岗位事业之意，在这里指对待人才的态度要谦虚恭敬。因为只有尊重贤才，才能招进贤才，才能让他们贡献齐策妙计，做到集众人之长。比如刘邦在对待“国士无双”的将才韩信时，接受了萧何的建议，“择良日，斋戒，设坛场，具礼”(《史记·淮阴侯列传》)，用最隆重的礼节拜韩信为大将，统率全军。韩信果然在楚汉相争之中“连百万之众，战必胜，攻必取”(《史记·高祖本纪》)。

当然，王符强调将帅应具备这六种素质，其根本原因是针对当时的形势而言的。东汉后期，政府连年兴师动众，对羌人用兵。而对羌作战的将领，多为无能之辈。他们既无智勇，也无严信，更不要说有仁敬之心了。他们不能保卫边关，不能解决“边患”问题，只是成为屠杀羌人的刽子手。因此，提出“为将须有六德”的主张，既切中时弊，也体现了王符爱国的拳拳之心。

【扩展阅读】

导言：诸葛亮对统兵将帅提出的要求包括：文武双全，仁义智勇，能笼络下级人心，严行赏罚，严明军纪，不轻敌，不傲才，不作威等。这些主张抓住了治军用兵的根本，具有很高的军事价值。

## 将 诫

《书》曰："狎侮君子，罔以尽人心；狎侮小人，罔以尽人力。"固行兵之要，务揽英雄之心，严赏罚之科，总文武之道，操刚柔之术，说礼乐而敦诗书，先仁义而后智勇；静如潜鱼，动若奔獭，丧其所连，折其所强，耀以旌旗，戒以金鼓，退若山移，进如风雨，击崩若摧，合战如虎。迫而容之，利而诱之，乱而取之，卑而骄之，亲而离之，强而弱之。有危者安之，有惧者悦之，有叛者怀之，有冤者申之，有强者抑之，有弱者扶之，有谋者亲之，有谗者覆之，获财者与之。不倍兵以攻弱，不恃众以轻敌，不傲才以骄之，不以宠而作威；先计而后动，知胜而始战，得其财帛不自宝，得其子女不自使。将能如此，严号申令，而人愿斗，则兵合刃接而人乐死矣。

（节选自《诸葛亮全集·将苑·将诫》）

# 救边第二十二

【题解】

本篇写于羌人起义的第九个年头，即公元115年。主要批驳了朝廷公卿大夫欲放弃边疆的所谓“边不可守”的苟安之议，揭露了尸位素餐的东汉上层官僚集团“无忧国哀民恳恻之诚，苟转相顾望”，给国家人民造成的危害，呼吁统治者早定战守之计以救民于水火之中。



【原文】

## 地不可无边

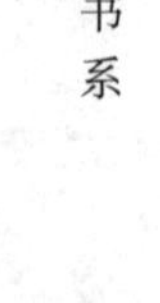



前羌始反，公卿师尹咸欲捐弃凉州[①]，却保三辅[②]，朝廷不听。后羌遂侵[③]，而论者多恨不从惑议[④]。余窃笑之，所谓媾亦悔，不媾亦有悔者尔[⑤]，未始识变之理。地无边[⑥]，无边亡国。是故失凉州，则三辅为边；三辅内入，则弘农为边[⑦]；弘农内入，则洛阳为边[⑧]。推此以相况[⑨]，虽尽东海犹有边也。今不厉武以诛虏[⑩]，选材以全境，而云边不可守，欲先自割，亦僎寇敌[⑪]，不亦惑乎！

（选自彭铎《潜夫论笺校正》卷五《救边第二十二》，下同）

【注释】

①公卿师尹：泛指朝廷上的大官。东汉太傅为上公，太尉、司徒、司空为三公，太常至少府等九个部门设九卿。师尹：众官之长。捐弃：抛弃。凉州：西汉置，为汉武帝所置“十三刺史部”之一。东汉治所在陇县（今甘肃张家川

回族自治县)。三国魏黄初中移治姑臧县(今甘肃武威县)。 ②却:退。三辅:西汉京兆尹、右扶风、左冯翊三个地区。都在京城长安附近,以辅翼京师,故称三辅。即今陕西省中部地区。东汉沿其称,均属司隶校尉。 ③汪继培说,"侵"下有脱字。 ④惑议:糊涂悖理之论。《后汉书·庞参传》:"永初元年,凉州先零种羌反叛,遣车骑将军邓骘讨之。参上书曰:'万里运粮,远就羌戎,不若总兵养众,以待其疲。车骑将军骘宜且振旅,留征西校尉任尚使督凉州士民,转居三辅。'四年,羌寇转盛,兵费日广,参奏记于邓骘曰:'参前数言宜弃西域,乃为西州士大夫所笑,果破凉州,祸乱至今。善为国者,务怀其内,不求外利;务富其民,不贪广土。三辅山原旷远,民庶稀疏,故县丘城。可居者多。今宜徙边郡不能自存者入居诸陵,田戍故县,孤城绝郡,以权徙之。'"此即王符所说的惑议。 ⑤语出《战国策·秦策》:"三国攻秦,秦王欲割河东而讲(媾)。公子池曰:'讲亦悔,不讲亦悔。'"媾(gòu):讲和。 ⑥汪继培说,"地"下脱"不可"二字。 ⑦弘农:郡名,治所在今河南省灵宝市北。 ⑧洛阳:东汉首都。 ⑨况:比。 ⑩厉武:训练军队。 ⑪偄(nuǎn):懦弱。

**【品读】**

两汉时期,疆域辽阔,汉廷与周边的关系,既有友好往来,也有兵戎相见。汉王朝为保卫国家主权、领土安全,防备外来侵犯,对边防问题高度重视。不少有识之士针对不同的政治经济形势,审时度势,提出了许多具有时代特征的边防战略思想。这段文字,王符主张驱除寇虏、援救边民,批判了当时士大夫向敌寇退让而抛弃边境的论调。

秦汉时期的西北地区是羌人的主要活动地区。东汉安帝永初元年(107),由于地方官吏的暴虐,羌人起兵反叛。战火蔓延至凉州各地,殃及三辅。面对严重的西北边患,东汉政府中,以庞参、邓骘为代表的部分公卿大臣借口军费浩繁、转运疲惫、百姓苦役,主张放弃凉州,退保三辅,反对救边。这样的主张遭到以虞诩为代表的有识之士的坚决反对。虞诩指出,放弃凉州必定以三辅为边地;以三辅为边地,则先帝的陵园就没有屏障,这是绝对不能允许的。

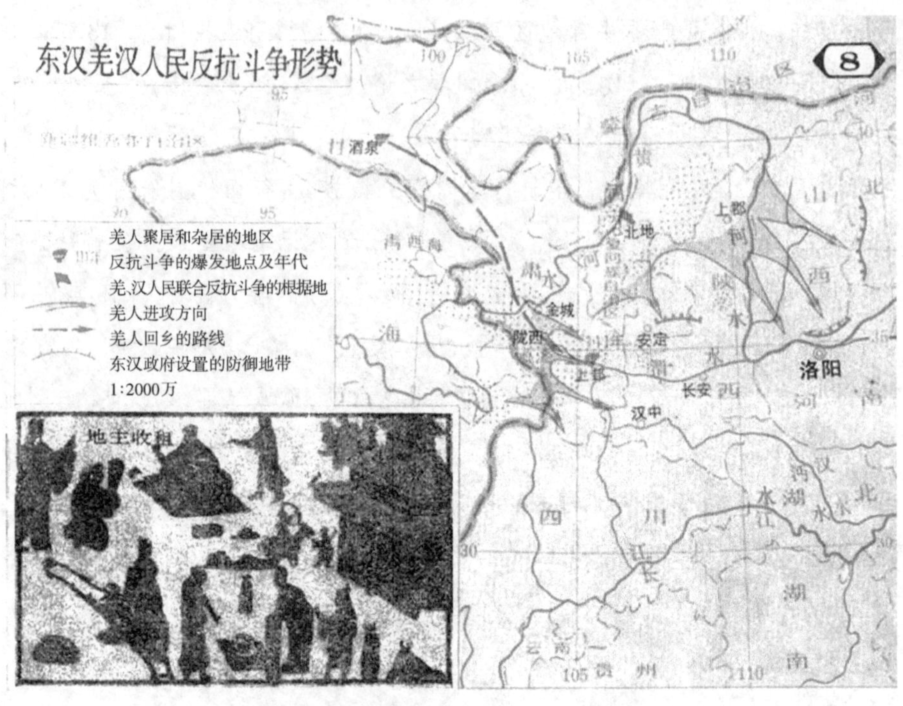


图22　东汉羌汉人民反抗斗争形势图

王符目睹了战争给边民带来的灾难，更看到了内迁弃边政策的危害，因此他支持有远见的人士，坚决反对弃边徙民政策。王符认为，从利害关系方面考虑，应救边恤民，绝不能弃之不顾。因为边与国唇齿相依、休戚相关、安危与共。有国必有边，只有亡国之时，才无边地。而失去凉州，三辅就成了边疆；三辅再后退，弘农就成了边疆；弘农再后退，首都洛阳也就成为边疆。以此类推，即使到了东海之滨，还是有边疆的。

这个道理不难理解，所谓唇亡齿寒、体伤心痛。边疆地区是国之屏障，边不存，国亦亡，国家要获得安宁，必须先安定边疆。以史为例，公元前273年，秦军打败魏军和韩军、赵军，杀死15万人，赶跑了魏将芒卯。魏将段干子请求把南阳让给秦国求和。苏代认为这种用土地侍奉秦国的做法，犹如抱薪救火，薪不尽，火不灭。然而魏王没有听取苏代的意见。此后魏国连年失地，国力日以削弱，终于被秦所灭。而汉武帝赶走外族，开拓疆土，方圆数千里，东方开设了乐浪郡，西方设置了敦煌郡，南方越过了交趾，北方筑城于朔方，并且平定了南越之地，讨伐了不肯臣服的大宛国王。可见，缩边削地并不能保国安民，用土地换和平的政策是不长久的。既如此，那些主张弃边妥协的公卿大臣，在王符看来，见识平庸、不明事理、荒谬可笑。他们不知道对手的欲望是无限的而国家的土地是有限的；不知道如果一味妥协，即使推到东海，敌人也会进攻。所以，不大力训练军队以讨伐贼寇，不选拔人才以保全疆土，却说边疆不可以固守，先要自己割弃，示弱于敌人，实在是太糊涂了！

王符的边防思想历经了近两千年的洗涤、考验而未淘汰，对后世的影响不言而喻。特别是其反对弃边妥协的思想，在边境问题更加复杂的今天，也有着积极的借鉴价值。



**【扩展阅读】**

导言：东汉名将虞诩反对邓骘想要放弃凉州的主张，认为凉州如果丢掉，三辅就算边塞；三辅做了边塞，祖宗的园陵坟墓就在界外了。放弃凉州如同疽的溃烂，越烂越宽，没有停止，不是好的计策。

### 疽食侵淫而无限极

虞诩字升卿，陈国武平人也。

……

永初四年，羌胡反乱，残破并、凉，大将军邓骘以军役方费，事不相赡，欲弃凉州，并力北边，乃会公卿集议。骘曰："譬若衣败，坏一以相补，犹有所完。若不如此，将两无所保。"议者咸同。诩闻之，乃说李脩曰："窃闻公卿定策当弃凉州，求之愚心，未见其便。先帝开拓土宇，劬劳后定，而今惮小费，举而弃之。凉州既弃，即以三辅为塞；三辅为塞，则园陵单外。此不可之甚者也。喭曰：'关西出将，关东出相。'观其习兵壮勇，实过馀州。今羌胡所以不敢入据三辅，为心腹之害者，以凉州在后故也。其土人所以推锋执锐，无反顾之心者，为臣属于汉故也。若弃其境域，徙其人庶，安土重迁，必生异志。如使豪雄相聚，席卷而东，虽贲、育为卒，太公为将，犹恐不足当御。议者喻以补衣犹有所完，诩恐其疽食侵淫而无限极。弃之非计。”

（节选自《后汉书》卷五十八《虞诩》）

**【原文】**

## 振民育德以安疆宇

且夫国以民为基，贵以贱为本。是以圣王养民，爱之如子，忧之如家，危者安之，亡者存之，救其灾患，除其祸乱。是故鬼方之伐[①]，非好武也，猃狁于攘[②]，非贪土也，以振民育德[③]，安疆宇也。古者，天子守在四夷[④]，自彼氐、羌，莫不来享[⑤]，普天思服[⑥]，行苇赖德[⑦]。况近我民蒙祸若此，可无救乎？



**【注释】**

①鬼方：古族名。殷、周时活动于今陕西西北境，为殷、周的强敌。“鬼方之伐”，指殷高宗对鬼方的战争。 ②猃狁(Xiǎnyǔn)：古族名。殷周时主要分布在今陕西、甘肃北境及内蒙古西部地区。“猃狁于攘”，指周宣王对猃狁的战争。攘：排除，指赶走。 ③《周易·蛊·象词》：“君子以正振民育德。”振：济。 ④《左传·昭公二十三年》：“古者，天子守在四夷；天子卑，守在诸侯。” ⑤《诗·商颂·殷武》：“自彼氐羌，莫敢不来享。”享：献，指向天子进贡。氐，也是我国古代西部的少数民族。 ⑥思：心。服：归服。 ⑦行(háng)苇：路旁的苇草。汉代今文经学家认为《诗·大雅·行苇》是赞美周的远祖公刘“仁及草木”的。赖：倚靠，蒙受。

**【品读】**

民本思想在王符的思想体系中占有重要地位。这段文字，王符先提出

“国以民为基”的概念，再陈述边地人民所遭受的羌人之祸害，从而得出统治者要拯救百姓的结论。这就从道义的角度论述了不能弃边民于不顾，这和前面从利害关系出发主张救边恤民的观点相得益彰、互为补充。

众所周知，民为国始，先有民而后有国，国因民而生，因民而存在，民是国赖以产生和存在的根据，正所谓“国以民为基，贵以贱为本”。因此，王符认为，圣明的帝王抚育百姓、爱护人民就像爱自己的孩子一样，操劳百姓的事情就像操心自己的家人一样。百姓有危难，让他们安宁；百姓受到死亡的威胁，使他们得以生存，解救他们的灾害，消除遇到的祸乱。现在，羌人反叛使得“五州残破，六郡削迹”，“百姓灭没，日月焦尽”(《潜夫论·救边》)。既然从来没有民危而国安的事情，现在国基已病伤，根本已动摇，朝廷岂能坐视不管？因此，王符大声疾呼，朝廷要对苦难的边民采取有效的抚慰措施，为其创造安定的外部环境，这就要求在军事上奋力出击以平外扰，而不是弃边民于不顾。

然而，作为封建士人，王符难免有民族偏见，特别是羌人的起兵给其家乡带来了巨大的灾难，使他难以客观地对待羌人的反叛行为。因此，他主张武力镇压。但王符并不是好战主义者，他主张征战的目的是为了安定边疆，救边民于水火之中。所以，他说从前殷高宗武丁讨伐鬼方，并非是好战黩武；周宣王征伐猃狁，也并非贪其土地，而是为了“振民育德，安疆宇也”。现在边地久遇羌祸，朝廷怎能不兴兵为民除祸害，为国定边疆呢？王符还指出，古时，天子的守卫在四夷，比西边的氐和羌还要远，却没有谁敢不来朝贡，普天之下人心归服，路边的草木都蒙受着天子的恩泽。这就反映了王符天下一家、守在四夷的理想追求。而要达到这种理想状态，也必须先救边安民，平定边患。

其实，王符“天子守在四夷”的说法，体现了传统防止“蛮夷滑夏”的思想。原来，对中原王朝来说，治理边疆的关键是如何处理与周边民族的关系问题。中原政权一方面要防止以夷变夏，另一方面要积极地以夏变夷。王符认为羌人叛乱是以夷变夏的表现，必须采取措施，以让其认同汉文化。但用武力解决羌人问题，并不是最好的方式。最好的方式是通过先进的文化和道德来感召，使其服从统治，正所谓“普天思服，行苇赖德”。

王符身居边地，对羌人反叛给边郡人民带来的灾难有着切身的感受。他所主张的救边，实质是救民，其中既包含着道义的要求，又包含着现实的需要。

【扩展阅读】

导言：这段文字是唐太宗晚年对自己治理国家的一个总结。他把正确处理民族关系作为治理国家的五项原则之一，是有深意的。历史证明，在一个多民族国家里，如果不能实现民族和睦，就不可能实现国家的强盛。

## 待中华、夷狄如一

庚辰，上御翠微殿，问侍臣曰："自古帝王虽平定中夏，不能服戎、狄。朕才不逮古人而成功过之，自不谕其故，诸公各率意以实言之。"群臣皆称："陛下功德如天地，万物不得而名言。"上曰："不然。朕所以能及此者，止由五事耳。自古帝王多疾胜己者，朕见人之善，若己有之。人之行能，不能兼备，朕常弃其所短，取其所长。人主往往进贤则欲置诸怀，退不肖则欲推诸壑，朕见贤者则敬之，不肖者则怜之，贤不肖各得其所。人主多恶正直，阴诛显戮，无代无之，朕践阼以来，正直之士，比肩于朝，未尝黜责一人。自古皆贵中华，贱夷、狄，朕独爱之如一，故其种落皆依朕如父母。此五者，朕所以成今日之功也。"

（节选自司马光《资治通鉴》卷第一百九十八《唐纪十四》，中华书局，1982）

# 边议第二十三

**【题解】**

本篇写于羌人起义第十年，即公元116年。文中借指责公卿的错误以批评帝王的惑于邪说，敦促朝廷救边安民，使国家得以安宁。

**【原文】**

### 恤民救边，不得怯畏退让

羌始反时，计谋未善，党与未成[①]，人众未合，兵器未备，或持竹木枝，或空手相附[②]，草食散乱[③]，未有都督[④]，甚易破也。然太守令长，皆奴怯畏偄不敢击[⑤]。故令虏遂乘胜上强[⑥]，破州灭郡，日长炎炎[⑦]，残破三辅，覃及鬼方[⑧]。若此已积十岁矣。百姓被害，迄今不止。而痴儿騃子[⑨]，尚云不当救助，且待天时。用意若此，岂人也哉！

（选自彭铎《潜夫论笺校正》卷五《边议第二十三》，下同）

**【注释】**

①党与：朋党，集团。　②附：彭铎先生说，疑当作“拊”。拊：击。　③草食：俞樾当作“草创”。《劝将》篇：“草创新叛散乱之弱虏。”《实边》篇：“前羌始叛，草创新起。”　④都：总。督：率。都督：统领督察，总管。此文不是官名。魏文帝黄初三年（公元222年）才置都督之官。文中是指统一指挥。　⑤奴：读为“驽”。驽：劣，比喻才能低下，庸俗无能。偄（nuǎn）：懦弱。　⑥上：指气势上升。上强：气焰上升，力量加强。　⑦日长（zhǎng）炎炎：一天天强大起

来。炎炎:火光熊熊的样子,形容其势力之盛。 ⑧覃(tán):延。鬼方:古族名。这里泛指远方。覃及鬼方:语见《诗经·大雅·荡》 ⑨騃(ái)子:傻子。痴儿騃子:傻子蠢人,引申指不懂事理、见识浅薄的人。此指内地那些未遭羌寇侵害而不顾国计民生的士大夫。

【品读】

羌族,是中国西部的一个古老民族,被称为“云朵上的民族”。在汉武帝以前,羌族各部在匈奴控制下,往往结成同盟,联合起来进攻汉西北边郡。匈奴衰落之后,羌人成了西北地区“边患”的主力军。特别是东汉中后期,一些地方豪强和官吏对羌人进行残酷的奴役和搜刮,由此激起了羌人的反抗并演变成大规模的战争。在与羌人的战争中,汉军一度屡屡失败,羌人乘机向内地进犯,大量掠杀汉族人民。



面对严重的西北边患,东汉当权者中出现了主张弃边内迁的观点。以庞参、邓骘为代表的部分公卿大臣主张放弃凉州,退保三辅。他们认为,与其万里运粮,远击羌戎以救边民,不如休息民力,积蓄兵粮,以待羌人疲惫;西北边地为无用之地,不必为此劳民伤财,而三辅地广民稀,故应放弃凉州,将其郡治所和百姓迁至三辅。因此,救边举措是贪不毛之地,恤不使之民,只能给内地带来灾难。只有弃边徙民,才是解决问题的最佳途径。

图23 庞参头像

这种主张激起了以虞诩为代表的爱国士人的强烈反对,认为内迁弃边有诸多危害。王符也坚决反对,认为无论是从道义还是从利害关系上考虑,都应救边恤民,决不能弃边民于不顾。因为无论是军事装备还是军人素质,羌人都不能与汉军相比。他举例说,西羌叛乱之时,计谋不完善,集团尚未形成，人力不能聚合，兵器也不齐备，有的羌人手持竹竿树枝冲锋，有的羌人赤手空拳搏击，凌乱涣散，缺乏统一指挥。按理说，这样的情形是很容易被击破的，但事实是，羌人叛乱已经持续了十年了，百姓却被残害无度，不得终止。

王符认为，造成这一结果的原因之一是官吏的问题。毕竟，边境安定，边吏有责。东汉时期，边境设有郡县，除此之外，在少数民族比较集中的地区，还设置了与郡并列的独立行政区划——比郡属国。比郡属国和边郡的官吏都是由中央委任的，他们的管理能力和个人素质与边民利益有着直接而紧密的联系。按当时的情况来看，汉边郡长吏在各个方面都占有优势，但却不敌比自己装备差、人数少且组建时间短的叛羌。叛羌乘胜扩张，势力增强，破州灭郡，一天天蔓延起来，残害三辅，危及远方。正因为此，王符一方面痛恨边郡长吏的软弱无能，一方面怒斥那些身居内郡的人不被灾祸、麻木不仁、自私自利，漠视边民的疾苦。难怪王符将其比作“痴儿騃子”，并说“且待天时。用意若此，岂人也哉”！

总之，王符身居边地，对羌人的反叛给边郡人民带来的灾难有着切身的感受，对置边民痛苦于不顾的弃边主张，深感愤慨。

【扩展阅读】

导言：东汉名臣庞参在羌人反叛日盛时，上奏朝廷放弃边地，理由是：贪恋不毛之地，忧恤无用之百姓，对国家毫无益处；况且连年收成不好，供徭赋役开支甚大，国用不足，千里救边，实为劳民伤财。庞参的建议最终没有被采纳。

### 救边乃劳民伤财

四年，羌寇转盛，兵费日广，且连年不登，谷石万馀。参奏记于邓骘曰：“比年羌寇特困陇右，供徭赋役为损日滋，官负人责数十亿万。今复募发百姓，调取谷帛，衒卖什物，以应吏求。外伤羌虏，内困征赋。遂乃千里转粮，远给武都西郡。涂路倾阻，难劳百端，疾行则钞暴为害，迟进则谷食稍损，运粮散于旷野，牛马死于山泽。县官不足，辄贷于民。民已穷矣，将从谁求？名救金城，而实困三辅。三辅既困，还复为金城之祸矣。参前数言宜弃西域，乃为西州士大夫所笑。今苟贪不毛之地，营恤不使之民，暴军伊吾之野，以虑三族之外，果破凉州，祸乱至今。夫拓境不宁，无益于强；多田不耕，何救饥敝！故善为国者，务怀其内，不求外利；务富其民，不贪广土。三辅山原旷远，民庶稀疏，故县丘城，可居者多。今宜徙边郡不能自存者，入居诸陵，田戍故县。孤城绝郡，以权徙之；转运远费，聚而近之；徭役烦数，休而息之。此善之善者也。"骘及公卿以国用不足，欲从参议，众多不同，乃止。

（节选自《后汉书》卷五十一《庞参》）

【原文】

## 以战御贼寇，救民于水火

《易》制御寇[①]，《诗》美薄伐[②]，自古有战，非乃今也。《传》曰："天生五材，民并用之，废一不可，谁能去兵？兵所以威不轨而昭文德也，圣人所以兴，乱人所以废[③]。"齐桓、晋文、宋襄，衰世诸侯，犹耻天下有相灭而己不能救[④]，况皇天所命四海主乎？晋、楚大夫，小国之臣，犹耻己之身而有相侵[⑤]，况天子三公典世任者乎？公刘仁德，广被行苇[⑥]，况含血之人[⑦]，己同类乎？一人吁嗟，王道为亏，况灭没之民百万乎？《书》曰："天子作民父母[⑧]。"父母之于子也，岂可坐观其为寇贼之所屠剥，立视其为狗豖之所啖食乎[⑨]？

【注释】

①《周易·蒙》作"利御寇"。清卢文弨疑"制"为"利"之误。 ②《诗·小雅·六月》："薄伐猃狁"诗中赞美了周宣王讨伐猃狁的战争。薄：句首语气词。 ③语本《左传·襄公二十七年》。五材：指金、木、水、火、土。兵属金，五材不能偏废，所以说不能去兵。文德：指礼乐教化，相对武功而言。《论语·子罕》朱熹集注："道之显者谓之文，盖礼乐制度之谓。"圣人：指汤、武。乱人：指

桀、纣。 ④《公羊传·僖公二年》:“天下诸侯有相灭亡者,桓公不能救,则桓公耻之也。” ⑤《左传·成公十六年》:“栾武子曰:‘不可以当吾世而失诸侯。’”栾武子:春秋时期晋国大夫栾书。已之身:自己活着的时候。 ⑥公刘:周朝时期的先祖,率族人迁豳,开创了周的基业。被:覆盖,引申为施与恩德。行苇见《救边篇》注。 ⑦含血:这里指人类。《汉书·赵壹传》:“使干皮复含血,枯骨复被肉。” ⑧语见《尚书·洪范》。 ⑨啖(dàn):吃。

【品读】

《易经》以捍御寇盗为吉利,《诗经》亦赞美对猃狁的讨伐,自古就有战争,不只是今天。《左传》中说谁能够去掉武器?武器是用来威慑不守法律者而宣扬礼仪德化的,圣人凭武力而兴起,乱人因武力而废灭。这段文字,王符引经据典,旨在说明战争存在的必要性。特别是,对于东汉羌人发生的叛乱,更强调国家要通过武力去制止和震慑,而不是弃边徙民,让百姓遭受灾难。

众所周知,中国自古以农立国,中华文明主要以农耕文明为本。农业民族乐天知命,对人际关系的要求是和谐、互助的关系,很少有征服别人、开疆拓土的野心。但是,这并不等于说中华民族就拒绝武力和战争。古人云:“凡兵之兴,不得已也。国乱之是除,民暴之是去,非以残民而生乱也。”(《投笔肤谈·本谋第一》)人们进行战争,不是主动、自觉地去发动,往往是迫不得已而为。一旦国家发生祸乱,民间发生暴乱,有时只能靠武力才能解除。

然而,王符生活的时代,当羌人发动的叛乱危及国家和人民的利益时,部分公卿大臣借口军费浩繁、转运疲惫、百姓苦役,主张放弃边地,内迁边民,企图以此平边患,保中原,而不诉诸武力和战争去征讨。在王符看来,这无异于朝廷见死不救,置人民于不顾。以史为鉴,公元前659年,狄人攻打诸侯国邢国。齐、宋、曹三国联军救邢,但大军驻扎在聂北,未及救援。结果,邢国被狄人攻破,邢国难民也纷纷逃到诸侯联军中。《公羊传》叙及此事有言:“天下诸侯有相灭亡者,桓公不能救,则桓公耻之。”王符认为,齐桓公、晋文公、宋襄公是衰世的诸侯,尚且以天下相互灭亡而自己不能救助为耻,何况上天所委任

的作为四海主宰的人呢？这就是说，在国家危难之时，代理上天行使管理职责的君主有责任救助人民，这是君王不可忘怀的天赋道义。再比如晋国大夫栾书，作为一方诸侯的臣子，尚耻于自己执政时国家被侵犯，何况是三公担当治世重任的人呢？王符以晋国大夫为例，意在痛斥身为公卿大臣的庞参、邓骘之辈，应该向栾书学习，而不是主张放弃凉州，退保三辅。

最后，王符还论及了周先祖公刘，认为其仁爱之德，普照众生，连草木都要施于，更不要说天下百姓了。这就将论述的落脚点放在了人民的身上。毕竟"国以民为基，贵以贱为本"。无论是皇帝还是公卿大臣，不用武力征讨羌人且弃边徙民的做法，无异于将人民置于灾难之中。



【扩展阅读】

导言：胡人游牧的生活方式容易对边疆地区进行骚扰掠夺，因此边地军民常处于水火之中，这就需要朝廷发兵相救。但事实上，因距离遥远，发兵或不发，发兵多与少，在很大程度上都会影响国家是否陷于被动境地，人民是否不得安宁。

### 救或不救

胡人衣食之业不著于地，其势易以扰乱边境。何以明之？胡人食肉饮酪，衣皮毛，非有城郭田宅之归居，如飞鸟走兽于广梀，美草甘水则止，草尽水竭则移。以是观之，往来转徙，时至时去，此胡人之生业，而中国之所以离南晦也。今使胡人数处转牧行猎于塞下，或当燕代，或当上郡、北地、陇西，以候备塞之卒，卒少则入。陛下不救，则边民绝望而有降敌之心；救之，少发则不足，多发，远县才至，则胡又已去。聚而不罢，为费甚大；罢之，则胡复入。如此连年，则中国贫苦而民不安矣。

（节选自《汉书补注·列传》第十九卷《爰盎》）

# 实边第二十四

【题解】

本篇揭露了边郡将帅出于私利驱民内迁、蹂躏百姓的悲惨情状，愤怒斥责官吏加于边民的苦难“甚于逢虏”，进而论述不但不可内迁，还应当采取特殊政策，移民实边，加强边防的道理。

【原文】

## 痛于偏枯躄痱之疾

夫土地者，民之本也，诚不可久荒以开敌心[①]。且扁鹊之治病也[②]，审闭结而通郁滞[③]，虚者补之，实者泻之，故病愈而名显。伊尹之佐汤也[④]，设轻重而通有无[⑤]，损积余以补不足[⑥]，故殷治而君尊。贾谊痛于偏枯躄痱之疾[⑦]。今边郡千里，地各有两县，户财置数百，而太守周回万里[⑧]，空无人民，美田弃而莫垦发；中州内郡[⑨]，规地拓境[⑩]，不能半边[⑪]，而口户百万[⑫]，田亩一全[⑬]，人众地荒[⑭]，无所容足，此亦偏枯躄痱之类也。

（选自彭铎《潜夫论笺校正》卷五《实边第二十四》，下同）

【注释】

①开敌心：开启敌人侵占之心。 ②且：句首语气词，表提挈。扁鹊：战国时名医，姓秦，名越人，字少齐。 ③审：详细了解。闭结、郁滞：中医学名词，指脏腑气脉闭塞、郁积而不畅通。 ④伊尹：殷汤的相。 ⑤轻重：我国

古代的经济理论，认为货币、谷物和其他商品间存在着相反的轻重关系。币重则万物轻，币轻则万物重；谷重则万物轻，谷轻则万物重。主张国家通过“号令”（政权力量）控制货币、谷物和万物，调节其轻重关系以平衡物价，抑制兼并。 ⑥损：减少。 ⑦贾谊：西汉文帝时著名政论家。偏枯：半身不遂。躄：跛足。痱（féi）：局部风痹。贾谊用偏枯躄痱比喻西汉初期对匈奴的入侵采取妥协政策给西北边境造成危害的严重性，就像国家患了半身不遂症。事见《汉书·贾谊传》。 ⑧周回：周围。 ⑨中州、内郡：内地各州郡。 ⑩规地：丈量土地。拓境：开垦州郡内的土地。 ⑪不能：不及。半边：边郡的一半。 ⑫汪继培疑“口户”二字互倒。 ⑬一全：汪继培说，“一”为“不”的坏字。《管子·禁藏》：“善者必先知其田，乃知其人。田备然后民可足也。”“不全”即“不备”；田不备则民不足。王宗炎说，应作“一金”。汉代一金值一万铜钱，是说地价极高。 ⑭荒：汪继培说，当作“狭”。《通典》一引崔实《政论》：“今青、齐、兖、冀，人稠土狭，不足相供，而三辅左右及凉、幽州内附近郡，皆土旷人稀，厥田宜稼，悉不肯垦。今宜徙贫民不能自业者于宽地，此亦开草辟土振民之术也。”

**【品读】**

日夜兼程、疲饿交加的重耳，向田间一位耕作的老农乞讨食物，老农捧起一把泥土递给他，一言不发。重耳正要发怒，想用鞭子打他，却被随从劝阻：“这是上天赏赐的土地呀！”重耳叩头致谢，收下土块，装在车上，继续逃亡……这是《左传》中记载的晋公子重耳逃亡的故事。它告诉人们：土地是民生之本。

土地是人类赖以生存和发展的物质基础，是一切生产和存在的源泉。对于农民而言，土地可谓其命根。失去土地，农民犹如无源之水、无本之木。正因为此，历史上有多少次农民起义都是由于农民失去土地而爆发的。故而，历代统治者都十分重视土地问题。但在王符生活的东汉中后期，情况却有所不同。

图24　晋文公复国

羌人因不满东汉官吏残酷剥削而起兵反叛，东汉政府为此进行武力镇压却连连失利，反致羌人横行边郡。无奈之下，东汉政府弃边徙民。这一举措不但给边民带来了无尽痛苦，也造成了边地荒芜、边疆防御空虚的严重后果。为此，王符忧心忡忡："夫土地者，民之本也，诚不可久荒以开敌心。"土地是民之根本，不可久荒，否则会给羌人以可乘之机，启其觊觎之心。但实际上，边地郡县地广人稀，良田美土荒废，无人耕种；而中原郡县地少人多，土地不足。边郡地区和中原地区在土地与人口的分布上极为不均。这种局面引起的后果是粮食和生活物资的配给会有困难，边区的徭役也会大大加重，从而边民会更加穷困，边防也更加脆弱。对此，王符将其比作是"偏枯躄痱之类也"。而要治愈这类半身不遂、中风瘸腿的"疾病"，就应像伊尹辅佐商汤那样，在经济上互通有无、调节盈余、补充不足；也要像贾谊那样，在政治上能够认清形势，指出西汉政府采取妥协政策所造成的严重危害。只有这样，因弃边徙民所造成的边疆危机、内地矛盾等"顽疾"，才有可能像扁鹊那样，在摸清病症之后对症下药，从而得到彻底根除。

王符强调土地的重要性是他主张实边的思想基础，这为其论述移民开荒，建设边防等内容做好了铺垫，而将弃边徙民所带来的隐患比作"偏枯躄

痈”,既一针见血又形象贴切,更体现出王符忧国忧民的拳拳之心。

【扩展阅读】

导语:西汉初期,对于匈奴的入侵,西汉政府采取妥协政策,每年向匈奴纳贡,这给西北边郡造成了严重的危害。贾谊将这样的国家形势比成一个头脚倒置并得了足病、风病的人,无人能救。

### 倒县辟痱,莫之能解

天下之势方倒县。凡天子者,天下之首,何也?上也。蛮夷者,天下之足,何也?下也。今匈奴嫚娒侵掠,至不敬也,为天下患,至亡已也。而汉岁致金絮采缯以奉之。夷狄徵令,是主上之操也;天子共贡,是臣下之礼也。足反居上,首顾居下,倒县如此,莫之能解,犹为国有人乎?非亶倒县而已,又类辟,且病痱。夫辟者一面病,痱者一方痛。今西边北边之郡,虽有长爵不轻得复,五尺以上不轻得息,斥候望烽燧不得卧,将吏被介胄而睡,臣故曰一方病矣。医能治之,而上不使,可为流涕者此也。

(节选自《汉书补注·列传》第十八卷《贾谊》)

【原文】

### 移民充边,安国要术

诏书法令:二十万口,边郡十万,岁举孝廉一人[①];员除世举廉吏一人[②]。羌反以来,户口减少,又数易太守,至十岁不得举。当职勤劳而不录[③],贤俊蓄积而不悉,衣冠无所觊望[④],农夫无所贪利,是以逐稼中灾,莫肯就外[⑤]。古之利其民[⑥],诱之以利,弗胁以刑。《易》曰:“先王以省方观民设教[⑦]。”是故建武初[⑧],得边郡,户虽数百,令岁举孝廉,以召来人[⑨]。今诚宜权时令边郡举孝一人[⑩],廉吏世举一人,益置明经百石一人[⑪],内郡人将妻子来占著[⑫],五岁以上,与居民同均[⑬],皆得选举。又募运民耕边入谷[⑭],远郡千斛,近郡二千斛,拜爵五大夫[15]。可不欲爵者[16],使食倍贾于内郡[17]。如此,君子小人各有所利,则虽欲令无往,弗能止也。此均苦乐,平傜役,充边境,安中国之要术也。

【注释】

①据《后汉书·丁鸿传》及《和帝纪》,永元以后,郡国每二十万口一年举荐孝廉一人,边郡每十万口一年举荐孝廉一人。 ②除:俞樾说,当作"际"。际,至,达到。世:当为"卅"之讹。卅,三十。下文"廉吏世举一人"的"世"同此。意为官员满三十人,举廉吏一名。 ③当职:任职的人。录:指录取廉吏。 ④衣冠:士大夫。觊(jì)望:希望。 ⑤逐稼:从事农业。意指内地农民受灾也不肯迁移到外地去。 ⑥利:彭铎先生说,当为"制",制本作"𠜂",故常与"利"相乱。制:治。 ⑦见《周易·观·象辞》。王弼注:"以省(xǐng)视万方观看民之风俗以设于教。" ⑧建武:东汉光武帝刘秀的年号。 ⑨召来:招徕,吸引召集。 ⑩权:变通。权时:依当时情况变通做法。孝:指孝廉。⑪益置:增设。明经:汉代选举的一种名目。百石(dàn):或指明经的年俸。彭铎先生疑为"百户"之讹,指每百户增置明经一人。 ⑫将:带领。占著:登记户籍,落户。 ⑬同均:同等。指同样待遇。 ⑭运:迁徙。运民,就是移民。 ⑮五大夫:汉代爵位的第九级。 ⑯可:汪继培疑为"其"字之误。⑰食:受。贾:价。古代有以钱财卖官爵的制度。《墨子·号令》:"牧粟米布钱金,出内畜产,皆为平直其贾,与主人券书之。事已,皆各以其贾倍赏之。又用其贾贵贱多少赐爵。欲为吏者许之。其不欲为吏而欲以受赐赏爵禄若赎士亲戚所知罪人者,以令许之。"可参。

【品读】

东汉中后期,羌人发动叛乱,王符主张朝廷应用武力去讨伐和震慑,反对弃边徙民。然而,军事手段只是解决"边患"问题的第一步,要想维护边疆地区的长治久安,还得依靠广大人民去开垦。因此,王符又提出了迁民开发以

实边的思想。而如何迁民？怎样吸引内郡人民到边地去建设？都可以在这段文字中找到答案。

在内地百姓看来，战乱导致边地多殃祸且徭役繁重，视之为畏途，不愿前往。因此，朝廷必须以优惠政策吸引内郡之人前往边地居住，为边郡兴利除害。否则，边地长无复兴之望。然而，该如何具体操作？一方面，在人才的选拔上，对于有抱负的知识分子，政府应给予照顾，不拘常例增加边郡举荐孝廉的名额，以此劝勉贤俊士大夫。原来，东汉选举人才实行的是察举征辟制，察举征辟制简言之就是各地方长官按要求向上级推荐人才。孝廉是察举制的主要科目之一，举孝廉是汉朝由下向上推选人才为官的一种制度。按照惯例，"边郡十万，岁举孝廉一人"，中原二十万人举孝廉一人。但自羌人叛乱后，边境人口骤减，且地方长官又经常变换，使得当地的士人多年没有得到推荐。故而，这种政策不适合边疆地区，统治者应该效仿汉光武帝"户虽数百，令岁举孝廉，以召来人"的做法，调整当时的选拔政策，即使一郡只有数百户，也令其每年举荐孝廉，以吸引人才。王符指出，让边郡一年"举孝一人"，三十名官员举荐廉吏一人，每百户再增设明经一名。内地人带领妻儿举家来落户定居的，只要住满五年以上，就能和边郡人士一样，有权参加这些明经、孝廉的选举与被选举。另一方面，国家应招募流民到边地耕种，向国家上交粮食。"远郡千斛，近郡二千斛"，授爵五大夫。不要爵位的，政府以半价于内郡的价钱收购其粮食。如此一来，士大夫好名，农夫贪利，士大夫和农夫会欣然前往边疆地区，即使不让他们去，也是不得已了。从而，边疆地区得到开发，边疆防御力量得到加强。优惠的移民实边措施是真正的"均苦乐，平傜役，充边境，安中国之要术也"。

当然，移民实边本就是充实边疆力量，加强边防的有力措施，是中兴江山社稷的根本保证。早在西汉时期，晁错在其《守边劝农疏》和《募民实塞疏》中就首次提出屯田戍边的建议，主张招募内地百姓到边塞地区长期安家落户，用移民实边的办法来代替轮番戍边的办法，这在当时富有重要的创新意义，对后世也产生了深远影响。汉武帝时赵充国实行军屯，三国时曹操推行屯田

政策，都是对晁错移民实边政策的继承和发展。王符显然也受到了晁错思想的影响，他主张以优厚政策吸引内地人口入住边地，鼓励移民实边，开发边疆，从而达到实边、保边的有机统一。虽然在世风日下、边患不息的东汉时代，王符企图挽救衰败王朝的做法很难实现，但其充边郡、御疆宇，进而安中国的思想，具有深刻的政治军事意义，对今天中国西部大开发及边疆治理等问题仍然发挥着积极的借鉴价值。

【扩展阅读】

导语：晁错认为，君主与其调兵遣将去守边，不如用丰厚的利禄及各种优惠条件吸引内地民众，让民众迁移到边地并长期定居下来以充实边塞。

### 陛下应徙民实边

陛下幸忧边境，遣将吏发卒以治塞，甚大惠也。然令远方之卒守塞，一岁而更，不知胡人之能，不如选常居者，家室田作，且以备之。以便为之高城深堑，具蔺石，布渠答。复为一城其内，城间百五十步。要害之处，通川之道，调立城邑，毋下千家，为中周虎落。先为室屋，具田器，乃募罪人及免徒复作令居之；不足，募以丁奴婢赎罪及输奴婢欲以拜爵者；不足，乃募民之欲往者。皆赐高爵，复其家。予冬夏衣，廪食，能自给而止。郡县之民得买其爵，以自增至卿。其亡夫若妻者，县官买予之。人情非有匹敌，不能久安其处。塞下之民，禄利不厚，不可使久居危难之地。胡人入驱而能止其所驱者，以其半予之，县官为赎其民。如是，则邑里相救助，赴胡不避死，非以德上也，欲全亲戚而利其财也。此与东方之戍卒不习地势而心畏胡者，功相万也。以陛下之时，徙民实边，使远方无屯戍之事，塞下之民父子相保，亡系虏之患，利施后世，名称圣明，其与秦之行怨民，相去远矣。

（节选自《汉书补注·列传》第十九卷《晁错》）

# 卜列第二十五

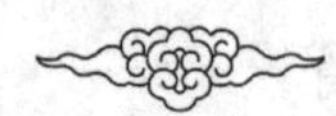

【题解】

卜列：卜论。卜，占卜；列，论。彭铎先生云："凡陈说事理而有序次为'论'，亦可谓之'列'。下三篇同。"生活在东汉的王符，不可能彻底否定鬼神的存在和卜筮的作用，但他是从治国安民、社会治乱的需要来解释人神关系的。他认为占卜是向神灵"问吉凶之情，言兴衰之期，令人修身慎行以迎福也。"进而认为"圣人不烦卜筮，敬鬼神而远之""鬼神于人，殊气异务，非有事故，何奈于我"。文中对当时迷信占卜的风气进行了一定的揭露，对住宅忌讳之说做了批驳，意在反对世俗迷信。

【原文】

## 立卜筮以质神灵

天地开辟有神民①，民神异业精气通②。行有招召③，命有遭随④，吉凶之期，天难谌斯⑤。圣贤虽察不自专，故立卜筮以质神灵⑥。孔子称"蓍之德圆而神，卦之德方以智⑦"。又曰："君子将有行也，问焉而以言，其受命而响⑧。"是以禹之得皋陶，文王之取吕尚，皆兆告其象⑨，卜底其思⑩，以成其吉。

（选自彭铎《潜夫论笺校正》卷六《卜列第二十五》，下同）

【注释】

①神民：神祇和人民。　②业：职务。精气：古代哲学名词，古人认为精

气是“元气”中精微细致的部分，是生命的根源，反映了我国古代朴素的唯物主义观点。 ③行有招召：意思是人的言行会招来祸福。《楚辞·招魂》注：“以手曰招，以言曰召。”《荀子·劝学篇》：“言有召祸也，行有召辱也。” ④命有遭随：旧说指人的两种命运。遭，遭命，行善得恶，非所冀望，逢遭于外，而得凶祸。随，随命，戮力操行而吉福至，纵情施欲而凶祸到。《庄子·列御寇》：“达大命者随，达小命者遭。” ⑤天难谌斯：语本《诗·大雅·大明》。意思是未来吉凶祸福，上天也难以说准。谌：《毛诗》作“忱”，诚，信。斯：句末语气词。 ⑥卜筮：算卦，用龟甲叫卜，用蓍(shī)草叫筮。质：咨询，就正。 ⑦语见《周易·系辞上》。蓍：一种多年生草本植物，古代常以其茎占卜吉凶。卦：《周易》中象征自然现象和人事变化的一种符号。以阳爻、阴爻相配合而成。基本的有“八卦”，八卦互相排列组合成六十四卦，我国古代用以占卜吉凶。韩康伯注：“圆者运而不穷，方者止而有分。言蓍以圆象神，卦以方象知也。唯变所适，无数不周，故曰圆。卦列爻分，各有其体，故曰方。”意为蓍草是圆的，用蓍占，变通无穷。象神：卦爻是方正的，卦象既成，更不移动，有一定形体，是智慧的象征。 ⑧语本《周易·系辞上》。“受命而响”王弼本作“受命也如响”。而、如古通。孔颖达疏：“君子……将欲有所行往，占问其吉凶，而以言命蓍也。蓍受人命，报人吉凶，如响之应声也。”焉，代词，指蓍卦。响，回声。 ⑨古代传说，文王出猎前卜卦，卜辞说，猎得的不是熊虎之类，而是将来帮助他夺取天下建立王朝的得力助手，果然在渭水边遇到吕尚，即姜太公。事见《六韬·文师篇》，《史记·齐太公世家》。据说，禹得皋陶，也是事先见之占卜。 ⑩底：致，传达。思：意。

【品读】

兵书《三十六计》中记载了这样一则典故：北宋时，宾州(在今广西)发生了地方叛乱，大将狄青奉命率师南下平叛。可是军心混乱、士气低落，这次出师能否取胜，人们没有把握。当大军行至桂林之南时，见道旁有座大庙，人们都说这庙的神最灵。于是，狄青入庙向神祷告，手持百钱对神说：“若出师可

获大捷,这百钱掷出字面就都向上。”左右急忙劝阻,说若百钱中有一钱不是字面朝上,岂不会影响士气?狄青执意不听,遂将百钱撒向空中,待落下时,竟然百钱个个都是字面朝上。顷刻间,将士欢呼,声震林野,士气大振。狄青又命令将钱掩覆,待凯旋之时,再谢神起钱。

故事中大将狄青用百钱预测战事吉凶的做法,反映了我国传统文化中一种极为古老的迷信形式——占卜。何为“占卜”?《说文解字》曰:“占,视兆,问也”,而“卜”指用火灼龟壳。占卜就是通过研究观察火灼龟壳后出现的裂纹形状,判断未知事物或预测吉凶福祸的迷信行为。在中国古代,占卜的方式多种多样,所使用的材料也各不相同。“或以金石,或以草木”(《史记·龟策列传》),或以某种东西的数目、大小、长短等,都可以判断吉凶。故事中狄青抛掷钱币进行占卜的方式称作“钱卜”,还有“签卜”“卦卜”,等等。但最古老的方式还是用龟壳和蓍筮,所谓“龟为卜,蓍为筮”,用龟甲预测叫卜,用蓍草预测叫筮,筮为占卜的一种特殊形式。孔子曰:“蓍之德圆而神,卦之德方以智。”意思是指无论是蓍草还是龟甲,占卜的效应都是圆通明确的,这就在肯定占卜的重要作用。



古人之所以进行占卜,至少有三方面的原因。首先,是为了解除求卜者内心的困惑。孔子曰:“君子将有行也,问焉而以言,其受命而响。”意思是说,一般人在有所作为、有所行动时,因为自己的智慧不够,只好问卦,以解除疑惑。但如果自己修道有成就,智慧能达到《易经》那样高的境界,便不需要靠占卜。若要问事,只要反问自己就知道了。因为感应得很快,只要思想念头一动,就已经知道了。就像只要手一拍声响就出来了一样,这就是神通。其次,在于激励求卜者重燃信心,为事业成功提供保障。像大将狄青就是通过占卜,

图25　周易八卦

既解除了大家对战争能否取胜所产生的疑惑，又极大地鼓舞了全军的士气，为取得胜利做好了准备。再次，占卜是为了得到某种神谕，这也是最为重要的目的。在古人看来，鬼神是存在的。如王符所言，自从盘古开天辟地就有了神和人。神和人由气所化生，精气相通而司职不同。而人事之祸福吉凶的形成，既有外界原因，也取决于人自身的言行，上天难以预料。也就是说，“天”并不是决定祸福吉凶的唯一因素。因此，就需要设立卜筮之职向神灵咨询，即所谓“立卜筮以质神灵”。同时，由于圣人行事谨慎，不愿专断妄为，故询之神灵，就正于鬼神，以求行事之圆满。正如孔子所云：“昔三代明君皆事天地之神明，无非卜筮之用，不敢以其私亵事上帝。”(《礼记》)意思是说，夏商周三朝的明君们，全部都效忠于天上和地下的神明；他们虔诚地通过龟壳和蓍草占卜来领会神意，侍奉神明，从不妄用自己的判断力。可见，凡事要求神问卜，按神的指令办事，神的地位是崇高的。既如此，故事中的狄青无论是向神祷告，还是谢神起钱，都说明他通过占卜是在向神灵咨询。然而，卜筮灵验可信的前提是就正于神灵之人须为“圣贤”“君子”。也就是说，诚正高尚之品格才是感通神灵的关键要素。所以，夏禹得到皋陶，周文王得到吕尚，虽然卦兆向他们预告了迹象，显示了心愿，但禹和文王本身的贤明才是成就其好事的关键。

当然，王符在这段文字中引用孔子和《周易》所言，既在强调蓍草及卦体的神妙无穷，也似在说明儒家对卜筮的肯定态度。因为孔子开创儒家之后，《易经》成为六经之一，而《易经》实质上是一本卜筮书。孔子本人“晚而喜《易》，序《彖》、《系》、《象》、《说卦》、《文言》。读《易》，韦编三绝”(《史记·孔子世家》)，他甚至说：“加我数年，五十以学《易》，可以无大过矣”(《论语·述而》)。说明圣人们很早就开始进行占卜活动，并成为占卜书的作者。因此，推重《周易》这个事实本身，既说明儒家对占卜之道的肯定，也体现出王符对卜筮认同的态度。

其实，伴随着人类文明的开始，我国很早就有了占卜活动，并成为原始宗教的一个重要构成。据《周礼》载，周王朝设有卜官，称太卜，掌管占卜之事。

国家之吉凶、立君、大封、祭祀、用兵、丧事等，都要用龟卜之法。《左传》中也记录了许多占卜、推卦的实例。时至东汉，谶纬思潮盛行，许多普通百姓用谶纬作为占卜吉凶祸福与生命长短的工具，此类方术尤为风行。到了后世，占卜逐渐成为人们的普遍行为，广泛而深刻地影响着古代社会生活乃至政治生活的方方面面，并前后有所变化。比如宋代以前，人们集中地选择所谓“黄道吉日”而运用占卜；到了宋代，人们更多地为预测自己的前程与命运而求助占卜。可以说，占卜作为一种预测吉凶、沟通神人关系的手段，在中国古代历史文化发展进程中发挥过重要的作用。

然而，占卜毕竟是一种迷信活动，具有极为消极的影响。从本质上讲，它是一种欺骗人的手段，是古代君主和政府统治国家的工具，利用它能够压制人民的反抗。王符生活的时代，人们迷信于卜筮，全靠卜筮来断事，迷信盛行到了无以复加的地步，使得民风败坏。对此，王符提出了严正的批判。值得一提的是，今天，当这种迷信方式仍未从人们的思想和习惯中被彻底根除时，需要大家理性地运用自己的聪明智慧，去面对那些无法预知的未来秘密，提高自身价值，为国家创造财富！

【扩展阅读】

导言：无论华夏还是夷狄都有占卜习俗。司马迁认为，自古以来的圣明君王建国立业或决断疑难之事，都参考卜筮结果以做最终决定；通过卜筮助成善事，预测未来。

### 参以卜筮，断以蓍龟

太史公曰：自古圣王将建国受命，兴动事业，何尝不宝卜筮以助善！唐虞以上，不可记已。自三代之兴，各据祯祥。涂山之兆从而夏启世，飞燕之卜顺故殷兴，百谷之筮吉故周王。王者决定诸疑，参以卜筮，断以蓍龟，不易之道也。

蛮夷氐羌虽无君臣之序，亦有决疑之卜。或以金石，或以草木，国不同俗。然皆可以战伐攻击，推兵求胜，各信其神，以知来事。

略闻夏殷欲卜者，乃取蓍龟，已则弃去之，以为龟藏则不灵，蓍久则不神。至周室之卜官，常宝藏蓍龟；又其大小先后，各有所尚，要其归等耳。或以为圣王遭事无不定，决疑无不见，其设稽神求问之道者，以为后世衰微，愚不师智，人各自安，化分为百室，道散而无垠，故推归之至微，要洁于精神也。或以为昆虫之所长，圣人不能与争。其处吉凶，别然否，多中于人。

（节选自《史记》卷一百二十八《龟策列传第六十八》）

**【原文】**

## 敬鬼神而远之

圣人甚重卜筮，然不疑之事，亦不问也。甚敬祭祀，非礼之祈，亦不为也。故曰："圣人不烦卜筮[①]"，"敬鬼神而远之[②]"。夫鬼神与人殊气异务，非有事故，何奈于我？故孔子善楚照之不祀河[③]，而恶季氏之旅泰山[④]。今俗人筴于卜筮[⑤]，而祭非其鬼[⑥]，岂不惑哉！

**【注释】**

①语见《左传·哀公十八年》。烦：麻烦。意为圣人不疑，故用不着占卜占筮。　②语见《论语·雍也》。远(yuàn)之：疏远它，不去接近鬼神。　③楚昭王得病，经过占卜，说是河神作怪。大夫建议祭祀黄河神，楚昭王不听。理由是据三代礼制，诸侯不能祭祀国境以外的山川。孔子称赞说："楚昭王知大道矣，其不失国也宜哉。"事见《左传·哀公六年》。善：称赞。　④按照周礼，只有天子和诸侯才有祭祀"名山大川"的资格。但鲁国大夫季康子却祭祀泰山，孔子认为这是陷于僭窃之罪，让冉有劝谏他。事见《论语·八佾》。恶(wù)：憎恶。旅：祭名。　⑤筴：汪继培疑当作"狎"。狎：亲近。狎于卜筮：动不动就卜筮。　⑥其鬼：指所应祭之鬼。《论语·为政》："非其鬼而祭之，谄也。"

【品读】

法国诗人吕凯特说:“当人抛弃信仰时,可望搬进迷信来。”迷信是指人们对于事物盲目地信仰或崇拜。在我国,迷信一般是指人们信卜巫、星占、风水、命相和神鬼等的思想和行为。迷信能够阻碍社会经济、文化的健康发展,其危害是显而易见的。因此,在迷信盛行的时代,亦不乏反对之人。这段文字,便是王符严正批判东汉迷信之风盛行的集中体现。

王符认为,“今俗人筴于卜筮,而祭非其鬼,岂不惑哉!”意思是说,现在一般世俗的人们迷信卜筮,祭祀那些他们不应祭祀的鬼神,实在是太糊涂了。原来,东汉时期,谶纬迷信盛行,那些浅陋愚蠢的鄙贱妾妇、世俗小人,长期习染迷信,以致屡屡产生伤精破胆的恐惧。为此,王符将其与圣贤进行比较,他认为圣人也很重视占卜问筮,但是碰到没有疑问的事情就不去占卜;圣人敬奉、祭祀鬼神,如果不是礼所需求的,也不去做。所以说,“圣人不烦卜筮”,“敬鬼神而远之”。

据《论语·雍也》载,樊迟问如何才能智慧?孔子说:“务民之义,敬鬼神而远之,可谓知矣。”意思是致力于服务民众的义举,尊敬鬼神但要远离它,就可以说是智慧了。这里,孔子虽然关注的是现实社会生活中的“人事”,但对神秘虚幻的鬼神不肯定,也不否定,甚至不去询问怀疑。这样的态度,应是中国智慧的典型。因为任何寻求、怀疑和思考,都需要运用理性思辨,而用理性思辨很难证实或证伪上帝鬼神的存在。既如此,对待上帝鬼神,就没有必要盲目信从或力加排斥了。当然,这是孔子的观点。王符引用此事,旨在奉劝那些对卜筮没有深刻认知,不明事理的俗人,不要盲目迷信于卜筮,不要全靠卜筮来断事,也不要去祭典那些不该祭祀的鬼神。比如楚国大夫建议楚昭王祭祀黄河神,楚昭王不听。孔子认为楚昭王做得很对,原因是据三代礼制,诸侯不能祭祀国境以外的山川;而季孙到泰山上祭典,孔子认为是错误的,原因是只有天子和诸侯才有资格祭祀,季孙祭祀泰山是僭窃之罪。

其实,世上本无鬼,鬼由人心生。人们之所以心中生出鬼神来,是由于世

道纷乱、灾祸并作,人们生活不定精神困惑不安引起的。王符生活的时代,社会黑暗,民风败坏到了无以复加的地步。特别是,当时迷信鬼神的风气极其盛行。然而,只有愚蠢的人才不会从现实的努力中创造幸福,才会在冥冥之中去祈祷福佑。从这个角度讲,王符对东汉迷信风气的批判,对于今天人们破除迷信,致力于现实的创造,也有着较为积极的劝诫意义。

【扩展阅读】

导言:王充指出,人们关于鬼神观念的产生,不是人死后仍有精神作怪,而是由于人们的思念存想引起的。比如人生病时常常胡思乱想,所以也最容易见鬼,这就从心理上说明了鬼神观念产生的原因。

### 人病忧惧见鬼出

凡天地之间有鬼,非人死精神为之也,皆人思念存想之所致也。致之何由?由于疾病。人病则忧惧,忧惧见鬼出。凡人不病则不畏惧。故得病寝衽,畏惧鬼至;畏惧则存想,存想则目虚见。何以效之?传曰:"伯乐学相马,顾玩所见无非马者。宋之庖丁学解牛,三年不见生牛,所见皆死牛也。"二者用精至矣。思念存想,自见异物也。人病见鬼,犹伯乐之见马,庖丁之见牛也。伯乐、庖丁所见非马与牛,则亦知夫病者所见非鬼也。病者困剧身体痛,则谓鬼持棰杖殴击之,若见鬼把椎锁绳纆立守其旁,病痛恐惧,妄见之也。初疾畏惊,见鬼之来;疾困恐死,见鬼之怒;身自疾痛,见鬼之击:皆存想虚致,未必有其实也。夫精念存想,或泄于目,或泄于口,或泄于耳。泄于目,目见其形;泄于耳,耳闻其声;泄于口,口言其事。昼日则鬼见,暮卧则梦闻。独卧空室之中,若有所畏惧,则梦见夫人据案其身哭矣。觉见卧闻,俱用精神,畏惧存想,同一实也。

(节选自王充《论衡》第二十二卷《订鬼第六十五》,上海人民出版社,1974)

# 巫列第二十六

【题解】

本篇论述巫术、天命、鬼神的关系。王符尽管认为天命、鬼神是存在的，人的吉凶最终由天命起作用，但文章的核心在于强调尽人事。从个人而言，“凡人吉凶，以行为主”，因此提倡重德行，主张“(修)身以俟命”；从国家来说，“国治则民安”，“天喜悦而增历数”，所以帝王要“身修正、赏罚明”，顺民心，行信义，尚贤才。说到底，天命以人事为转移。他对巫术鬼神的见解也服从于此。



【原文】

## 德义无违，鬼神乃享

凡人吉凶，以行为主，以命为决。行者，己之质也[①]；命者，天之制也[②]。在于己者，固可为也；在于天者，不可知也。巫觋祝请[③]，亦其助也，然非德不行。巫史祝祈者[④]，盖所以交鬼神而救细微尔，至于大命[⑤]，末如之何[⑥]。譬民人之请谒于吏矣，可以解微过，不能脱正罪。设有人于此，昼夜慢侮君父之教，干犯先王之禁，不克己心，思改过善[⑦]，而苟骤发请谒[⑧]，以求解免，必不几矣[⑨]。不若修己，小心畏慎，无犯上之必令也[⑩]。故孔子不听子路，而云“丘之祷久矣[⑪]”。《孝经》云：“夫然，故生则亲安之，祭则鬼享之[⑫]。”由此观之，德义无违，鬼神乃享；鬼神受享，福祚乃隆[⑬]。故《诗》云：“降福穰穰，降福简简，威仪板板。既醉既饱，福禄来反⑭。”此言人德义美茂，神歆享醉饱⑮，乃反报之以福也。

（选自彭铎《潜夫论笺校正》卷六《巫列第二十六》，下同）

【注释】

①质：本质，素质。 ②制：掌管，控制。 ③巫觋（xì）：古代称能以舞降神的人。女的叫巫，男的叫觋。 ④巫史：泛指掌管祭司占卜的官。求神占卜者称巫，掌天文、星象、历数、史册者称史，其初往往由一人兼任，统称“巫史”。 ⑤大命：犹言天命。这里指天年，寿命。《左传·哀公十五年》：“使人逢天之慼，大命陨队。” ⑥末：表否定的副词，没，没有。 ⑦汪继培说“善”上脱一字。 ⑧骤：屡，频繁。 ⑨几：通“冀”，希望。 ⑩必令：汪继培疑为“令必”之倒。全句应为“无犯上之令，必也”。必：指一定不犯罪。 ⑪《论语·述而》：子疾病，子路请祷。子曰：“有诸？”子路对曰：“有之；诔曰：‘祷尔于上下神祇’。子曰：丘之祷久矣。”这里的意思是说，孔子是圣人，平时的言行已符合神明，再没有必要进行祈祷。 ⑫见《孝经·孝治章》邢注：“夫然者，上孝理（治）皆得欢心，则存安启荣，没享其祭。”享：向鬼神祖先献祭品，或鬼神享受祭品。 ⑬祚（zuò）：福。隆：盛大。 ⑭语见《诗经·周颂执竞》。穰穰（ráng）：众多。简简：大。板板：有节有序。反：通“返”，报答。 ⑮歆（xīn）：享，鬼神享用供品的香气。

【品读】

这段文字，王符承认天命、鬼神的存在，也强调尽人事的作用，但核心是注重德行。不以德行为根本，上天就不可能降福，祭祀和巫觋也就失去了意义，这就论述了吉凶、德义与祭祀之间的关系。

王符认为，人的吉凶祸福是由“行”与“命”共同决定的，其中“命”为天之裁决，是个人无法控制的因素，而“行”为己之禀性，是个人可以通过修养完善而有所改变的。王符的说法反映了我国古老的天命观。古人认为，天具有无

与伦比的神力，它是有意志、可发布命令的人格神，可主宰人间的一切。比如殷商时期的人们就特别信奉“天”的威力并对它加以膜拜，而周人在此基础上更希望达到与“天”的沟通，渴望通过自己的作为去“受天明命”，即得到上天的认可就接受天命，否则就要受到上天的惩罚。孔子说，“天丧余！天丧余！”(《论语·先进》)，“死生有命，富贵在天”(《论语·颜渊》)。天是个体命运的主宰者，但人并非要在“天”“命”面前消极等待，而是积极争取，努力挖掘个人的潜力，所谓“尽人事以应天命”。周人说，天命是存在的，只是没有固定不变的天命，天命是可以转移的。同时，天命虽然无常，但有德者能保持住天命。有没有“德”，是有没有“天命”、有没有天下的先决条件，因此强调要“明德”“敬德”。在周人看来，可以护佑住天命的“德”是各种美德的总称，它是周王的懿行，是尊天，是敬祖，是保民，几乎涵盖统治者德性的全部。

周人对“德”重视的观念深深影响着后世。从所选文字来看，王符以“德”为“巫觋祝请为助”之前提。他认为，“德义无违”是“鬼神乃享，福祚乃隆”的先决条件。那些常常傲慢，轻侮君主与父辈教诲，违犯先王禁令，不能克制自己私欲，不想改过从善的人，有罪过无德义，他们与其不断地向官吏求情，不如修养身心、小心谨慎。也就是说，王符十分注重德行的作用，而要做到“德义无违”，就要通过个人的努力。这种偏重人事努力的主张，反映出王符是力“行”主义者。当然，王符关于“行”与“命”的划分，仍有值得辨析之处。比如，王符所说的“行”是指“己之质”，即个人的行为。那么，人之禀性是否完全由后天努力来决定？其中是否有承之于“命”的部分？若“己之质”中有先天成分存在，又如何能说是绝对的“可为”？当然，在此处，王符并没有进行义理的思辨，只是一再强调修德进业之必要。

其实，孔子也说过“天生德于予”(《论语·述而》)，认为天是个人德性与智慧的赋予者。修养德行既然如此重要，王符认为它才是趋吉避凶之根本，而巫觋祝祷只不过是与鬼神沟通以补救过失的一种方法而已。当然，这并不等于说鬼神不重要，对鬼神就可以不祭祀。孔子说，“死，葬之以礼，祭之以礼”(《论语·为政》)。在提倡事人为主的同时还要求事鬼神，而事鬼神又必须以“礼”为准则。圣人对鬼神的态度,是祭其所当祭者,不滥行祭祀。因为人有爵位之别,而鬼神亦有尊卑之分,只不过他们祭祀的对象不同罢了。同时,只有平时不违背道德礼仪的人,祭祀的时候鬼神才会享用他的祭品;鬼神充分享用了他的祭品之后,降给他的福禄才会隆重。至此,王符将吉凶、德义与祭祀三者的关系揭示为:德义是根本,祭祀是手段,吉凶是结果。而巫觋不过是祈祷、祭祀的执行者,对人的祸福、生死不能产生重要作用。

【扩展阅读】

导言:事情的发生都是有起因的,荣辱的降临也与德行相应,言语可能招祸,行为可能招辱,君子为人处世不能不保持谨慎。

### 荣辱之来,必象其德

物类之起,必有所始。荣辱之来,必象其德。肉腐出虫;鱼枯生蠹。怠慢忘身,祸灾乃作。强自取柱,柔自取束。邪秽在身,怨之所构。施薪若一,火就燥也;平地若一,水就湿也。草木畴生,禽兽群焉,物各从其类也。是故质的张而弓矢至焉;林木茂而斧斤至焉;树成阴而众鸟息焉;醯酸而蜹聚焉。故言有召祸也;行有招辱也。君子慎其所立乎!

(节选自《荀子简释》第一篇《劝学》)

【原文】

### 人有爵位,神有尊卑

且人有爵位,鬼神有尊卑。天地山川、社稷五祀[①]、百辟卿士有功于民者[②],天子诸侯所命祀也[③]。若乃巫觋之谓独语[④],小人之所望畏[⑤],土公、飞尸、咎魅、北君、衔聚、当路、直符七神[⑥],及民间缮治微蔑小禁[⑦],本非天王所当惮也[⑧]。

【注释】

①《礼记·王制》:“天子祭天地,诸侯祭社稷,大夫祭五祀。天子祭天下之名山大川,诸侯祭名山大川之在其地者。”五祀:古代祭祀的五种神。具体指哪五种,古代说法不一。一说指五官之神,即句芒(木德之神)、蓐收(金德之神)、玄冥(水德之神)、祝融(火德之神)、后土(土德之神),见《周礼·春官·大宗伯》“以血祭祭社稷五祀五岳”注。一说天子立七祀,诸侯立五祀,大夫立三祀。 ②百辟:指诸侯。卿士:此文指王朝的执政者。 ③命祀:遵天子之命所进行的祭祀。《左传·僖公三十一年》:“不可以间成王、周公之命祀。”《国语·鲁语上》“大惧乏周公、太公之命祀”韦注:“贾、唐二君云:‘周公为太宰,太公为太师,皆掌命诸侯之国所当祀也。’”由此可知,古代诸侯祭祀什么鬼神,得由天子或王朝执政者授命。以此类推,大夫祭祀什么鬼神,得由诸侯授命。所以此文说,上述各种神祇,是“天子诸侯所命祀也”。 ④谓独:彭铎先生说,疑当作“请祷”。 ⑤望畏:敬畏。 ⑥七神:旧说都是主宰住宅的神。 ⑦缮治:修缮住宅。 ⑧天王:指帝王。



【品读】

《礼记·祭统》云:“凡治人之道,莫急于礼。礼有五经,莫重于祭。”礼,是儒教治国的最重要手段。礼有五种,祭礼是其中最重要的一种。在我国古代,祭礼有着完整的体系和严格的等级,形成了宗庙祭祀制度。

宗庙祭祀制度属宗法制度。宗法制度以血缘关系为基础,是在父权家长制的基础上不断扩大发展起来的。宗法制度下的各级贵族之间,按其辈分的高低、宗族的亲疏确立各级贵族等级地位,组成了“君君臣臣”“父父子子”的统治网络。反映在祭祀上,也有着严格的等级区别,如王符所言:“且人有爵位,鬼神有尊卑”。从天子到诸侯,从三公到九卿,甚至连鬼神都有高低贵贱之分。因此,在祭祀上,天地山川、社稷五神、诸侯卿士,只要是有功于民的,都是天子诸侯应祭祀的对象;而像巫觋,小人所敬畏祈祷的土公、飞尸、咎魅、北君、衔聚、当路、直符这七种神灵,以及民间修缮房屋时的微小禁忌,就不是天子所应当惧怕的。同时，等级不同，祭祀的对象也有严格的区分，不能混淆，正所谓“王子祭天地，诸侯祭社稷，大夫祭五祀。天子祭天下之名山大川，诸侯祭名山大川之在其地也”(《礼记·王制》)。不过，只有天子才可以祭天的制度，在宋代以后，实际上已被打破——民众亦可祭天。但始终没有取得合法地位。其实，祭祀应区别等级的说法，有其理论依据。因为“神不歆非类，民不祀非族”(《左传·僖公十年》)，即神不享受不该自己享受的祭祀，民不祭祀不该自己祭祀的鬼神。哪些该祭，哪些不该祭，其标准是礼。而礼的根据是血缘亲属关系的远近，“神不歆非类”，因为自己的父祖不会随便吃别人的东西；“民不祀非族”，因为人不能撇下自己的父祖去孝敬别人，假如祭祀了自己不该祭祀的鬼神，就是谄媚，所谓“非其鬼而祭之，谄也”(《论语·为政》)。

图26　宗庙祭祀

当然，在祭祀中发挥重要作用的是巫觋。古人认为，巫觋能够与鬼神相沟通，能调动鬼神之力为人消灾致富，如降神、预言、祈雨、医病等等，久而久之成为古代社会生活中一种不可缺少的职业。在历史上，巫觋的地位在不同

时期发生过转移。比如殷商、西周时期巫觋掌握着政治权力。东周时逐渐脱离政治并向民间转化,从而形成了宫中巫官和民间巫觋两种类型。在汉代,巫觋较为流行,遍布朝野上下,所谓“可怜夜半虚前席,不问苍生问鬼神”(李商隐《贾生》),正是当时巫文化浓厚氛围的体现。而到了汉末,“又大畅巫风,而鬼道愈炽”(鲁迅《中国小说史略》),巫术与谶纬神学相通,乱法干政、惑众造反之事屡屡发生,甚至影响到汉代的学术与宗教。加上“愚民无识,信妖邪”,社会风气极其混乱。生活于这个时期的王符,专写《巫列》篇,对巫术鬼神的批判不言而喻。

【扩展阅读】

导言:王充通过追溯圣王先贤为人类所建立的功业,指出人世间的祭祀在于报答功劳和敬奉祖先,在于勉励活人尽力,尊崇恩德。祭祀是圣王实现“功立化通”的一种手段,这就论述了祭祀的作用和意义。



## 报功以勉力,修先以崇恩

凡祭祀之义有二:一曰报功,二曰修先。报功以勉力,修先以崇恩。力勉恩崇,功立化通,圣王之务也。是故圣王制祭祀也,法施于民则祀之,以死勤事则祀之,以劳定国则祀之,能御大灾则祀之,能捍大患则祀之。帝喾能序星辰以著众,尧能赏均刑法以义终,舜勤民事而野死。鲧勤洪水而殛死,禹能修鲧之功。黄帝正名百物以明民共财,颛顼能修之。契为司徒而民成,冥勤其官而水死,汤以宽治民而除其虐。文王以文治,武王以武功去民之灾。凡此功烈,施布于民,民赖其力,故祭报之。宗庙先祖,己之亲也,生时有养亲之道,死亡义不可背,故修祭祀,示如生存。推人事鬼神,缘生事死。人有赏功供养之道,故有报恩祀祖之义。

(节选自《论衡》第二十五卷《祭意第七十七》)

# 相列第二十七

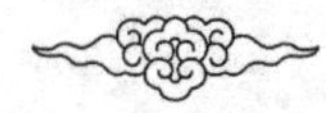

【题解】

相：形貌。本篇论述人的形貌（骨形、体相）与人的性格、命运的关系。王符认为人的体相、骨相都与自然万物相类似，皆禀受五行八卦之气而生。由于人们所禀受的五行八卦之气不同，因而相和命也都各异。而这一切都是天授予的，这充分反映了王符的自然命定论思想。但他用“玉不琢，不成器”的比喻，强调了后天修养德行的重要性，有其积极作用。虽然他认为后天的德行较之于“天授的性命”居从属地位，但他强调两者的互相交错影响对人生事业成败的关系，在当时也是可贵的。王符在文章中以人的体相、骨相等生理现象去解释富贵贫贱等社会现象显然是错误的。





【原文】

### 以德行为招

夫骨法为禄相表，气色为吉凶候[①]，部位为年时[②]，德行为三者招[③]，天授性命决然。表有显微，色有浓淡，行有薄厚，命有去就。是以吉凶期会，禄位成败，有不必[④]。非聪明慧智，用心精密，孰能以中[⑤]？

（选自彭铎《潜夫论笺校正》卷六《相列第二十七》，下同）

【注释】

①候：征候，征兆。 ②汪继培说，"时"下脱一字。句意谓人体器官的部位是寿命长短的表征。 ③招：箭靶，准的。这里以射箭为喻，意思是：人的德行是标准，能影响禄相、吉凶、年时。 ④汪继培说，"必"下有脱字。意为有例外，不一定都如此。 ⑤中(zhòng)：指相中，看准。

【品读】

天地万物，必有其相。古人认为，相就是天地万物生命流动的特征。人活动在天地万物之中，其形其态，亦是人的生命形态的反映。从这种生命形态的状况即可预知其未来。

汉初邓通是汉文帝的宠臣，地位几乎与皇帝一样尊贵。但著名女相士许负看了邓通的面相后，竟说他"纵纹入口，当饿死"。汉文帝说："富贵在朕。"随即将蜀道之间的铜山赐给了邓通，让他铸钱自享。汉景帝即位后，认为邓通违法铸钱，邓通被迫流亡，终于穷困潦倒，饿死在街头。许负也给名将周亚夫看过相，当时的周亚夫尚未封侯，许负说他三年后封侯，八年后出将入相，并把持国政，极为隆贵。但再过九年，必当饿死。周亚夫笑而不信，许负指着他的口说，"有纵理入口，此饿死法也"。后来周亚夫果然饿死。明代永乐年间，相术以女子体香为贵，体臭为恶，于是当时后宫选用妃子，必须令待选女子穿厚棉衣急跑，直到汗出，让人闻闻味道，然后决定取舍。而明成祖朱棣一心想纳个方脸女子为妃，相士袁珙连忙出来劝谏，说："凡方脸都为虎脸，多犯杀星，岂能入宫为贵人?"于是皇帝只好作罢。这些例子都似乎说明：人一生的寿夭祸福可由其面部、手足、行走及声音而窥见。骨相是人福禄的标识，气色是吉凶的征象，器官的部位是寿命的表征。究其原因，在古人看来，人由天地之气所化生，故人之形体与天地相通，人的身相已具备五行八卦之气，也就是说，天授予人的生性及命相是断然有定的，正所谓"天授性命决然"。

然而，天不是决定吉凶祸福的唯一因素，吉凶祸福也受人之德行的影响，正所谓"德行为三者招"，也就是说人的禄相、吉凶、寿命都是以德行为标准

的。而德行有醇厚浇薄之分，因此，吉凶祸福就有不一定符合体相的情况。比如，历史上的夏桀和殷纣，据说长相俊美，生就一副帝王像，虽被赋予了巨大的力量，却落得四面楚歌，毁了自己也毁了整个王朝的命运。其原因在于，他们是暴君，没有任何德行可言，他们吉凶的遇合与其体相不符。又如阳货的相貌很像孔子。阳货是鲁国乱臣之首，谋杀季桓子及其全家，在今河南追州十里地的匡暴虐行事。有一天，孔子经过那里，被人误认为是阳货，把他抓了起来，要杀他。三天后，知道抓错了，才把孔子放了。这里，一个是圣人，一个是卑鄙的叛乱者，他们禄位的成败，因为实施德行的不同，也与其体相不符。而楚国大夫叶公子高，长得又瘦又小，走起路来连衣服都撑不起来，但白公之乱时，叶公子高却引兵入楚，诛杀了白公，安定了楚国，行事如翻过手掌一样轻松自如，他的德义和功名，远扬后世。可见，王符所说的体形骨相不过是人发展的基础，真正起决定作用的是人之作为。上天所赋予的命数当然是存在的，而德行可以调整福禄、吉凶、年寿的既定准则。因此，人之命运有“去”有“就”，有变化者，有不变者。如此说来，吉凶之应验、禄位之成败就可能产生不合体位骨相的情形，“命”是有可能随“行”而转变的。

总之，在这段文字中，王符强调人的吉凶祸福、贫困贵贱不但取决于相貌，还取决于德行，所以看相时的预测有时不一定能成为事实。同样，一个人的天性命运由不得自己，但其德行完全取决于自己。也就是说，在某种程度上，一个人的吉凶祸福掌握在自己手中。这样的论述，无疑是积极的。

【扩展阅读】

导言：荀子指出，相面是古代所没有、学者所不齿的方术，它与人的吉凶无关。观察人的相貌不如考察他的思想，考察他的思想不如鉴别他立身处世的方法，作者以大量的实例证明了相面术的虚妄。

### 不以美恶形相论人

相人，古之人无有也，学者不道也：——

古者有姑布子卿，今之世梁有唐举，相人之形状颜色而知其吉凶妖祥，世俗称之；古之人无有也，学者不道也。

故相形不如论心；论心不如择术。形不胜心；心不胜术。术正而心顺之，则形相虽恶而心术善，无害为君子也。形相虽善而心术恶，无害为小人也。君子之谓吉，小人之谓凶。故长短小大善恶形相，非吉凶也，古之人无有也，学者不道也。

盖帝尧长，帝舜短；文王长，周公短；仲尼长，子弓短。昔者，卫灵公有臣曰公孙吕，身长七尺，面长三尺，焉广三寸，鼻目耳具，而名动天下。楚之孙叔敖，期思之鄙人也，突秃长左，轩较之下，而以楚霸。叶公子高，微小短瘠，行若将不胜其衣然；白公之乱也，令尹子西司马子期皆死焉，叶公子高入据楚，诛白公，定楚国，如反手尔，仁义功名善于后世。故事不揣长，不揳大，不权轻重，亦将志乎尔，长短大小、美恶形相，岂论也哉！

（节选自《荀子简释》第五篇《非相》）



【原文】

## 相与命同

昔内史叔服过鲁[①]，公孙敖闻其能相人也[②]，而见其二子焉[③]。叔服曰："谷也食子，难也收子，谷也丰下，必有后于鲁[④]。"及穆伯之老也，文伯居养；其死也，惠叔典哭[⑤]。鲁竟立献子[⑥]，以续孟氏之后。及王孙说相乔如[⑦]，子上几商臣[⑧]，子文忧越椒[⑨]，叔姬恶食我[⑩]，单襄公察晋厉[⑪]，子贡观邾鲁[⑫]，臧文听御说[⑬]，陈咸见张[⑭]，贤人达士，察以善心，无不中矣。及唐举之相李兑、蔡泽[⑮]，许负之相邓通、条侯[⑯]，虽司命班禄[⑰]，追叙行事[⑱]，弗能过也。

【注释】

①内史：周代官名。叔服：春秋时周的大夫，官内史。过：拜访、访问。②公孙敖：即孟穆伯，春秋时鲁国大夫。 ③见其二子：使其二子见叔服。

见:使动,使……见。 ④谷,即下文的文伯;难,即下文的惠叔。文伯、惠叔为公孙敖的两个儿子。食(sì):供养,奉祭祀。收:收葬。丰下:指面部下端丰满。以上事见《左传·文公元年》。 ⑤王绍兰说,“典哭”当作“典丧”。 ⑥献子:即文伯的儿子孟献子。以上事见《左传》文公十四年、十五年。 ⑦乔如:叔孙乔如,鲁国大夫。王孙说看乔如的面相,说他方上而锐下,宜触冒人。事见《国语·周语》。及:连词,至于。 ⑧子上:春秋时楚成王的令尹。商臣:楚成王的儿子。成王立商臣为太子,子上不同意,说过“商臣眼睛像胡蜂,声音像豺狼,是个残忍的人,不能立为太子”。以后成王想废黜商臣,商臣率兵围杀成王自立为穆王。事见《左传·文公元年》。几:察。 ⑨子文:楚穆王的令尹。越椒:子文弟弟司马子良的儿子,后为楚庄王的令尹,因作乱兵败被杀。当初子文认为越椒“熊虎之状而豺狼之声”,不杀必有灭族之祸,曾劝子良杀之。事见《左传·宣公四年》。 ⑩叔姬:羊舌肸(xī,字叔向)的母亲。食我:羊舌肸的儿子伯石,因助乱而灭族。食我生下时,叔姬闻其声说:“是豺狼之声也,狼子野心。非是莫丧羊舌氏矣!”事见《左传·昭公二十八年》。 ⑪单襄公:名单(shàn)朝,周简王的卿士。晋厉:晋厉公。单襄见晋厉公“视远步高”,盛气凌人,预言晋国将有灾祸。事见《国语·周语》。 ⑫子贡:孔子的学生,姓端木名赐。邾:指邾隐公。鲁:指鲁定公。邾隐公朝拜鲁定公,子贡观礼,他见二君的表情和行动,认为不符合周礼,就预言他们将要死亡。事见《左传·定公十五年》。 ⑬臧文:鲁国大夫臧文仲。御说:公子御说,宋庄公的儿子,后继位为宋国国君。臧文仲从别人那里听到了公子御说讲过的一番话,认为他“有恤民之心”,宜于当国君。事见《左传·庄公十一年》。 ⑭“张”下脱一字,未详。 ⑮唐举:战国时魏国人,善于相命。李兑:战国时赵国司寇,曾参加沙丘之乱,困死赵武灵王。蔡泽:战国时燕国人,秦昭王时继范雎为秦相。唐举曾相李兑,说他百日之内掌国家大权。又相蔡泽,说他还能活四十三年。事见《史记·范雎蔡泽列传》。 ⑯许负:西汉时善于相命的人。条侯:周亚夫。许负相周亚夫,说他过三年封侯,再过八年为相,权势无双,再过九年饿死。事见《史记·绛侯周勃世家》。《史记·佞幸列传》载,文帝使善相者相邓通，说“当贫饿死”，帝赐铜山，使自铸钱。但最后还是饿死了。没有说相者是许负，可能王符别有所据。 ⑰司命：星名，古人认为它主管人间寿命爵禄等。司：主管，掌管。班禄：分列爵禄等级。班：列，规定等级。 ⑱行事：往事。

【品读】

常言道：“人不可貌相，海水不可斗量”，“知人知面不知心”。意为仅从外貌和长相是不能真正了解一个人的。然而，在中国古代漫长的岁月里，人们总是将人的形貌（骨形、体相）特征与性格、命运、吉凶联系起来，使形貌特征成了中国人关于命运的象征符号。

传说汉高祖刘邦长着一副像龙一样的面孔，鼻子丰隆，胡须飘逸不凡，左大腿生有七十二黑子。当他还是一个小吏时，吕公以面相术观察他，知道他日后必得天下，就把女儿嫁给了他。汉代名将卫青出身卑贱，是一个小官吏与一个小婢女的私生子，不料一个相士看了卫青的面相后，竟说他“贵至封侯”。后来卫青从军，五次带兵出击匈奴，因屡建战功，竟越级封爵，果应相士之言。宋代著名文学家欧阳修年少之时，有个相士说他“耳白于面，朝野闻名，唇不盖齿，无事招嫌”（苏轼《东坡志林》）。后来，欧阳修虽官至宰辅，终因遭谤而辞官。可见，在古人看来，形貌特征与命运有一种神奇的对应关系，因此可以通过形貌来判断一个人的命运。正如东汉思想家王充在其《论衡·骨相》中所云：“故知命之工，察骨体之正，睹富贵贫财，犹人见盘盂之器，知所设用也……富贵之骨，不遇贫贱之苦；贫贱

图27 刘邦像

之相，不遇富贵之乐。”意思是说，要知道一个人的“命”，只要观察他的骨骼形体及皮肤纹路，就能做出灵验的判断。骨相是自然生就、禀气而成，它决定了一个人一生的命运。因此，生就富贵骨相的人，不会遭受贫贱之苦；生就贫贱骨相的人，也不会享受到富贵之乐。

王符在某种程度上认同上述观点，因为他在这段文字中列举了诸多历史典故，似在揭示人的形貌特征与命运吉凶的某种联系。比如：文伯下颔丰满，被认为其后嗣必在鲁国昌盛。后来，鲁国终于立了文伯的儿子献子为后，来继承孟氏家族。而楚成王的儿子商臣，被认为是个残忍的人，不能立为太子，原因是他的眼睛像胡蜂，声音像豺狼。后来，成王想废黜商臣，商臣竟率兵围杀成王自立为穆王。还有拥有“熊虎之状而豺狼之声”的越椒，有着“豺狼之声，狼子野心”的伯石，“视远步高”、盛气凌人的晋厉公，以及被唐举相面的李兑、蔡泽，被许负相面的周亚夫、邓通，等等。故事中这些被相面的主人公，其命运最终被一一应验。这样的结果，正如精通中国相术的西方相学家泰勒斯·马尔所说，“中国的相士们除了认为一个人的面貌形状与位置及其他特征足以显示他的性格外，还可以显示他的命运”。

其实，众所周知，人的形貌与命运之间并无必然的联系。因此，王符通过形貌判断命运的说法体现了自然命定论的思想，具有一定的历史局限性，也反映了当时的社会氛围。东汉时期，许多人仕途际遇不同，成功者喜悦，落难者颓废。这些现象必然引起人们的感慨与思考。有的人不能从社会人事中寻找原因，只好以命的厚薄、气运的顺逆聊以自慰，或者为得官失职而思忖自己命运的吉凶。而这样的社会环境和精神状态为相术的发展和看相习俗的风行创造了合适的温床，也为王符谈论相列提供了可能。不过，王符在《相列》篇的其他段落又认为：最终影响人生际遇的还不是相术家所凭据的形貌，而是要靠社会的力量和后天的努力。可以说，这种不完全反对相术，但又质疑相术的观点是给当时社会上盲目相信相术的人的一副清醒剂。

【扩展阅读】

导言：王充结合圣人贤才的相貌，指出人的骨骼、形体、面貌、声气为人的表象，表象是人禀受天地之气而成的，详察表象就能知道命运，叫作骨相、骨法。

## 察表候以知命

人曰命难知。命甚易知。知之何用？用之骨体。人命禀于天，则有表候于体。察表候以知命，犹察斗斛以知容矣。表候者，骨法之谓也。传言黄帝龙颜，颛顼戴午，帝喾骈齿，尧眉八采，舜目重瞳，禹耳三漏，汤臂再肘，文王四乳，武王望阳，周公背偻，皋陶马口，孔子反羽。斯十二圣者，皆在帝王之位，或辅主忧世，世所共闻，儒所共说，在经传者较著可信。若夫短书俗记、竹帛胤文，非儒者所见，众多非一。苍颉四目，为黄帝史。晋公子重耳仳胁，为诸侯霸。苏秦骨鼻，为六国相。张仪仳胁，亦相秦、魏。项羽重瞳，云虞舜之后，与高祖分王天下。

陈平贫而饮食不足，貌体佼好，而众人怪之，曰："平何食而肥？"及韩信为滕公所鉴，免于鈇质，亦以面状有异。面状肥佼，亦一相也。

（节选自《论衡》第三卷《骨相第十一》）

# 梦列第二十八

【题解】

本篇专论占梦。王符既认为梦有灵应，又强调只要人常戒慎修省、以德迎之，就可以逢凶化吉。其大旨与以上三篇相同，均在于勉励人务实进善。

【原文】

## 梦有十说

凡梦：有直，有象，有精，有想，有人，有感，有时，有反，有病，有性。

在昔武王，邑姜方震太叔[①]，梦帝谓己："命尔子虞，而与之唐[②]。"及生，手掌曰"虞"[③]，因以为名。成王灭唐，遂以封之。此谓直应之梦也[④]。《诗》云："维熊维罴，男子之祥；维虺维蛇，女子之祥[⑤]。""众维鱼矣，实维丰年；旐维旟矣，室家蓁蓁[⑥]。"此谓象之梦也[⑦]。孔子生于乱世[⑧]，日思周公之德，夜即梦之[⑨]。此谓意精之梦也[⑩]。人有所思，即梦其到；有忧即梦其事。此谓记想之梦也。今事[⑪]，贵人梦之即为祥，贱人梦之即为妖，君子梦之即为荣，小人梦之即为辱。此谓人位之梦也[⑫]。晋文公于城濮之战，梦楚子伏己而盬其脑，是大恶也。及战，乃大胜[⑬]。此谓极反之梦也。阴雨之梦，使人厌迷；阳旱之梦，使人乱离；大寒之梦，使人怨悲；大风之梦，使人飘飞。此谓感气之梦

也。春梦发生[14]，夏梦高明[15]，秋冬梦熟藏。此谓应时之梦也。阴病梦寒，阳病梦热[16]，内病梦乱，外病梦发[17]，百病之梦，或散或集。此谓气之梦也[18]。人之情心，好恶不同，或以此吉，或以此凶。当各自察，常占所从[19]。此谓性情之梦也。

（选自彭铎《潜夫论笺校正》卷七《梦列第二十八》）

【注释】

①邑姜：周武王之妻，成王之母。震：同“娠”（shēn），怀孕。太叔：武王子、成王的弟弟叔虞。 ②唐：诸侯国名，在今山西翼城境内。与之唐：给他唐国之地。 ③《左转·昭公元年》作“及生，有文在其手，曰虞。” ④直应之梦：指与梦境直接相应。以上事见《左传·昭公元年》。 ⑤见《诗·小雅·斯干》。原诗这几句是写占梦的。郑笺：“熊罴在山，阳之祥也，故为生男。虺蛇穴处，阴之祥也，故为生女。”维：是。罴（pí）：熊的一种。虺（huǐ）：一种毒蛇。 ⑥见《诗·小雅·无羊》。原诗这几句也是写占梦的。郑笺：“鱼者，庶人之所以养也，今人众相与捕鱼，则是岁熟相供养之祥也。溱溱，子孙众多也。”孔颖达《毛诗正义》：“岁熟民滋是国之休庆也。”“众维”的“维”：乃，助词。“实维”的“维”：是。“旐维”的“维”：与。（用《经义述闻》之说）旐（zhào）：一种画有龟蛇的旗。旟（yú）：一种画有鹰隼（sǔn）的旗。旐、旟都是聚众的旗。蓁蓁：《毛诗》作“溱溱”，义同。 ⑦象：王宗炎说，“象”下脱一字。意为象征性的梦境。 ⑧《庄子·让王》：“孔子曰：‘今吾抱仁义之道，以遭乱世之患。’”语本此。 ⑨事见《论语·述而》：“子曰：‘甚矣吾衰矣！久矣吾不复梦见周公’！” ⑩意精：心意精专。 ⑪彭铎先生说，“今事”犹言“今一事也”，古人语急，得简言之。 ⑫人位：指人的社会地位。 ⑬晋文公：春秋五霸之一，姓姬名重耳。城濮：春秋时卫国地名，在今河南陈留县境内。公元前632年，晋楚两国战于城濮。晋大胜，公文遂大会诸侯，成为霸主。楚子：指楚成王。伏己：伏于自己身上。盬（gǔ）：吸饮。事见《左传·僖公二十八年》。 ⑭《初学记》引《梁元帝纂要》：“春曰青阳，亦曰发生”，指草木萌发生长。 ⑮高

明:高远明爽,这里指百物繁茂。 ⑯《素问·脉要精微论》云:"阴盛则梦涉大水恐惧,阳盛则梦大火燔灼。" ⑰发:疑借为"废",指肢体偏废。 ⑱孙志祖说,"气"上当有"病"字。汪继培按:《素问·举痛论》云:"皇帝曰:'余知百病生于气也。'"《论衡·订鬼篇》云:"病笃者气盛。" ⑲占:占算,测算。所从:所以来,指所由发生。

**【品读】**

俗话说:"白日做梦","黄粱美梦","痴人说梦","梦想成真",等等。梦是人们常见的生活内容之一,自从有了人类以来便有了梦,而且人人都做梦。梦,或给人以陶醉,或给人以恐惧,或给人以回味。因此,古往今来,有人迷信,有人研究,有人描述,有人比喻。连王符也提出了自己对梦的看法,这段文字便是对梦的分类。

王符把梦分为十类:"凡梦:有直,有象,有精,有想,有人,有感,有时,有反,有病,有性。"这是王符论梦的总纲,是他梦理论中最基本、最重要的部分。对于"十梦"的含义,王符依次做了论证。

"直梦",王符认为是"直应之梦也",即梦和现实直接呼应。为此,他举出太叔的母亲邑姜梦见天帝给太叔起名封地的故事。梦中的天帝对邑姜讲得十分清楚,等到太叔出生时,太叔手掌上确有纹路"虞"字为证,后来还被封给唐国之地。这样,有是梦则有是事,王符关于"直梦"的说法似乎真实可信。但实际上,这种解释完全是一种附会。唐代孔颖达在《左传》疏中考证说:"隶书起于秦末,手纹必非隶书。《石经》古文'虞'作'㕛',手纹容或似之。"因此,不能认为手纹是天帝刻的字。至于梦中天帝所说的话,更令人难以置信。

如果说"直梦"是指梦和现实完全一致的话,"反梦"则指梦和现实完全相反,即"极反之梦也"。比如,晋文公在城濮决战中梦见楚成王伏在自己身上吮吸脑髓,是一场噩梦,但在交战之后,晋军却大胜。事实上,在民间解梦当中,常有梦里所见与事实相反的说法,最著名的例子就是"黄粱美梦"的典故。说卢生在梦中享尽了荣华富贵,醒来时,蒸的黄粱米饭尚未熟,只落得一

场空。可见，王符讲述的“反梦”，其迷信色彩十分浓厚。

图28　黄粱美梦

迷信色彩浓厚的还有“象梦”。王符说象梦就是象征性的梦境，比如《诗经》上讲，梦见熊或罴，是生男的吉兆；梦见虺或蛇，是生女吉兆；梦见大鱼成群游，是丰年好兆头；梦见旐旟高高飘，意味家室兴旺福无穷。可见，王符所说的象梦就是指与吉凶有关的形象，是指梦意在梦境内容中通过象征手段表现出来的梦，这和弗洛伊德关于梦的象征性的说法是一致的。弗洛伊德认为，梦中的各种事物都是一种象征，只有弄清梦象征意义，才能挖掘出梦的本质。比如在梦中出现的皇帝和皇后通常代表父亲和母亲，王子和公主代表本人。又如棍子、树干、雨伞等长形物体或刀子、匕首、长矛等有穿透力的武器代表男性，而箱子、柜子、炉灶等有开口的物品代表女性。

在谈“感梦”“时梦”“病梦”时，王符注意到梦有生理病理的原因和特征。比如“感梦”，即感气之梦，就是气的运行左右人梦中的感觉。王符说：“风雨寒暑谓之感”。“阴雨之梦，使人厌迷；阳旱之梦，使人乱离；大寒之梦，使人怨悲;大风之梦,使人飘飞。此谓感气之梦也。"这里所说的阴雨、阳旱、严寒、大风之类,在中国古代医学和哲学中都属于"气"的范畴。在王符看来,这些气在人睡眠时刺激人体,使人必有所感,有感就产生厌迷、乱离、怨悲、飘飞等梦境或梦象。因此,王符所解释的"感气之梦",一方面有医学的影响,另一方面也有生活的经验。

对于"时梦",王符认为是应时之梦,就是有季节时令特征的梦。比如,春天是万木萌生的时节,夏天是云高天明的时节,秋冬是谷物成熟和收藏的时节,故而"春梦发生,夏梦高明,秋冬梦熟藏"。这种观点注意到了时象对梦象的影响,指出了时象与梦象的联系,是较为合理的说法。

关于"病梦",王符说,"阴病梦寒,阳病梦热,内病梦乱,外病梦发,百病之梦,或散或集。此谓气之梦也"。即梦的发生是由物质的生理病理因素所致,而无半点天帝或神灵启示的成分在内,不同的病会导致不同的梦。这就清楚全面地揭示了梦因的物质基础,是值得肯定的。不过,王符在此以"气之梦"代"病梦",是因为当时以《内经》为代表的一些中医学著作已经论及因人体五脏的气盛、气虚、脉象及季节因素所引起的种种梦象,甚至还提出了"淫邪发梦"的学说。这就是说,王符对"病梦""感梦""时梦"的概括是直接来自我国医学的。

然而,梦的形成既有生理病理的原因,也有精神心理的原因。在谈到"精梦""想梦""性梦"时,王符就指出这三种梦主要是精神心理因素所致。比如"精梦",即意精之梦,就是心意精神极其贯注而引起的梦境。王符举例说,孔子生于乱世,白天思周公之德,夜里就梦见他。周公旦是周代的贤臣、重臣,孔子非常敬重并欲效法之,他整天想着"复礼"以匡救天下,所以有常梦周公的传说。由此可见王符所谓"意精之梦",即心里至诚之梦。

而"想梦",即"记想之梦"。王符认为:"人有所思,即梦其到;有忧即梦其事。此谓记想之梦也。"正所谓"日有所思,夜有所梦",这与慎到所讲的"昼无事者夜不梦"(《慎子》)正相吻合。因此,可以说,"想梦"是典型的"思梦"。当然,"有事"者必有思,"无事"者也可思。

关于“性梦”，即性情之梦，就是人根据自己的习惯来卜算梦的吉凶。王符说：“人之情心，好恶不同，或以此吉，或以此凶。当各自察，常占所从。此谓性情之梦也。”可见，“性梦”承认梦象有吉凶，但主要由人之心情与性之好恶等精神层面的心理因素所决定。这就在本质上与占梦迷信不相干，属王符梦论的一大贡献。当然，“性梦”虽然涉及梦者的心理状况，但它主要不是讲梦因，而是讲梦者对梦的态度。

另外，王符还提出了“人位之梦”的说法，就是不同地位的人会梦到不同的形象，即梦的内容、性质、结果会随人的身份、地位、思想、性格、性别、年龄不同而不同。这在一定程度上包含着承认人的主观因素的合理性，无疑是对神学唯心主义占梦术的一种修正。

在今天看来，梦是人睡眠时身体内外各种刺激或残留在大脑里的外界刺激引起的景象活动。但在古代，由于科学水平低下，人们无法解释梦的现象而将其视为神秘之物，认为梦是上帝和神灵的启示。因此，以梦境附会人事吉凶的占梦，作为占卜迷信的一种，自先秦就相当盛行。到了汉代，随着天人感应神学目的论的推行和统治者出于政治需要对占梦术的利用，占梦迷信愈加泛滥。王符在《梦列》中对梦的成因做了较为全面的阐释，这种阐释用现代人的目光看来，虽然不尽科学，但在当时，却起了一定的积极作用。尤其是关于十梦的划分及对梦的特征所做的介绍，虽然仍同占梦迷信存有瓜葛，但也具有反占梦的倾向。并且，这种倾向在其思想中表现得更为突出，所占成分更大。特别是对于因气候、季节、病情、情绪不同而分别产生的感气之梦、应时之梦、病气之梦、性情之梦的解释，从根本上否定了神灵天帝的存在，符合唯物主义思想原则，见解独到，具有一定的科学意义。王符对梦的看法概括了东汉整个社会对梦的看法，在中国占梦史上具有一定的影响和地位。





**【扩展阅读】**

导言：王充承认有所谓“直梦”，但它只是一种“象”，只是象甲、象君而已，实则并无其事。他批驳占梦者所说晋国大夫赵简子梦见天帝之事，指出赵简子梦见的只是类似天帝的虚象而已，赵的灵魂并没有到天上去。

## 人有直梦皆象也

或曰：人亦有直梦。见甲，明日则见甲矣；梦见君，明日则见君矣。曰：然。人有直梦，直梦皆象也，其象直耳。何以明之？直梦者梦见甲，梦见君，明日见甲与君，此直也。如问甲与君，甲与君则不见也。甲与君不见，所梦见甲与君者，象类之也。乃甲与君象类之，则知简子所见帝者象类帝也。且人之梦也，占者谓之魂行。梦见帝，是魂之上天也。上天犹上山也。梦上山，足登山，手引木，然后能升。升天无所缘，何能得上？天之去人以万里数。人之行，日百里。魂与体形俱，尚不能疾，况魂独行安能速乎？使魂行与形体等，则简子之上下天，宜数岁乃悟，七日辄觉，期何疾也！

（节选自《论衡》第二十二卷《纪妖第六十四》）

# 释难第二十九

【题解】

释难（nàn）：设为论难而做出解答，以阐明自己的观点、意见，如西汉东方朔的《答客难》；《昭明文选》列为“设论”一体。本文当是针对当时社会上有争议的问题而做的论析，要点为：尧舜俱贤，并不矛盾；周公尊王，故诛管蔡；耕为食之本，学为耕之本；贤人忧国爱民，也为自身。文中包含若干朴素的辩证思想，在中国哲学史上也有其积极意义。



【原文】

## 尧舜之德，相得益彰

潜夫曰：“是不知难而不知类[①]。今夫伐者盾也，厥性利[②]；戈者矛也，厥性害[③]。是戈为贼[④]，伐为禁也[⑤]，其不俱盛，固其术也[⑥]。夫尧、舜之相于[⑦]，人也，非戈与伐也，其道同仁，不相害也。舜、伐何如弗得俱坚？尧、伐何如不得俱贤哉[⑧]？且夫尧、舜之德，譬犹偶烛之施明于幽室也，前烛即尽照之矣，后烛入而益明。此非前烛昧而后烛彰也，乃二者相因而成大光[⑨]，二圣相德而致太平之功也[⑩]。是故大鹏之动，非一羽之轻也[⑪]；骐骥之速，非一足之力也。众良相德，而积施乎无极也[⑫]。尧、舜两美，盖其则也。”

（选自彭铎《潜夫论笺校正》卷七《释难第二十九》，下同）

【注释】

①是：此，指庚子之说。庚子之生平事迹不详，可能是王符故乡之人。在本段之前，庚子问于潜夫曰："尧、舜道德，不可两美。实若《韩子》戈伐之说邪？"意思是，尧、舜的道德，不能并称为美，就像韩非的戈伐之说是吧？本段文字是潜夫针对庚子所问做出的解释。难：驳诘。类：指事类。 ②厥：代词，义同"其"。性利：指盾有保护作用，对人有利。 ③性害：指矛能刺杀，对人有害。 ④贼：残害。 ⑤禁：止，戒。这里是"止害"的意思。 ⑥术：道理。 ⑦相于：相厚，互相亲近。 ⑧以上两句，当有误。 ⑨相因：相互依赖。 ⑩德：同"得"。相得：相得益彰的意思。下文"众良相德"之"德"同此。 ⑪轻：轻劲，轻而有力。 ⑫积：同"绩"，功。

【品读】

这段文字，王符针对韩非关于尧、舜不可两誉的说法进行了辩驳。

尧和舜是古代传说中的两位贤君，他们注重时政，关心民生，恩威并施，造福百姓，故后世以尧舜时代为太平之世的楷模。然而，韩非在《韩非子·难一》中责难两位贤君，认为舜以身作则用道德去感化百姓使之去邪归善的事迹正好反映出尧不圣明，或者说尧有过失。原因是，身为天子，尧如果是英明的圣人，天下就不会有奸邪，舜也没有必要用道德去感化百姓。因此，如果认为舜贤能，就得否定尧的明察；如果认为尧圣明，就得否定舜的德化——尧舜不能同时被赞美。为了证明这一观点，韩非列举了"矛"与"盾"的寓言故事：楚国有个卖矛和盾的人，称赞他的盾坚固："任何锋利的东西都穿不透它。"一会儿又赞美自己的矛说："我的矛锋利极了，什么坚固的东西都能刺穿。"有人问他："用你的矛来刺你的盾，结果会怎么样呢？"那人便答不上话来。刺不穿的盾和什么都能刺穿的矛不可能同时存在，犹如尧、舜之德，不可两誉。

王符针对韩非的说法进行了辩驳，认为韩非用矛盾的比喻来责难尧、舜是"不知难而不知类"，即不懂得辩难又不懂得事类。因为矛要伤人，盾要保护人，它们的本质属性是相互对立的，而尧与舜的关系不是相互对立的，他们

都奉行仁爱之道，不但互不妨害，且能相辅相成，以“致太平之功”。犹如暗室里点亮的两支蜡烛，它们之间不是相互排斥，而是相互借助、相得益彰，形成了更大的光明；就像大鹏高飞一样，不只靠一只羽翎的轻功；好似骏马疾驰一般，不是单凭一边腿脚的力量。如果众多贤士配合在一起，其功绩会发挥得无穷无尽，两位圣人的道德将达到完美之境，从而取得天下太平的功业。所以，尧与舜都是值得赞美的圣贤。

图29　矛和盾的故事

《韩非子·难一》的“难”是辩难的意思，这类文章专门用驳难、反证的方法，敢于非难圣贤之所行和天下之所赞，坦直不讳、锋犀势盛，被称为辩难式散文，亦即“难”体散文。韩非堪称“难”体散文之祖，而“矛盾之说”更是韩非“难”体散文的精髓。王符在《潜夫论》中，以《释难》命篇，并选择韩非的辩难之说再解释疑难，可谓“难上加难”，其独具的匠心可见一斑。因为，当时古人一些有失偏颇的说法引起了思想混乱和疑惑问难，特别是在学术界，人云亦云、真伪不辨使后来学者无所适从的风气愈来愈浓。王符以问答的形式解释和开导这些说法，就是要阐明问题的实质，求真明道，达到“予岂好辨，将以明真”的目的。因此，对韩非子关于尧、舜不可两誉之说法的辩驳，就具有增智修德，学习往圣先贤和掌握历史与未来的史学功用。

【扩展阅读】

导言：被儒家思想家们奉为圣贤、楷模的尧舜，在韩非子看来，在其统治期间，天下不仅没有得到应有的治理，还发生了众多“弑君”“曲父”之事。他认为，统治者要治理好国家就不能像尧舜那样，或将臣子奉为君主，或将君主当作臣子，而应彻底理清君臣关系。

### 反群臣之义，乱后世之教

天下皆以孝悌忠顺之道为是也，而莫知察孝悌忠顺之道而審行之，是以天下乱。皆以尧、舜之道为是而法之，是以有弑君，有曲父。尧、舜、汤、武或反君臣之义，乱后世之教者也。尧为人君而君其臣，舜为人臣而臣其君，汤、武为人臣而弑其主、刑其尸，而天下誉之，此天下所以至今不治者也。夫所谓明君者，能畜其臣者也；所谓贤臣者，能明法辟、治官职，以戴其君者也。今尧自以为明而不能以畜舜，舜自以为贤而不能以戴尧，汤、武自以为义而弑其君长，此明君且常与而贤臣且常取也。故至今为人子者有取其父之家，为人臣者有取其君之国者矣。父而让子，君而让臣，此非所以定位一教之道也。

（节选自《韩非子集解》卷第二十《忠孝第五十一》）

【原文】

### 君子必有仁义

潜夫曰：“呜呼！而未之察乎[①]？吾语子[②]。夫君子也者，其贤宜君国而德宜子民也[③]。宜处此位者，惟仁义人，故有仁义者，谓之君子。昔荀卿有言：‘夫仁也者爱人，爱人，故不忍危也；义也者聚人，聚人，故不忍乱也[④]。’是故君子夙夜箴规[⑤]，蹇蹇匪懈者[⑥]，忧君之危亡，哀民之乱离也。故贤人君子，推其仁义之心，爱之君犹

父母也[7]，爱居世之民犹子弟也。父母将临颠陨之患，子弟将有陷溺之祸者，岂能墨乎哉[8]！是以仁者必有勇[9]，而德人必有义也。”

【注释】

①而：尔，你。 ②语子：对你讲。语(yù)，动词，告诉。 ③君国：君临国家，做国家的君主。子民：子养人民，把人民当儿子养育。 ④《荀子·议兵》：“彼仁者爱人，爱人，故恶之害也；义者循理，循理，故恶人之乱也。”王符所引可能另据别本。 ⑤夙夜：朝夕，从早到晚。箴规：告诫，规劝。 ⑥蹇蹇(jiǎn)：同謇謇，忠贞的样子。 ⑦汪继培说，“爱”下脱二字。 ⑧墨：同“默”。 ⑨《论语·宪问》：“仁者必有勇，勇者不必有仁。”



【品读】

儒家向来重视“君子”观念，特别是孔子，以推崇、赞赏的态度谈论“君子”，为后人树立起道德楷模、人生典范。这段文字，王符通过回答设问之语，表达了君子必有仁义的观点。

在古代，“君子”一词的含义较为丰富，一般来说，主要指道德高尚、品性优秀、德才兼备、具有崇高人生境界的人。孔子讲：“君子怀德”，“君子喻于义”(《论语·里仁》)，“君子博学于文”(《论语·雍也》)，“君子不器”(《论语·为政》)，是说“君子”不但要怀揣道德、仁义，还应博学深思、多才多艺。王符认同此说，他认为，才能宜于统治国家而道德适合抚爱百姓，适合处于这个位置的，只有仁义的人，所以有仁有义的人才称得上君子。不过，王符这里所指的才德更倾向于治国安邦。

那么，何为“仁义”？王符引用荀子的话，说仁就是爱人。爱人，就是不忍心看到别人有危难。所谓义，就是聚人。聚人，就是不忍心看到离乱。贞观二年，关中一带干旱，发生了大饥荒。唐太宗对大臣们说：“水旱不调，都是国君的罪过。我德行不好，上天应该责罚我，百姓有什么罪过，要遭受如此的艰难窘迫？听说有人卖儿卖女，我很可怜他们。”于是派御史大夫前去巡查，还拿出皇家府库的钱财赎回那些被卖的儿女，送还他们的父母。这里，唐太宗因同情百姓、抚爱百姓，使百姓解除了危难，免遭了离乱，堪称仁义之君。

其实，"仁义"并非"仁"与"义"的简单组合，它具有丰富的内涵，而儒家关于仁与义的界定，也有着明显区别。王符对于"仁义"的理解，似乎更偏重"仁爱"的一面。毕竟，虽然"仁"的内涵极为丰富，统摄着几乎一切美好的德性，但根本含义是爱人，即尊重人、关心人、同情人。爱人就要爱亲人，爱亲人就要从孝顺父母、尊敬兄长开始。因此，父母如遇跌落的危险，子弟如有沉溺的灾难，难道能一声不吭吗？而要救助父母兄弟，就需要"勇"，因为"仁者必有勇"(《论语·宪问》)。所以王符也说，仁义的人一定有勇气，贤德的人必然讲道义。这表明，君子不仅尚仁尚义，也尚勇，"勇"确乎成为君子的品格，在为政中离不开它。不过，勇的前提是仁和义，是事业的正当性。

当然，一个人要做到爱人，不仅要爱亲人，还要"泛爱众"，爱一切人。三国时，吴国名医董奉治病不收诊费，只要求被治愈者在他住所周围种植几株杏树。数年后杏树蔚然成林，收获之后，他又将所得用以救治贫民或流亡路过的人。董奉以仁爱行医，体恤百姓之疾苦，堪称君子。正如王符所言："故贤人君子，推其仁义之心，爱之君犹父母也，爱居世之民犹子弟也。"

总之，王符继承儒家传统，将道德、仁义放在首位，作为"君子"为人处世的标准。千百年来，"君子"的形象激励着后代读书人完善自己，成就功名。

【扩展阅读】

导言：自古以来，以仁义治国的，国运就会长久。唐太宗以仁义诚信为治，革除浅薄风气，求得长治久安。

### 仁义为治

贞观元年，太宗曰："朕看古来帝王，以仁义为治者，国祚延长；任法御人者，虽救弊于一时，败亡亦促。既见前王成事，足是元龟，今欲专以仁义诚信为治，望革近代之浇薄也。"

黄门侍郎王珪对曰："天下雕丧日久，陛下承其余弊，弘道移风，万代之福。但非贤不理，惟在得人。"太宗曰："朕思贤之情，岂舍梦寐！"给事中杜正伦进曰："世必有才，随时所用。岂待梦傅说，逢吕尚，然后为治乎?"

太宗深纳其言。

贞观二年，太宗谓侍臣曰："朕谓乱离之后，风俗难移。比观百姓渐知廉耻，官人奉法，盗贼日稀，故知人无常俗，但政有治乱耳。是以为国之道，必须抚之以仁义，示之以威信，因人之心，去其苛刻，不作异端，自然安静。公等宜共行斯事也！"

（节选自《贞观政要》卷五《仁义第十三》）

# 交际第三十

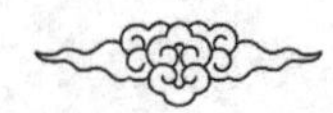

【题解】

本篇是人际关系的专论。王符从儒家的道德观念出发，提出了“恕”“平”“恭”“守”，即“仁”“义”“礼”“信”的交际标准和善始善终的交际原则。针对当时社会风气的衰敝，发出“四难”“三患”的慨叹。他所提出的标准和原则有其合理的内涵，可为今天借鉴。文中对东汉王朝的腐败政治和社会道德风尚的揭露批评，又是研究东汉历史极其重要的材料。

【原文】

## 势利之交，理之固然

语曰：“人惟旧，器惟新①。昆弟世疏，朋友世亲②。”此交际之理，人之情也。今则不然，多思远而忘近③，背故而向新④；或历载而益疏，或中路而相捐⑤，悟先圣之典戒⑥，负久要之誓言⑦。斯何故哉？退而省之，亦可知也。势有常趣⑧，理有固然。富贵则人争附之，此势之常趣也；贫贱则人争去之⑨，此理之固然也⑩。

（选自彭铎《潜夫论笺校正》卷八《交际第三十》，下同）

【注释】

①汪继培说：“《书·盘庚》云：‘人惟求旧，器非求旧惟新。’熹平石经作‘人维旧’。” ②世：指隔世隔代。意为兄弟的后代，关系渐疏；世代的朋友，则益发亲近。 ③汪继培说：“《鬼谷子·内揵篇》云：‘日进前而不御，遥闻声而相思。’”

④汪继培说:“《御览》四百九十五引《东观汉记》云:‘陈忠上疏称,语曰:“迎新千里,送故不出门。”’” ⑤捐:弃。 ⑥悟:汪继培说,当作“牾(wǔ)”,逆,违背。典:法。戒:同“诫”,教。 ⑦久要(yāo):《论语·宪问》:“久要不忘平生之言。”注:“久要,旧约也。” ⑧趣(qū):趋向。 ⑨“争”上原无“人”,据《意林》引文补。 ⑩汪继培说:“《齐策》:‘谭拾子曰:“理之固然者,富贵则就之,贫贱则去之。”’《风俗通·穷通篇》作‘富贵则人争归之,贫贱则人争去之,此物之必至,而理之固然也。’”

【品读】

常言道:“穷在闹市无人问,富在深山有远亲。”又说:“有酒有肉皆兄弟,患难何曾见一人?”这说明人与人的交往中,势利是其常态。



的确如此。商末周初的姜太公,因贫穷被妻子马氏所弃。后来太公发达了,其妻又来复合,太公将水覆之于地,命其收之,其妻羞惭而走。战国的苏秦,穷困潦倒时,“妻不下纫,嫂不为炊,父母不与言”,全家人都不理他。后来苏秦发迹了,“父母闻之,清宫除道,张乐设饮,郊迎三十里。妻侧目而视,侧耳而听。嫂蛇行匍伏,四拜自跪而谢”(《战国策·苏秦始将连横》)。一个人在富贵的时候,人们就争相攀附他;在贫贱的时候,人们就争相避开他,这是情势的必然趋向和事理的固有规律。正所谓:世道千年,人心未变,势利之事,自古而然。

“富贵则人争附之”“贫贱则人争去之”,可以说,是势利观念最形象的概括。西汉景帝时,魏其侯窦婴权势极盛,“诸游士宾客争归魏其侯”(《史记·魏其武安侯列传》)。到武帝初年,窦婴失势,田蚡亲幸,宾客大多跑到武安侯田蚡那里去了。西汉武帝时,翟公时为廷尉,“宾客填门”。免职后,“门外可设雀罗”。后又任命为廷尉,宾客再往依附,翟公在大门上写道:“一死一生,乃知交情;一贫一富,乃知交态;一贵一贱,交情乃见。”(《史记·汲郑列传》)北宋的王安石,两度为相时,攀附之人盈门,其一旦失势,这些人则集体失踪;而被他一手提拔的吕惠卿之流,竟拿王安石过去写的信向皇帝告密。“人情冷暖,世态炎凉”，这种势利之交似乎早已成为古今一律的世间相。

关于势利之交，古人比喻为“市道”之交。市道，即市场上的生意买卖，只看是否有利可图而已。显然，这种以利益为基础，过分注重功利、权势而交结的朋友，不会成为永久的朋友。正所谓“势利之交，难以经远”（诸葛亮《论交》）。对此，王符深有感慨地讲道：俗话说，“人求旧，器求新。兄弟代代疏远，朋友世世亲近”。这是交际的通理，人之常情。如今则不然，人们大多思念远者而忘却近者，背离故友而向往新朋；有的交往多年却愈疏远，有的半道儿相背弃；违离了先哲的遗训，抛弃了旧约的誓言。这是什么缘故呢？回过头来思考一番，也就可以明了。

王符生活的东汉中后期，通过“游学”以寻求举荐和入仕的风气盛行。因此，交际问题十分突出。然而，政治的腐败、道德的沦丧，社会上许多庸俗观念和不良风气，也都反映到交际过程中来。王符对此有着切身体会，从而专写本篇，目的在于揭露和批判势利之交形成的社会原因及消极影响，这不仅在当时具有振聋发聩的作用，对后世乃至今天的移风易俗，改造社会不良风气，也具有现实意义。

**【扩展阅读】**

导言：大将军卫青和骠骑将军霍去病的权势发生了很大的变化，前者日益减退，后者越来越显贵。尽管卫青仁爱善良，但其老友和门客多半离开了他，而去侍奉不知体恤士卒却喜好游戏娱乐的霍去病。

### 去将军，事骠骑

两军之出塞，塞阅官及私马凡十四万匹，而复入塞者不满三万匹。乃益置大司马位，大将军、骠骑将军皆为大司马。定令，令骠骑将军秩禄与大将军等。自是之后，大将军青日退，而骠骑日益贵。举大将军故人门下多去事骠骑，辄得官爵，唯任安不肯。

骠骑将军为人少言不泄，有气敢任。天子尝欲教之孙、吴兵法，对曰：“顾方略何如耳,不至学古兵法。”天子为治第,令骠骑视之,对曰:“匈奴未灭,无以家为也。”由此上益重爱之。然少而侍中,贵,不省士。其从军,天子为遣太官赍数十乘,既还,重车余弃粱肉,而士有饥者。其在塞外,卒乏粮,或不能自振,而骠骑尚穿域蹋鞠。事多此类。大将军为人仁善退让,以和柔自媚于上,然天下未有称也。

(节选自《史记》卷一百一十一《卫将军骠骑列传第五十一》)

【原文】

## 守其心,成其信

所谓守者,心也。有度之士[①],情意精专,心思独睹,不驱于险墟之俗[②],不惑于众多之口;聪明悬绝[③],秉心塞渊[④],独立不惧[⑤],遁世无闷[⑥],心坚金石,志轻四海[⑦],故守其心而成其信。凡器则不然[⑧],内无持操[⑨],外无准仪[⑩];倾侧险诐[⑪],求同于世,口无定论,不恒其德[⑫],二三其行[⑬]。秉操如此,难以称信矣。



【注释】

①度:礼法。 ②汪继培说:“‘墟’当作‘巇’。《楚辞·九辨》云:‘何险巇之嫉妒兮。’《七谏·怨世》云:‘何周道之平易兮,然芜秽而险戏。’王逸注:‘险戏,犹倾危也。’”险墟:即险巇,原义为崎岖险阻,这里比喻世道艰危,风俗险恶。 ③悬:悬殊,差距。悬绝:相差极远。 ④秉心:犹持志。秉:操持。塞:充实。渊:深。意为心志诚实而深沉。语出《诗·鄘风·定之方中》。 ⑤独立:指政治黑暗时保持节操,不迎合世俗随波逐流。《楚辞·橘颂》:“苏世独立,横而不流兮。” ⑥语出《周易·大过·象词》。《正义》:“明君子于衰难之时,卓尔独立,不有畏惧,隐遁于世而无忧闷。欲有遁难之心,其操不改。” ⑦轻:看轻。四海:等于说“天下”。古代以为中国四周都是海,所以称中国为“海内”“四海”。 ⑧汪继培说“器”当依上文作“品”。但《贾子·大政下》:“士能言道而弗能行者谓之器。”即指不守信用的人。“器”字不误。 ⑨内:指内

心。持操:固守节操。 ⑩外:指行为。准:标准,规范。无准仪:没有定准的仪表,指反复无常,常常翻脸无情。 ⑪险诐(bī)、倾侧,同义复合,均指言行不正。 ⑫语见《周易·恒·九三》。 ⑬二三:形容不专一,反复无定。《诗·卫风·氓》:"二三其德。"

【品读】

儒学注重人的道德修养。交际是一种社会关系,也是一种道德实践。王符在《交际》篇中,通过对儒家道德规范的弘扬,提出了恕、平、恭、守的"四行"说。这段文字,集中论述了"守"的内涵。

在王符看来,所谓"守",指的是心志。有礼法的贤士,情意精诚专一,思想有深刻独到的见解。他们不为险恶的世俗所驱使,不被众多的议论所蛊惑;聪明绝顶,胸怀充实而博大,超群特立于衰世而无所畏惧,隐居逃世不改操守而不苦闷;心比金石还坚定,志比四海还宏远,所以能坚守其心志而成就其诚信。这里,王符所说的"守"就是操守,它是一种道德精神和独立高尚的人格,不随波逐流,不屈从世俗。拥有此操守的人,堪称贤人君子。

孔子的弟子原宪,出身贫寒,个性狷介,一生安贫乐道,不肯与世俗合流。孔子为鲁司寇时,原宪曾做过孔子的家臣,孔子给他九百斛的俸禄,他推辞不要。孔子死后,原宪隐居卫国,茅屋瓦牖,粗茶淡饭,生活极为清苦。一次,子贡高车驷马拜访原宪,原宪衣着破烂出来迎接。子贡非常怜悯原宪,问他是不是病了?原宪回答说,没有钱财叫作贫穷,学了道德而不能用以修养身心才叫作病,自己只是贫穷,但人品志向高洁。子贡听后非常羞愧地走了。像原宪这样的君子,并不是淡漠世事、随遇而安,而是能够在贫困中砥砺自己的品性操守,绝不于终食之间忘记自己的抱负。东晋的陶渊明,作为一个有抱负有理想的文士,才华得不到施展,为了躲避政治祸害,保持操守,坚守理想和表达对现实的不满,最终隐居田园。还有采薇而食的伯夷、叔齐,宁死不仕的介子推等等。

由此看来,操守是作为个体的人被社会和群体认同,并得以自由生存和

共处的基本前提；操守是一个人安身立命的基石，是为人处世的基本原则。在某种程度上，操守甚至比生命还要重要。既如此，人生在世，操守不可或缺。离开了操守，就不能撑起一个大写的人字。然而，品行平庸的人则不是这样。王符认为，这些人的内心没有一定的操守，行为没有一定的准则，邪僻诡诈，只求混同于世，品德不能持恒，行为反复不一，不守信用。可见，王符对不讲操守的人，是多么痛恨和鄙视。

图30　原宪答子贡

当然，就王符本身而论，他“少好学，有志操……耿介不同于俗”（《后汉书·王符传》），虽然出身贫贱，地位俗鄙，但不委屈折腰，不附于权贵名门，终生未仕。他“独立不惧，遁世无闷”（《周易》），隐居著书，讥时得失，批评世俗，揭露当时的社会弊端，提出改良中兴之方案。从这个角度讲，王符关于坚持操守的论述，正是其君子气节的真实写照。

【扩展阅读】

导言：《橘颂》是屈原早年的作品，也是中国文人写的第一首咏物诗。诗人用拟人的手法塑造了橘树的美好形象，表达了自己坚守节操，追求美好品质与理想的坚定意志。橘树的形象是诗人激励自己的榜样。

## 苏世独立，横而不流

后皇嘉树，橘徕服兮。受命不迁，生南国兮。深固难徙，更壹志兮。绿叶素荣，纷其可喜兮。曾枝剡棘，圜果抟兮。青黄杂糅，文章烂兮。精色内白，类任道兮。纷缊宜修，姱而不丑兮。

嗟尔幼志，有以异兮。独立不迁，岂不可喜兮。深固难徙，廓其无求兮。苏世独立，横而不流兮。闭心自慎，终不过失兮。秉德无私，参天地兮。愿岁并谢，与长友兮。淑离不淫，梗其有理兮。年岁虽少，可师长兮。行比伯夷，置以为像兮。

（节选自朱熹撰，黄灵庚点校《楚辞集注》，上海古籍出版社，2015）

# 明忠第三十一

【题解】

本篇阐述治国之道。明忠，即君明臣忠。王符认为，国家致治要君明臣忠。而"明据下起，忠依上成"，即明君操法术握权柄于上，忠臣敬言奉禁竭心称职于下。两者相辅相成，君臣同心，其利断金，国家便可以大治。



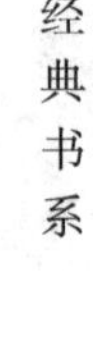



【原文】

## 明忠二德，君臣共愿

人君之称，莫大于明；人臣之誉，莫美于忠[①]。此二德者，古来君臣所共愿也。然明不继踵[②]，忠不万一者，非必愚暗不逮而恶名扬也[③]，所以求之非其道尔。

（选自彭铎《潜夫论笺校正》卷八《明忠第三十一》，下同）

【注释】

①大、美：互文。都是美的意思。　②继踵：接踵。踵（zhǒng），脚后跟。③逮：及。不逮：指赶不上前代的圣君贤相。

【品读】

在中国古代，凡是盛世必有明君忠臣——明君掌权，忠臣辅佐；君臣之间上下同心，协调一致。这段文字，王符以明君忠臣作为最理想的君臣模式，展现了他的政治愿望。

图31 秦始皇像

王符认为，“人君之称莫大于明”。意思是说，对于国君的称誉没有比“英明”更伟大的了。而英明是指卓越而有见识。在中国古代，凡是才能出众、功勋显赫、成就突出并能明智而正确地做出国家决策的君主都可称为“明君”。比如秦始皇、隋文帝、宋太祖、明太祖等是能奠基创业、开国换代的开国雄主；汉文帝、汉武帝、唐太宗、唐玄宗、明成祖、清圣祖等是能继业守成、开创治世或盛世的盛世贤君；汉宣帝、唐宪宗、明孝宗等是能承天命于宇厦将倾、社稷飘零的衰世并励精图治、中兴家国的中兴之主，他们都可称为明君。不过，王符所指的明君，从本段文字来看，似乎更偏重于能辨识忠良、重用贤臣、驭臣有道，能最大限度地激发臣属的积极性并使其服务于自己统治的君主。这说明，王符已经意识到，在政治关系中，君主是核心，重整政治关系必须围绕君主做文章。如果君主能“明”，臣下就会尽职尽忠。显然，王符是针对当时昏庸无能的“时君俗主”而言的，他希望有更多的明君出现，以挽救社会的危机。

然而，国君的英明是依凭臣子的忠诚而确立的。在传统中国，“忠”字是具有浓厚统治阶级价值使命的，忠主要指臣向君、下向上的。为此，王符说“人臣之誉，莫美于忠”。忠，就是忠诚、忠厚、忠实、忠贞，概括地讲，就是忠诚可靠、坚定不移。具体而言，要求忠良之臣对内要敢于劝谏国君的过错，对外要敢于为维护臣子的道义而献身；在服务君主时，只要有利于国家和人民的事，就不回避艰难、不害怕劳苦地去做；忠于职守而尽责；坚持正直而非一味附和，不片面追求与君主的和睦协调。比如，被誉为“亘古第一忠臣”的比干，因忠诚进谏而被剖心，为后代忠义之士所称道。“鞠躬尽瘁，死而后已”的诸葛亮，忠公体国，其忠诚，可谓前无古人，后无来者。明朝的方孝孺，也被盖棺定论为忠臣，为了感谢建文帝的知遇之恩，不肯为胜利者朱棣写即位诏书。面

对朱棣诛灭九族的威胁,他大喊:“便十族奈我何?”结果成为被灭十族的第一人。还有包拯、魏徵、刘伯温,等等。

众所周知,君之英明与臣之忠诚这两种美德是古来君臣所共同追求的。正因为此,历史上出现过许多明君忠臣,绘出了中华民族一幅幅绚丽的时空色彩,造就了华夏文明一次次永恒的辉煌。然而,中国封建社会大多是“明君不接踵而来,忠臣万不逢一”的局面。对此,王符认为,不一定是因为君臣个个愚暗昏愦,才能赶不上前代的明君贤臣,而是他们追求目的与达到目的的途径不正确罢了。也就是说,一些君主和大臣并不缺乏才能,但因治国理政的方法不当,从而获得了骂名,甚至成了千古罪人。哪些方法不当呢?王符并未在本段提及,但在其他段落里做了一一论述。比如,君主不能“名操法术,自握权秉”;不能严明法度,颁行政令;不能兼听纳谏,赏罚必行,等等。因此,本段文字是统领《明忠》篇的总括,是全文论述的引子,它为后面论述君臣之间要和谐一致、上下同心、相辅相成做好了铺垫。同时,提出明君忠臣的话题,本身也在影射当世君主昏愦无能,朝臣奸邪不忠的现实。如果明君忠臣能够再现,就会挽救社会的危机。由此看来,王符的观点具有强烈的批判意义。

【扩展阅读】

导言:司马光认为,作为国家的主宰,皇帝的政治修养如何对于国家来说是最根本的事情。“仁”“明”“武”三德是皇帝在政治、思想、品德、能力等方面的修养和锻炼,是当好皇帝的必备条件,极为重要。三德兼备则国治强,三德缺失则国衰亡。

### 三德兼备则国治强

臣窃惟人君之大德有三:曰仁,曰明,曰武。仁者,非妪煦姑息之谓也,兴教化,修政治,养百姓,利万物,此人君之仁也。明者,非烦苛伺察之谓也。知道谊,识安危,别贤愚,辨是非,此人君之明也。武者,非强亢暴戾之谓也。惟道所在，断之不疑，奸不能惑，佞不能移，此人君之武也。故仁而不明，犹有良田而不能耕也；明而不武，犹视苗之秽而不能耘也；武而不仁，犹知穫而不知种也。三者兼备，则国治强，缺一焉则衰，缺二则危，三者无一焉则亡。自生民以来，未之或改也。

臣不胜区区，触死忘生，窃见陛下天性慈惠，慎微接下，子育元元，泛爱群生，虽古先圣王之仁，殆无以过。然自践阼以来垂四十年，夙夜孜孜，以求至治，而朝廷纪纲犹有亏缺，闾里穷民犹有怨叹。意者群臣不肖，不能宣扬圣化，将陛下之于三德万分之一亦有所未尽欤？

（节选自《司马光集》卷一八《三德》）

【原文】

## 明君不示人术而借下权

夫术之为道也，精微而神，言之不足[1]，而行有余[2]；有余，故能兼四海而照幽冥。权之为势也，健悍以大[3]，不待贵贱，操之者重；重，故能夺主威而顺当世[4]。是以明君未尝示人术而借下权也。孔子曰："未可与权[5]。"是故圣人显诸仁，藏诸用[6]，神而化之，使民宜之[7]，然后致其治而成其功。功业效于民，美誉传于世，然后君乃得称明，臣乃得称忠。此所谓明据下作[8]，忠依上成，二人同心，其利断金也。

【注释】

①不足：不够，指其理论上有不足之处。战国时申不害、韩非等提倡术治，主张君主以各种手段制服臣下。在汉代，其术治学说曾受到非议。杨雄《法言·问道》："申、韩之术，不仁至矣，若何牛羊之用人也！"《汉书·武帝纪》："建元元年（公元前140年）冬十月……丞相绾奏：'所举贤良，或治申、商、韩非、苏秦、张仪之言，乱国政，请皆罢。'奏可。"可见在汉代，术治学说被认为是一种不仁之说而受到了取缔，所以此文说它"不足"。　②有余：超过了标准，指它的实际作用超过了标准的办法，即超过了汉武帝以来在理论上占正统地

位的儒家倡导的仁义道德之法。 ③健:刚强有力。悍:强劲凶猛。以:与上文“而”相对,相当于“而”。 ④世:原作“也”,依汪继培改。 ⑤原作“可与权”,据《论语·子罕》当作“未可与权”,意思是权柄不可下借。此补“未”字。 ⑥见《周易·系辞上》。这里的意思是:显示仁德,荫福万民,深藏权术,由帝王自己掌握。孔颖达《正义》:“言道之为体,显现仁功,衣被万物,是显诸仁也。谓潜藏功用,不使物知,是藏诸用也。” ⑦见《周易·系辞下》。《正义》:“言所以通其变者,欲使神理微妙而变化之,使民各得其宜。”这里的意思是:要灵活掌握法、术、权、势,发挥它的神妙的功用。 ⑧作:彭铎先生说,“作”与篇首“起”互文,作,起。



【品读】

中国古代传统政治的本质特征是“霸王道杂用之”。所谓“王道”,是儒家政治理论;所谓“霸道”,是法家理论及其在社会政治生活中的运用。而法、术、势是法家政治思想的三足。这段文字,体现了王符对于法家治国思想中权术运用的认同。

法家是战国时期正式形成,并对后世产生深远影响的一个重要思想流派。它的出现标志着中国传统政治学的高度成熟。按学派考察,前期法家可以区分为“法”“术”“势”三派。重法以商鞅为代表,重术以申不害为大宗,重势以慎到为旗帜,这三人形成了战国法家的三大巨擘。等到韩非子登场,终于将“法”“术”“势”三派有机地综合起来,完成了集法家基本理论于一体的工作。

法家对于治国所追求的理想格局是:政治上高度集权于君主一人,构筑起“大一统”的尊卑有序的政治管理体制。要达到这一目的,君主必须拥有高明的政治手段与强大的政治资源。这里的政治手段,法家认为就是驾驭操控臣下民众的“术”;这里的政治资源,法家认为不外乎君主掌握至高无上的“势”。“术”就是专制君主驾驭、掌控臣民的权术与谋略,它要求由君主独操,深藏于君主胸中,翻手为云,覆手为雨,是典型的阴谋手段。君主用术之时不要显露出自己的欲望和用意，以防臣子有机可乘。如果君主表现出个人的好恶，臣下就会加以利用而投其所好。有个“薛公献珥”的故事：薛公田婴担任齐相，齐威王的夫人死了，宫中有十个姬妾都被王宠爱着，薛公想探知齐王打算立哪个姬妾为夫人，又不便明问，于是制作了十个珠玉耳饰，把其中一个制作得特别精美的，一起献给齐王。这样，只要看到那只最精美的耳饰由谁佩带，就可知齐王要立谁为夫人了。可见，君主深藏心迹，在臣属心目中永远保持一种深藏不露、高深莫测的形象极为重要。而“势”就是势位，指统治者的权威，即政权力量，“势者，胜众之资也”(《韩非子·八经》)。比如尧这样的圣人如果是匹夫，那么便无法管好三个人，而桀纣这样的恶人如果在天子位置上，那么就足以把天下推入灾难的深渊，这就是因为匹夫无势而天子有势。又如春秋时期，齐国的国相田常向齐简公请求爵禄赐给群臣，对下则用小斗进大斗出的办法把粮食施舍给百姓。结果，齐简公丧失了赏赐的大权而被田常掌握，在齐简公即位的第四年就被弑杀。可见，权势作为关键的“生杀之柄”，必须由君主独自掌握，绝不能与臣下共享。因此，君主要实现独头政治，最紧要的是权势一定要超过一切臣属。

再来看看王符对“术”和“势”的理解。王符认为，“术”作为治国之道，精微而神妙，用语言不足以说明，而实行起来却有极广泛的作用。正因为其作用广泛，所以能兼覆天下而光照一切幽暗之区。对于“势”，他认为“权之为势也”。“权”作为一种威势，强悍而广大，不论贵贱，掌握它的就势重，势重就能取得君主的威力而使天下归顺。因此，贤明的君主从不让人看到自己的权术，也不把自己的权柄让给别人。孔子说，权柄不可予人。所以，圣人显示仁德于万民，而把权术深藏于心，使它神秘莫测，变化无穷，施与百姓，各得其宜，从而达到天下大治，成就自己的功业。由此说来，王符的观点与法家的说法有相通之处。

东汉末年，外戚和宦官交替专权。王符之所以强调权术思想，根本目的是要巩固君主的统治，改除积弊，重振东汉朝纲。因此，术要深藏不露，权要紧握不放，只有“不示人术而借下权”，君臣才有可能上下同心、相辅相成，达到"其利断金"的目的。不过,王符所说的表面上显现出自己的仁爱宽厚,暗中则神奇地使用术,既表明他对法家法、术、势兼治思想的继承与改造,也体现了我国阳儒阴法的传统统治思想。

【扩展阅读】

导言:韩非认为,申不害提倡运用的术和商鞅主张实行的法对治理国家缺一不可,都是称王天下必须具备的东西。从所选文字中可以看出韩非思想的渊源以及法家思想在韩非手上出现的创造性发展。

### 术法不可一无

问者曰:"申不害、公孙鞅,此二家之言孰急于国?"应之曰:"是不可程也。人不食,十日则死;大寒之隆,不衣亦死。谓之衣食孰急于人,则是不可一无也,皆养生之具也。今申不害言术,而公孙鞅为法。术者,因任而授官,循名而责实,操杀生之柄,课群臣之能者也,此人主之所执也。法者,宪令著于官府,刑罚必于民心,赏存乎慎法,而罚加乎奸令者也,此臣之所师也。君无术则弊于上,臣无法则乱于下,此不可一无,皆帝王之具也。"

(节选自《韩非子集解》卷第十七《定法第四十三》)

# 本训第三十二

【题解】

本，指万物本源。训：训释，解说。本篇是探讨宇宙本源的哲学论文，也是体现王符唯物主义天道观的主要论文。王符认为，“元气”是宇宙的本源，天地万物是由“元气”生成的，“元气”“莫制莫御”，“翻然自化”；而这种千变万化的集中体现就是“道”。所以他说：“道者气之根也，气者道之使也。必有其根，其气乃生；必有其使，变化乃成。”还说“道之为物也，至神以妙；其为功也，至强以大”，可见他是把道理解为物质性的、支配宇宙间一切运动的总规律。这种朴素唯物主义的天道自然观，是对东汉泛滥一时的神学目的论的尖锐批判。王符的天道观是为其社会学说服务的，所以他强调和气生人，而人行能动天地，所以必须理政以和天气，从而可以兴大化而致太平。他的诸多政论都立足于这个基本观点之上。

【原文】

## 元气为万物本源

上古之世，太素之时[①]，元气窈冥[②]，未有形兆[③]，万精合并[④]，混而为一，莫制莫御[⑤]。若斯久之，翻然自化[⑥]，清浊分别，变成阴阳[⑦]。阴阳有体[⑧]，实生两仪[⑨]，天地壹郁[⑩]，万物化淳[⑪]，和气生人[⑫]，以统理之。

（选自彭铎《潜夫论笺校正》卷八《本训第三十二》，下同）

【注释】

①太素：指构成宇宙的原始物质元素。《列子·天瑞》："太易者，未见气也；太初者，气之始也；太始者，形之始也；太素者，质之始也。气形质具而未相离，故曰浑沦。"《白虎通·天地》："始起之天，始起先有太初，后有太始，形兆既成，名曰太素。"太素之时：指天地未分前的混沌阶段。 ②气：古代哲学概念，指构成宇宙万物的基因，它是一种物质性的东西。元气：原始之气，即天地未分前的混沌之气。它是构成人和万物的原始物质元素，所以称为"元气"。《汉书·律历志上》："太极元气，涵三为一。"涵三为一即天地人混合为一。窈冥：幽深昏暗。 ③形兆：形状。《文选》载江淹《张廷尉绰》诗："太素既已分，吹万著形兆。" ④精：指精气。 ⑤制：控制。御：驾驭。这句是说，元气自生自化，不受外力主宰。 ⑥翻然：迅速变化的样子。 ⑦阴阳：指物质性的阴阳二气。 ⑧阴阳有体：指阴阳二气各自形成的形体。 ⑨实：通"是"，此。《周易·系辞上》云"是生两仪"，即其证。两仪：分别代表阴阳的两种仪容，指地和天。《周易·系辞上》："是故《易》有太极，是生两仪。"疏："不言天地而言两仪者，指其物体……谓两体容仪也。" ⑩壹郁（yīnyūn）：《周易·系辞下》："天地絪缊，万物化醇。"《正义》："絪缊，相附着之义。言天地无心，自然得一，唯二气絪缊，共相和会，万物感之，变化而精醇也。"壹郁，同"絪缊"，指阴阳二气交相作用的状态。 ⑪化：《礼记·乐记》："乐者，天地之和也。……和，故百物皆化。"注："化，犹生也。"淳：淳朴，指万物形成时呈现出一种质朴的样子。《周易·系辞下》作"醇"，古字通。高亨、周振甫解为"均遍"，误。 ⑫和气：中和之气，即天地间阴气与阳气交合而成之气。古人认为万物皆由"和气"而生。

【品读】

王符是中国哲学史上杰出的唯物主义哲学家，他的哲学思想丰富而深刻，所涉及的问题广泛而具体。宇宙观是其哲学思想的重要组成部分，主要集中在《本训》篇中。这段文字述说了宇宙的生成，体现了王符的无神论自

然观。

王符的理论来源于儒家恢宏深邃的宇宙本源论。这一本源论以阴阳为内涵,至迟在《周易》成书的时代就已经比较成熟了。《周易·系辞上》云:“易有太极,是生两仪。两仪生四象,四象生八卦。”是说由太初的混而为一生出天地两仪,由天地两仪生出金木水火,由金木水火生出八卦。后来的《易传》沿着这个思路阐发了《周易》的宇宙本源论思想。如《序卦传》说:“有天地然后有万物,有万物然后有男女,有男女然后有夫妇,有夫妇然后有父子,有父子然后有君臣,有君臣然后有上下,有上下然后礼仪有所错。”在这里,天地指乾坤,也即阴阳。这就把宇宙的本源归结为阴阳,认为宇宙万物包括人与人类社会,其生成端赖于天地(乾坤)阴阳这样一个基础。而《系辞传》谓之“天地絪缊,万物化醇;男女媾精,万物化生”,正是这种自然生成论的宇宙本源论。那么,在阴阳之上是否有更为究极的本源?为此,有哲学家探寻这一问题,给出了诸如道、太极等答案。最著名的如老子所谓的“道生一,一生二,二生三,三生万物,万物负阴而抱阳,冲气以为和”。这里的“一”,人们往往等同于“道”,但很有可能是要强调万物之生,不始于天地,在天地之先还有一个内含天地(阴阳)的混沌的“一”。“二”就是天地,也就是阴阳。但“二”要想生物,必须交感结合,形成新的有别于混沌之“一”的新“一”,这个新“一”,老子称之为“三”。“三”是天地阴阳的结合,所以由它而出的万物都是“负阴而抱阳,冲气以为和”的,“冲气”就是阴阳中和之气。

王符认为,上古之时,元气混沌,各种精气参合其中,浑然一体,没有什么东西能控制和驾驭它。如此久而久之,元气突然自身发生变化,清浊分离,转变成阴阳二气。阴阳二气各有实体,变化生成了天和地;天地二气相互感应,化生出万物;那中和之气化生成人类,来主宰治理万物。这就是说,宇宙万物是由元气演化并生成的,天地本身由阴阳二气组成,在阴阳之上有更为究极的本源是元气。显然,这一由元气演化并生成宇宙万物的过程自然而然,没有任何外力干预,这就解决了天地万物的构成和发生问题,指出世界万物的最高本源、最高统一者是“元气”,而不是“上帝”或其他人格神,从而彻底取消

了自然观中神学目的论的最后底盘。同时，王符的元气说与《周易》的宇宙本源论有很多相像之处，虽然王符没有用太极提出元气的概念，但将元气确定为宇宙本源，比《周易》没有明确本源的提法进步了许多。此外，在这段论述中，王符还有一个卓越的观点，就是把人的因素也融进了发生论。他强调人在天地万物中最为可贵，因为人是由阴阳二气在生成万物以后才诞生的，并且是来统理万物的。这样，不但为唯物主义人定胜天的思想找到了物质依托，更强化了人在自然与社会中的主宰地位，从根本上推翻了所谓天是人的统治者的神学唯心论。这一点在中国古代思想史上具有重要地位。

图32　宇宙本源

其实，"元气"论的提出由来已久。庄子就认为元气是构成世界的基本元素，宇宙万物都是由元气组成的实体，元气不同因而各种事物的类别也千差万别。到西汉初期，在董仲舒的《春秋繁露》和刘安等人的《淮南子》中，"元气"被解释为一种天地由以产生的原始之气。而与王符同时代的王充，是中国思想界最早提出较为完整的唯物主义元气论的思想家，其哲学思想的核心就是元气自然论。王充讲："说《易》者曰：'元气未分，浑沌为一。'儒书又言：溟涬濛澒，气未分之类也。及其分离，清者为天，浊者为地。"(《论衡·谈天》)又说："人禀元气于天"(《论衡·无形》)，"万物之生，皆禀元气"(《论衡·言毒》)。从王充所论宇宙万物和人的生成，也能看出他和王符的说法极多相似之处。但王充之论，只能说明他已把元气作为宇宙本源，认为天地、人和万物都因元气而生成，至于他们彼此是怎样的关系，并不清楚。王符却在此基础上，用元气、阴阳、天地、人以及万物的发展，勾勒出一个清晰的脉络，指出万物由人统理，确定了人在天地间的主人翁地位。而且，还认为万象都在运动、变化，这都是对王充元气论的发展。如果说，王充为元气本源论发其端，王符则构建了元气本源论较完整的体系，从而建立了唯物主义本源论的理论体系，这是中国哲学史上的巨大成就。总之，王符从万物生成角度肯定了"元气"是产生宇宙万物的本源，这一观点贯彻了无神论的基本精神。

【扩展阅读】

导言：王充阐述了关于"元气"的基本观点，认为元气是天地万物的由来，元气和天地万物有着密不可分的关系，犹如父母和子女的关系一样。

### 天地合气，万物自生

天地合气，万物自生，犹夫妇合气，子自生矣。万物之生，含血之类，知饥知寒，见五谷可食，取而食之，见丝麻可衣，取而衣之。或说以为天生五谷以食人，生丝麻以衣人，此谓天为人作农夫桑女之徒也，不合自然，故其义疑，未可从也。试依道家论之。

天者，普施气万物之中，谷愈饥而丝麻救寒，故人食谷衣丝麻也。夫天之不故生五谷丝麻以衣食人，由其有灾变不欲以谴告人也。物自生而人衣食之，气自变而人畏惧之。以若说论之，厌于人心矣。如天瑞为故，自然焉在？无为何居？

（节选自《论衡》第十八卷《自然第五十四》）

【原文】

### 道气一体

是故道德之用[①]，莫大于气。道者，气之根也[②]。气者，道之使也[③]。必有其根，其气乃生；必有其使，变化乃成。是故道之为物也，至神以妙；其为功也，至强以大。天之以动，地之以静，日之以光，月之以明，四时五行，鬼神人民，亿兆丑类[④]，变异吉凶，何非气然？

【注释】

①“德”字疑衍。据下文“道之为物也”看,王符在这里所说的“道”,当指物质性的、支配宇宙一切运动的总规律;分而言之,则有“天道”“地道”“人道”等等。用:功用,作用。这两句的意思是,道的作用,集中体现在气上。气:指阴阳之气。　②根:根本,根据。　③使:使用,作用。　④亿兆:十万为亿,十亿为兆。或万万为亿,万亿为兆。丑:与“类”同义。这句泛指众多的物类。

【品读】

这段文字,王符阐述了“道之为物”的道气一体论的思想,集中体现了其朴素唯物主义的自然观。

“道”是中国哲学的重要范畴,也是王符自然观的重要方面。“道”的范畴首先由老子提出。老子认为,“道”是万物的本源,是一种恍惚不清、变动不安的存在。由于“道”是一个全新的哲学概念,人们一般不易理解,因而老子便用“物”来解释“道”,提出了“道之为物”的观点,目的在于告诉人们“道”和“物”都是一种客观实在,而“道”既同于“物”又高于“物”。王符认同“道之为物”论,既承认“道”的客观性、实在性,又肯定“道”的物质性。因为“物”是具有客观实在性的存在,所以,“道之为物”的“道”也是具有客观实在性的存在,即是说,对“物”的规定也就是对“道”的规定。

然而,在王符哲学中,“物”的最高表现形态是“气”。如前所述,气是产生万物的本源,万事万物“莫不气之所为”。“道”既不能离开“物”也就不能离开“气”。无论从“道”的产生看,还是从“道”的发展看,都离不开气。所谓“道者,气之根也。气者,道之使也。必有其根,其气乃生;必有其使,变化乃成”。道中有气,道中含气,道为体,气为用。无体无用,无道气便不生,气是属于道的;但无用,体亦无由体现。所以,气生才能发挥道的神通强大的功能。这就将气和道的关系做了说明。而气是神通广大的,诸如“天之以动,地之以静,日之以光,月之以明”,以至“四时五行,鬼神人民,亿兆丑类,变异吉凶”,都“何非气然”。可以说,万象的运动、变化,实际是气在发生作用,是气在执行着道的任务。因此，在王符哲学中，道气为一体，他的自然观是唯物主义的“道”“气”一体论。

王符的“道气一体论”思想是对先秦道家思想的继承和发展，有其重要的理论价值。老子曰：“道生一，一生二，二生三，三生万物。万物负阴而抱阳，冲气以为和”(《道德经》第四十二章)；庄子云：“夫昭昭生于冥冥，有伦生于无形，精神生于道，形体生于精，而万物以形相生”(《庄子·知北游》)。认为气是生命的根本，有气才有形，有形才有生。老子关于“道”的全部学说中虽含有“气”的因素，但他对“气”的解释言之不详。而王符对气言之甚真，把老子虚而无形的“道”阐发为物质性的元气，是属于朴素唯物主义的。当然，“道”“气”一体论也有其不可克服的缺陷。王符不仅把“道”与“气”合并为一，提出“道者，气之根也。气者，道之使也”，同时，他又把“道”作为规律、法则，即所谓“用天之道”。这就是说，“道”在王符哲学中，既指“气”即物质，又指规律、法则。而事实上，规律和物质是不同的，二者是有区别的。

【扩展阅读】

导言：老子认为“道”中有物、有象、有精、有信，虽然看不见，但确实存在，万物都是由它产生的；“道”是无形的，它必须作用于物，透过物的媒介，而得以显现它的功能。在此，“道”之所显现于物的功能，老子把它称为“德”。

### 道之为物

孔德之容，惟道是从。道之为物，惟恍惟惚。惚兮恍兮，其中有象；恍兮惚兮，其中有物。窈兮冥兮，其中有精；其精甚真，其中有信。自今及古，其名不去，以阅众甫。吾何以知众甫之状哉？以此。

(选自马将伟《道德经译注·道经·第二十一章》，商务印书馆，2015)

# 德化第三十三

【题解】

德化：用道德来感化。文章主要宣扬了作者推崇道德教化的政治思想。作者认为，道德教化是抚世治民的根本。因为心是本，行是末，有什么样的思想意识，就会有什么样的行为。所以强调"化变民心"，使"民亲爱"而"无相伤害之意"，"动思义"而"无奸邪之心"。又强调民心好坏在于帝王所为，如何导引，"世之善否，俗之厚薄，皆在于君"，"变化云为，在将者尔"。这些观点，均有其合理之处。



【原文】

## 先本后末，顺心理行

人君之治，莫大于道，莫盛于德，莫美于教，莫神于化。道者所以持之也①，德者所以苞之也②，教者所以知之也，化者所以致之也③。民有性，有情，有化，有俗。情性者，心也，本也。化俗者，行也，末也。末生于本，行起于心。是以上君抚世④，先其本而后其末，顺其心而理其行⑤。心精苟正⑥，则奸匿无所生⑦，邪意无所载矣⑧。

（选自彭铎《潜夫论笺校正》卷八《德化第三十三》，下同）

【注释】

①持：守。 ②苞：同包，包容。 ③致之：招引民众。《论语·季氏》："故远人不服，则修文德以来之。" ④抚：安抚，治理。 ⑤彭铎先生说，顺、理互文。

都是“治”的意思。《说文》:“顺,理也。”《荀子·臣道》:“从命而利君谓之顺。” ⑥精:通“情”,本书多以“精”为“情”。正:原作“亡”,据《群书治要》引文改。 ⑦匿(tè):邪恶。本书通以“匿”为“慝”。无:“所”上原无“无”字,据《群书治要》引文补。 ⑧载:乘载,这里是存在的意思。

【品读】

中国古代重视以德服人,注重道德教化。这段文字,王符提出“顺其心而理其行”的观点,体现了王符以德治国的方略。

在国家治理的宏观层面上,中国古代先哲认为道德教化有着无可替代的重要意义与作用。孔子云:“举善而教,不能则劝”(《论语·为政》);孟子曰:“仁言不如仁声之入人深也,善政不如善教之得民也。善政,民畏之,善教,民爱之。善政得民财,善教,得民心”(《孟子·尽心上》)。都旨在表明重教化的思想倾向。推行道德教化,能够把人的思想意识、言行举止,推向自觉和自愿的境界,以养成古朴的民风民俗,从而维护统治者正常的统治秩序。

图33 道德教化

据《列子》载,晋国苦于盗贼横行,有一个叫郄雍的人能从人的相貌、表情判断出这个人是否为盗贼。于是,晋侯便委以重任,让郄雍从人群中查找盗贼，郄雍总能成功。晋侯大喜，认为得到郄雍一人，就无须多费精力将晋国的盗贼捕尽。但事实并非如此，群贼恨郄雍断其生路，遂合谋将郄雍害死。此时，有人劝谏束手无策的晋侯：若使晋国无盗，必须“明教于上，化行于下，民有耻心，则何盗之为”？晋侯虚怀纳谏，“举贤而任之”，实施教化，群盗遂奔他乡而去。可见，社会井然有序，人心淳朴、世风敦厚，离不开道德教化，离不开正确的价值导向。

正因为此，王符认为，必须极其重视道德教化在社会治理中的作用，他盛赞：“人君之治，莫大于道，莫盛于德，莫美于教，莫神于化。”用大、盛、美、神这些美妙崇高的字眼来形容“道德教化”，是对其治理功效的极大肯定。毕竟，道德教化能使人变得有操守、有涵养、有智慧，能使人归心臣服，从而自觉遵守典章制度和礼仪习俗，维护社会的和谐有序。然而，道德教化所承担的重要任务是“化变民心”。对于百姓而言，只有“顺其心”才能“理其行”。因为“民有性，有情，有化，有俗”，性和情是本，是心；化和俗是末，是行。行为是心理的外在表现，人君治人要善于导，顺其心性，将其引导到合乎社会要求的行为规范上来。君王先从心理、精神上控制人们，进而控制人们的行为。通过道德教育及行为规范的训练，最终达到人民相亲相爱而不生伤害之心；行为举止符合社会规范，也就杜绝了奸邪行为，社会也就和谐稳定了。

【扩展阅读】

导言：元光元年（前134），汉武帝下诏策问各地“贤良”“文学”关于古今治国之道的政见，董仲舒提出了自己的政治主张。所选之文出自他的第一次对策，其重点在于强调用儒家的思想进行教化。

### 治天下莫不以教化为大务

夫万民之从利也，如水之走下，不以教化堤防之，不能止也。是故教化立而奸邪皆止者，其堤防完也；教化废而奸邪并出，刑罚不能胜者，其堤防坏也。古之王者明于此，是故南面而治天下，莫不以教化为大务。立大学以教于国，设庠序以化于邑，渐民以仁，摩民以谊，节民以礼，故其刑罚甚轻而禁不犯者，教化行而习俗美也。

（节选自严可均《全汉文》卷二十三《元光元年举贤良对策》，商务印书馆，1999）

【原文】

## 尊德礼而卑刑罚

是故上圣不务治民事而务治民心，故曰："听讼，吾犹人也。必也使无讼乎[①]！"导之以德，齐之以礼[②]，务厚其情而明则务义[③]，民亲爱则无相害伤之意，动思义则无奸邪之心。夫若此者，非法律之所使也，非威刑之所强也[④]，此乃教化之所致也。圣人甚尊德礼而卑刑罚，故舜先敕契以敬敷五教[⑤]，而后命皋陶以五刑三居[⑥]。是故凡立法者，非以司民短而诛过误[⑦]，乃以防奸恶而救祸败，检淫邪而内正道尔[⑧]。

【注释】

①见《论语·颜渊》，大意是：审理诉讼，我同别人一样。（我和别人不同的是）一定要使诉讼的事件根本不发生。 ②语见《论语·为政》。导：同"道"，引导。齐：整齐，整顿。 ③明则务义：彭铎先生说，当作"务明其义"。 ④强：强制。 ⑤敕：帝王的命令。契：商族始祖高辛氏（帝喾）之子，舜任为司徒（主管教化的官）。敷：布。五教：五常之教，即父义，母慈，兄友，弟恭，子孝。 ⑥五刑：五等刑罚：墨、劓、剕、宫、大辟。三居：依罪行轻重分别将犯人流放到远近不同的三个地方，"大罪四裔，次九州之外，次千里之外"。以上事见《尚书·舜典》。 ⑦司：同"伺"。伺：侦察、探察。 ⑧检：查察，约束。内：通"纳"。

【品读】

德化与法治是中国传统治道思想所关注的主要问题之一。这段文字，王

符强调德化的作用，认为“德化”是最理想的治国方略或社会规范，由德化所导致的社会人际风尚情态是法治所不及的。

从孔子开始，历代儒家都强调以德礼治国，在“政”“刑”之外，借助“德”“礼”，把“德”“礼”看作首要的统治手段。孔子曰：“道之以政，齐之以刑，民免而无耻；道之以德，齐之以礼，有耻且格。”(《论语·为政》)就是说，用政治刑罚的手段统治人民，只能免于犯罪，却没有自觉惭愧之心；如果用道德和礼教引导人民，人民不但自觉惭愧，而且会真心归服。孔子认为，从政的人如果真正能以“德”治国，犹如北极星受众星拱卫一样，将得到人民的拥护，即所谓“为政以德，譬如北辰，居其所而众星共之”(《论语·为政》)。而之所以将“德”与“礼”联系在一起，是因为二者同为社会规范，其作用是一样的。朱熹说：“德者，礼之本也。”(《四书章句集注·中庸章句》)“德”是抽象的规定，而“礼”是具体的规范。只有借助“礼”这个载体，“德”才能落实。“德”“礼”之间是一种本源联系。因此，孔子说既要“道之以德”，又要“齐之以礼”，主张举选贤德之人，用君子的美德善行来感化教育无德无能之人。

王符认同这一说法，认为用仁德、道义、礼制来教育感化民众，民众就会变得性情敦厚、相亲相爱，“无相害伤之意”，“无奸邪之心”。所以，“上圣不务治民事而务治民心”。毕竟，治理国家的根本在于得民心，所谓得民心者得天下，失民心者失天下，从人心上解决问题才是根本。而推行“德化”就是以德化民、整饬人心。以明太祖朱元璋为例，他曾下令在全国修建“旌善亭”以表彰善行、感化恶人，还派人于黄昏时在道路上呼喊：“孝顺父母，尊敬长辈，相邻和睦，教导子孙，各安生理，莫做坏事。”其推行道德教化的良苦用心，可见一斑。唐太宗李世民，由于推行道德教化，贞观四年，在全国人口近400万的情形下，获死刑的竟不过几十人，犯罪率极低，刑法基本用不到。正如孔子所言，推行教化、治理民心的最佳境界是诉讼案件根本不发生，即所谓“听讼，吾犹人也。必也使无讼乎”！

然而，刑罚的存在也是必要的。毕竟，它能“防奸恶而救祸败，检淫邪而内正道尔”。只不过，相对于道德教化而言，刑罚在治国中的地位是辅助性

的，不是主导性的。《管子》云："士无邪行，教也；女无淫事，训也。"教训成俗，内心端正，刑罚自然可以减省。而孔子认为，政令刑罚虽刚，但只能治标；德礼教化虽柔，却能标本兼治。立法只是为了防范奸邪作恶而不是为了惩处人。因此，统治者还是要用仁德、道义、礼制来教育感化民众，而不是以行政约束、刑罚惩治来安民定邦。比如，舜帝在对待教化和法令的关系上，首先敕令契恭谨地施行"五教"，然后才命令皋陶制定"五刑三居"的法令。而这正是王符一再强调的"圣人甚尊德礼而卑刑罚"，"敦德化而薄威刑"的体现。

总之，王符认为，社会的和谐有序，并非法刑之功，而是教化所致。道德教化是最根本最积极的社会治理手段，二者的作用不可同日而语。当然，王符推崇道德教化的论述都是为了现实，其实质是要"世主"能以身作则，以道德为本，以仁义为佐，宽以待民，教民以礼，加强教化，使民风归厚而致天下大治。

【扩展阅读】

导言：教育不是万能的，所以荀子主张施政以教育为主，辅之以刑赏。

### 教化与赏罚并举

故不教而诛，则刑繁而邪不胜；教而不诛，则奸民不惩；诛而不赏，则勤励之民不劝；诛赏而不类，则下疑俗俭而百姓不一。故先王明礼仪以壹之；致忠信以爱之；尚贤使能以次之；爵服庆赏以申重之；时其事，轻其任，以调齐之；潢然兼覆之，养长之，如保赤子。若是故奸邪不作，盗贼不起，而化善者劝勉矣。是何邪？则其道易，其塞固，其政令一，其防表明。故曰：上一则下一矣，上二则下二矣。辟之若中木枝叶必类本。此之谓也。

（节选自《荀子简释》第十篇《富国》）

# 五德志第三十四

【题解】

“五德”，即金、木、水、火、土五行。“志”是记的意思。王符以五行相生相代的思想叙述了汉以前上古帝王的世系和兴衰的历史。

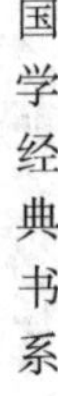


【原文】

## 炎帝神农，其德火纪

有神龙首出常羊[①]，感任姒[②]，生赤帝魁隗。身号炎帝，世号神农[③]，代伏羲氏[④]。其德火纪[⑤]，故为火师而火名[⑥]。是始斫木为耜[⑦]，揉木为耒耨[⑧]。日中为市，致天下之民，聚天下之货，交易而退，各得其所。

（选自彭铎《潜夫论笺校正》卷八《五德志第三十四》）

【注释】

①常羊：原无“羊”字，依汪继培补。常羊是古代传说中的山名，见《山海经·海外西经》及《大荒西经》。神话传说，难以考实。《周易·系辞下》疏引《帝王世纪》云：“炎帝神农氏，姜姓也，母曰任已，有蟜氏女，名曰女登，为少典正妃，游华山之阳，有神龙首感女登于尚羊。”则常羊山在华山之南。与《山海经》所述相参证，常羊山当在今湖北西部武当山与巫山之间。　②任姒（sì）：一作“任已”（即“妊姒”去掉女字旁，“已”和“以”古同字）。姓任，名女登，为有乔氏的长女，故称“姒”。为少典之正妃、神农之母。汪继培说：“《御览》七十

八引《帝王世纪》云:‘神农氏母曰任姒,有乔氏之女,名女登,为少典妃。游于华阳,有神龙首感女登于常羊,生炎帝。’又引《孝经钩命决》云:‘任已感龙生帝魁。’注云:‘魁,神农名。“已”或作“姒”。’” ③身号:自号,自己的名号。世号,世人对他的称号,朝代的称号。 ④汪继培说:“《汉书·律历志》云:‘《易》曰:“炮牺氏没,神农氏作。”以火承木,故为炎帝。教民耕农,故天下号曰神农氏。’”《周易·系辞下》疏引《帝王世纪》云:“继无怀之后,本起烈山,或称烈山氏,在位一百二十年而崩。纳奔水氏女曰听谈,生帝临魁,次帝承,次帝明,次帝直,次帝釐,次帝哀,次帝榆罔,凡八代,及轩辕氏也。”与此文之记述稍异。 ⑤此句当作“其德火,以火纪”。 ⑥火师:火官,以“火”字为名号的官长。《汉书·百官公卿表》“神农火师火名”注:“应劭曰:‘火德也,故为炎帝。春官为大火,夏官为鹑火,秋官为西火,东官为北火,中官为中火。’张晏曰:‘神农有火星之瑞,因以名师与官也。’” ⑦耜(sì):原始翻土的农具,形如锹。先以木制,后来用金属制造。 ⑧揉:通“煣”,用微火熏烤木料使它弯曲。耒(leǐ):原始翻土的农具,木犁。耨(nòu):除草的农具,锄。先以木制,故字本作“槈”;后以金属制造。



**【品读】**

上古帝王名号甚多,然名号初立,并非凭空悬拟,细加考究,皆有所依。这段文字,王符从出生、“五德终始”理论、所做贡献等方面,论及了炎帝神农氏名号的有关情况。

首先,炎帝的母亲因感怀神龙而生炎帝,富有浓郁的神话传说色彩,反映了母系氏族社会感生观念的盛行。感生观念认为,某女身体接触或感受某物,或者意念涉及某物而受孕,然后产生出人类的始祖,该女性则为人类始祖之母。这种看法在母系氏族社会曾非常盛行,就是现在,还有很多民族相信,妇女如接触太阳光、植物,或者在森林中遇见野兽痕迹,都是会怀孕的。到了后代,一些史籍为尊者讳,或者对于神话领袖人物,就托词为感于“神龙”了。王符说:“有神龙首出常羊,感任姒,生赤帝魁隗。”炎帝神农氏所处的时代是原始社会的母系氏族时代，氏族与氏族之间实行族外群婚，不是对偶婚，处于“男女杂游，不媒不聘”(《列子·汤问》)的阶段。因此，“民知其母，不知其父”。这种“无父而生”成为感生观念产生的基础。

其实，不只是炎帝神农的诞生有着比较浓郁的传说色彩，中国古代伟大人物的诞生，大都被附会一些神奇的故事，并渲染上各种神话色彩。像本篇《五德志》就认为：“大人迹出雷泽，华胥履之生伏羲”，“后嗣姜嫄，履大人迹生姬弃”，“太妊梦长人感己，生文王”，“后嗣庆都，与龙合婚，生伊尧”，等等。这些有关上古帝王出生的神话传说虽荒诞不经，但并非都是空穴来风，与上古时代迷茫的史实有着一定的联系，与民族心理、地域环境、民俗民风也都有着千丝万缕的关系。特别是，原始社会晚期对领袖式人物的这种神秘感为奴隶制国家和封建王朝制造的“君权神授”“天人合一”等理论开凿了先河。比如王符在本篇中有关刘邦出生的记载：“含始吞赤珠，克曰‘玉英生汉’龙感女媪，刘季兴。”既为刘邦神话，也给汉代天子找到了君权天命神授的理由。

包括炎帝在内的这些上古“帝王”降生的传说，渲染其生母的神奇遭遇，却不知或绝少知道其生父之事，与后来封建宗法制度形成后人们普遍具有的“显亲扬名”“光宗耀祖”的心态不太相符。上古社会经过漫长的母系氏族阶段，加上群婚的盛行，子女无法确认其生父，只有母系概念。留给后人的记忆传说，也只能是母亲的神奇遭遇。因此，这些传说正是进入父权社会后依然保留浓厚的母权制残余的反映。比如，在姓氏取字上，黄帝初姓公孙，后改姓姬；炎帝姓姜；舜帝姓姚。此外，还有一批古老的姓氏如姒、姞、嬴等，都有一个女字。王符提到的炎帝的母亲就叫“任姒”。

其次，王符所说的“其德火纪”的说法，反映了“五德终始”的理论，而这要从五行学说谈起。五行学说产生于远古，认为万物起源于金、木、水、火、土五种物质。从“物质是第一性，还是精神是第一性”这个哲学的根本问题上来讲，这种学说承认了物质是第一性的，应该说带有朴素的唯物主义色彩。可后来人们把五行说比附于社会政治演变，如帝王的更换、朝代的兴废。到战国时代则有邹衍总其成，提出“五德终始”理论，以五行相生相克的物质属性来说明朝代更替的原因。比如说夏朝得木德，而被得金德的商朝克掉了，商朝又被得火德的周朝克掉了。又如秦始皇统一六国后，以为自己得了水德，故而服色尚黑。而这种循环论的唯心史观又被人们套用到上古帝王身上，认为黄帝得土德，土为黄色，故称黄帝；炎帝得火德，炎火旺貌，故称炎帝。像王符这里所说的炎帝，“其德火纪，故为火师而火名”，正是“五德始终论”的反映。在其他段落中，王符还提到太皞伏羲氏属木德，黄帝轩辕氏属土德，青阳少皞氏属金德，颛顼高阳氏属水德，等等。到了汉代，五行又被董仲舒配以五方四时，木居东，主春；火居南，主夏；金居西，主秋；水居北，主冬；土居中央，可以兼主四时之气。

图34　五行相生相克

当然，古人对炎帝以火为纪含义的解释，不只是像王符所说的“其德火纪”，与五行方位有关。还有人认为与太阳崇拜有关，或与用火有关。比如炎帝因火而死，死后化为了灶神。其实，无论是太阳崇拜或以火为纪，都是原始农业民族的行为。神农在制作农具、教民耕种的过程中，可能采取过烧荒辟地以播种五谷的措施，神农称为炎帝，或许便与此有关。我国南方一些少数民族中曾长期流行烧荒辟地、刀耕火种的习俗，就是显著的例证。

再次，炎帝神农最大的功绩就是发明了最早的农具，教民耕作和播种谷物。上古时期，人们要有效地进行采集、渔猎，从事农耕，就需要制造和使用劳动工具，它是劳动者发挥自己力量的必要手段，在生产和社会发展过程中扮演着极其重要的角色。然而，劳动工具的发明制造却是一个艰难而漫长的过程。比如，给斧头安上柄，在今天看来，是件容易的事，但对原始人来说，是一件相当复杂而又困难的发明，因为给石斧带柄要求拥有较高的钻孔技术和磨制技巧。当然，这一技术虽然较难掌握，而一旦掌握，就能大大提高劳动效

率。比如在云南怒族,就流传着这样一个传说:古时候,怒族中有一个聪明的汉子,他用石斧每天能砍倒一棵大树。后来遇到一个精灵告诉他说,如果给石斧安上柄,就能砍倒许多树木。经过努力,这个汉子在自己的石斧上安上了柄,结果,每天能砍倒三棵树。这说明,给石斧安上了柄,等于使石斧更加锋利,斫木也就容易了许多,大大提高了劳动效率。而劳动工具有很多种,比如在农业生产中,砍削树木做成耜,修整木头做成耒、耨等农具。耜具有翻垦土壤的功能,较之于耒,垦殖效率大大提高。耜的制成,能够使胼手胝足的先民从指挖手刨的劳动方式中解脱出来,代之以轻便省力的柱洞成穴的播种方式,为我国古代农业点耕阶段的出现奠定了基础,开创了我国古代农业的耒耜阶段。而“耒耜”正是由炎帝发明的,王符说:“是始斫木为耜,揉木为耒耨”,可见,炎帝对中国古代农业的发展有着巨大的贡献。

炎帝神农在教民农耕的同时,还组织了最早的市墟,便于先民做农产品与日常用品方面的贸易交换。如王符所言:“日中为市,致天下之民,聚天下之货,交易而退,各得其所。”这不仅提高了先民的物质生活,也促进了社会的发展,意义深远。

综上所述,炎帝是我国原始农业达到顶峰时期的一位农业领袖,正因其功绩伟大,才被奉为农神,仍袭号为神农,从而被推崇为三皇之一。王符说:“身号炎帝,世号神农,代伏羲氏。”神农氏或炎帝神农的传说在汉代广为传播,家喻户晓。

【扩展阅读】

引言:朝代的更替遵循五行相生的顺序。黄帝以土德王,被以木德王的夏朝取代,夏朝又被以金德王的商朝所取代,商朝又被以火德王的周朝所取代,周朝将被以水德王的王朝所取代,以水德王的朝代又将被以土德王的朝代所取代。这样,历朝历代按五行顺序周而复始。

## 朝代更替，五行相生

二曰：

凡帝王者之将兴也，天必先见祥乎下民。黄帝之时，天先见大螾大蝼。黄帝曰土气胜。土气胜，故其色尚黄，其事则土。及禹之时，天先见草木秋冬不杀。禹曰木气胜。木气胜，故其色尚青，其事则木。及汤之时，天先见金刃生于水。汤曰金气胜。金气胜，故其色尚白，其事则金。及文王之时，天先见火赤乌衔丹书集于周社。文王曰火气胜。火气胜，故其色尚赤，其事则火。代火者必将水，天且先见水气胜。水气胜，故其色尚黑，其事则水。水气至而不知，数备，将徙于土。

（节选自徐小蛮标点《吕氏春秋》第十三卷有始览《应同》，上海古籍出版社，2014）

# 志氏姓第三十五

【题解】

本篇是探讨姓氏流源的专论。王符运用民俗和文献资料阐述了我国姓氏的来源、演变、分布等有关问题。在专论姓氏的著作中，这是较早的一篇。由于在我国奴隶制社会和封建社会中都存在着严重的宗法关系或宗法制度，"尊正其祖"是一个很重要的问题，也因此，在历史上研究姓氏成为一门为统治阶级服务的专门学问。本篇由于汇集了不少史料，因而对我们今天研究古代社会历史，特别是研究中国古代的族源问题仍具有参考价值。

【原文】

## 关于姓氏

昔者圣王观象于乾坤[①]，考度于神明[②]，探命历之去就[③]，省群臣之德业[④]，而赐姓命氏，因彰德功[⑤]。传称民之彻官百，王公之子弟千世能听其官者，而物赐之姓，是谓百姓。姓有彻品十，于王谓之千品[⑥]。昔尧赐契姓子，赐弃姓姬；赐禹姓姒，氏曰有夏；伯夷为姜，氏曰有吕。下及三代，官有世功，则有官族[⑦]，邑亦如之。后世微末，因是以为姓[⑧]，则不能改也。故或传本姓，或氏号邑谥[⑨]，或氏于国，或氏于爵，或氏于官，或氏于字，或氏于事[⑩]，或氏于居，或氏于志[⑪]。若夫五帝三王之世[⑫]，所谓号也；文、武、昭、景、成、宣、戴、桓，所谓谥也[13]；齐、鲁、吴、楚、秦、晋、燕、赵，所谓国也；王氏、侯氏、王孙、公孙，所谓爵也；司马、司徒、中行、下军，所谓官也；伯有、孟孙、子服、叔子[14]，所谓字也；巫氏、匠氏、陶氏，所谓事也；东门、西门、南宫、东郭、北郭[15]，所谓居也；三乌、五鹿、青牛、白马，所谓志也[16]：凡厥姓氏，皆出属而不可胜纪也[17]。

（选自彭铎《潜夫论笺校正》卷九《志氏姓第三十五》）

**【注释】**

①乾坤：天地。《周易·系辞下》："古者包牺氏之王天下也，仰则观象于天，俯则观法于地。"即此文之义。观象：观察各种变化的征象。 ②度：法度、法则。神明：神祇，天地之神。 ③命历之去就：天命的转移、归属。这是天命论的说法，认为一家受天命为王，就有一定的历数，即为王的代数、年数，历数尽，则天命"去"此家而"就"他家，即他家代此家为王。 ④省（xǐng）：察看，检查。 ⑤《白虎通·姓名》："所以有氏者何？所以贵功德，贱伎力，或氏其官，或氏其事，闻其氏即可知其德，所以勉人为善也。"故此言"赐姓命氏"可以"彰德功"。 ⑥传（zhuàn）：书传。此指《国语·楚语》，这段话是楚大夫观射父回答楚昭王所说的。文字有出入。彭铎先生说，"千世"二字，当从《楚语》作"之质"。彻官百：韦昭注："彻，达也。自以名达于上者，有百官也。"质：才质。听官：处理官事。物赐之姓：韦注："物，事也，以功事赐之姓。"姓有彻品十：韦注："谓一官之职，其寮属彻于王者有十品，百官故有千品也。" ⑦《楚语》韦注："官有世功，则有官族，若司马、太史之属是也。"官族，即以封邑、官职为姓的宗族。 ⑧是：指上文之官、邑。春秋以前，姓是姓，氏是氏，分别显然；国、邑、官、事等可以作为氏，但不能作为姓。战国以下，逐渐混淆，到汉代，姓与氏已经不分了。 ⑨汪继培说，"邑"字衍。 ⑩事：职业。 ⑪志：记其事的意思。 ⑫若夫：连词"至于"，连接分句，表转折。 ⑬谥（shì）：古代帝王、贵族、大臣或其他有地位的人死后依其生前事迹所给予的称号。 ⑭叔子：汪继培疑作"叔孙"。 ⑮依上下文意、句式，"东郭"当衍。《意林》《广韵》《通鉴》

注引此篇均无东郭。 ⑯志:《意林》作“地”。《风俗通》作“职”。“职”与“志”声近。 ⑰出:汪继培说,应作“此”。此属,此类。

【品读】

俗话说:“树高千丈,叶落归根。”古人以树之本、水之源比喻人的祖根,说明每个家庭、每个人都有自己的祖先。追根溯源是人类的天性,弄清姓氏的来龙去脉,不妨为追根溯源的最有效办法之一。王符的《志氏姓》篇是讨论姓氏的专有篇章,这段文字对古代姓氏产生的原因、来源、分类进行了概括性的说明,是全篇的总纲。

王符说:“昔者圣王观象于乾坤,考度于神明,探命历之去就,省群臣之德业,而赐姓命氏,因彰德功。”这就交代了姓氏产生的缘由——古代圣王所赐。目的在于考察群臣的功绩,在于彰显其功德。那么,究竟哪些人才可以被赐姓命氏呢? 这要从“百姓”一词说起。奴隶制社会以姓、氏表彰功德,有土有官爵者才有姓,王公贵族有姓,称之为“百姓”。即王符所说:“传称民之彻官百,王公之子弟千世能听其官者,而物赐之姓,是谓百姓。”而一般的平民,没有姓氏,够不上称“百姓”,只能算是“黎民”,或被称为“庶民”。也就是说,姓氏是古代圣王赐给那些能够胜任其官事的王公子弟的特殊称谓,“百姓”一词特指贵族,这与后来泛指平民的意思完全不同,“百姓”就是“百官”。《诗·小雅·天保》:“群黎百姓,便为尔德。”《毛传》:“百姓,百官族姓也。”《国语·楚语下》:“民之彻官百。王公之子弟之质能言能听彻其官者,而物赐之姓。”正因为此,王符又说:“姓有彻品十,于王谓之千品。”意思是说,每一官之职,其僚属为王者认可的有十品,所以对王者来说所属之官就是千品了。

其实,姓氏是标志家族系统表明血缘关系的符号,也就是人的根。在春秋时期,姓与氏有着严格的区分。一般地讲,姓作为人们以血缘关系为纽带结合而成的族的总号,从西周、殷商以至远古时代世世相传而来,固定不变,当时天下姓的数量不过二十来种。氏作为姓的分支是后起的,有一部分是从西周传来的旧氏,但更多的是春秋时期兴起的新氏,而且一个氏之下还有若

干个分支（也称作氏），因此氏的名目繁多，不可胜记。姓与氏产生的时间和条件不同，其社会职能也不一样：姓是决定是否能够通婚的依据，即同姓不能通婚；氏则是用来区别贵贱的，即平民无氏，只有贵族才有氏。像王符所说的“赐禹姓姒，氏曰有夏；伯夷为姜，氏曰有吕”，就表明姓和氏是有区别的。但到了战国时期，随着奴隶制宗法制度的崩溃和封建制度的兴起，姓与氏已无区别，姓氏成为表明个人及所生家族的符号。

图35　赐姓

由于“赐姓”主要用于对有功、有德者的嘉奖，因此，它成为先秦时期姓氏产生的主要方式，特别是春秋战国之前，出于统治的需要，为了建立新的政治秩序，赐姓的风气相当盛行。赐姓作为一种礼制，一种时尚，一直延续了几个世纪。

随着姓氏的不断增加，我国古代姓氏文化的内涵和外延也得到了极大地丰富。秦汉时的赐姓，是统治者作为特殊手段对受赐者的“恩惠”，是姓氏尊贵化的一种终极表现。比如刘邦将“国姓”赐予娄敬，就是一种统治手段，目的是奖掖娄敬的功绩，笼络出谋划策者，借帝王至高无上的权威，彰显刘姓的荣耀，把姓氏的作用发挥得淋漓尽致，把刘姓的尊贵体现得无以复加。而对于娄敬来说，能与帝王同姓，则是莫大的荣耀，也是后代引以为荣的资本。汉代以后，历代都有将“国姓”赐予臣下的。李唐王朝不但赐姓有功之人以示恩宠，也赐予来投降的叛将和异族首领，以示安抚、笼络。如徐世绩，因功封曹国公，赐姓李，后因避讳为李绩；罗艺，因功封燕郡王，赐姓李等。宋神宗时，西藩木征来降，神宗封其官为荣州团练使，赐其姓为赵，更其名为思忠。明太祖七年，一年就赐姓120人姓朱。除“国姓”外，也有赐予一般姓氏的，汉武帝曾赐予匈奴休屠王的太子金日磾姓金。可见赐姓这种手段是历代帝王都较为常用的方法，给姓氏这一特殊文化符号增添了诸多耀眼的光环和神秘的力量，姓氏伴随着皇权而变得更加尊崇。

关于得姓受氏的种类，《左传》记载了这样一个故事：鲁隐公八年，鲁国有个叫无骇的大臣去世了，羽父请求鲁隐公赐给他一个谥号和氏族。鲁隐公向大臣众仲询问这件事，众仲回答说：天子把有德望的人立为诸侯，根据他的生地赐给他一个姓，根据分封的土地赐给他一个氏。诸侯用字作为谥号，他的后代用这个谥号来作为氏族。世代为官而且对周王室有功德的家族，就用官职来作为这个氏族的氏，封地也可以作为一个氏族的氏。可以说，在这个故事中，用其谥号、封地、官职、出生地，都可以成为有关姓氏的来历。而王符总结得更为详细，除了前面提到的谥号、封地、官职，他还认为旧有的称号、封国、爵位、先辈的字、从事的职业、居住的地方、古代部族的标志等，都是各种姓氏的来历，而且对各种类型，王符还举例进行了说明。当然，得姓受氏的原因实际上要比王符所说的复杂得多。

王符如此关注与讨论姓氏问题，至少有两方面的原因。一方面，中国古代社会以血缘宗法纽带为特色，特别是围绕宗族关系所形成的诸种社会文化价值及伦理道德，对王符有着极为深刻的影响。王符生活在社会下层，对民间社会的政治、经济、文化诸现象耳濡目染，作为当时积极的批判者，对礼俗社会形态的核心问题不会放过。无论王符的理论探究深浅与否，都让人感到，一个能立足于现实的理性的思想家所具备的勇气和历史责任感。而姓氏作为研究社会人事的方法论之突破口，能够记录社会历史事实，并极力发掘涵于其中的德行感召，以此劝诫后人。另一方面，及至西汉末，平民之有姓氏才大体完成，东汉时期，以亲缘关系为核心的宗族已成为维系“广大乡土亲缘村庄聚落”的主导力量，对于整合和调整民间社会人际的稠密性及相互融贯性起着相当重要的作用，这就为王符研究姓氏的流衍提供了现实社会基础，并为其提供了更加完整的理论研究视域。同时，东汉末年，异族开始以各种原因进入中国杂居，尤以关中陇右一带为盛，以后并逐渐演成五胡十六国之乱，而这一带又与王符所在的安定郡临泾（今甘肃庆阳镇原）地域接壤，时域也极为相近。而姓氏在中华民族文化的同化和国家统一上能够起到独特的民族凝聚力的作用，因此，恰在这个时期的王符特别关注姓氏，深含着历史启示。

**【扩展阅读】**

导言：南宋郑樵所著《通志·氏族略》是叙述、考辨姓氏源流的专著，在中国姓氏学研究中有很高的学术价值，历来为姓氏研究者所重视。所选文字叙述了上古姓氏的五种来源——以国、以邑、以乡、以亭、以地为氏。

## 氏源有五类

凡言姓氏者，皆本世本、公子谱二书，二书皆本左传。然左氏所明者，因生赐姓，胙土命氏，及以字、以谥、以官、以邑，五者而已。今则不然，论得姓受氏者有三十二类，左氏之言隘矣。一曰以国为氏，二曰以邑为氏。天子诸侯建国，故以国为氏，虞、夏、商、周、鲁、卫、齐、宋之类是也。卿大夫立邑，故以邑为氏，崔、卢、鲍、晏、臧、费、柳、杨之类是也。三曰以乡为氏，四曰以亭为氏。封建有五等之爵，降公而为侯，降侯而为伯，降伯而为子，降子而为男。亦有五等之封，降国侯而为邑侯，降邑侯而为关内侯，降关内侯而为乡侯，降乡侯而为亭侯。学者但知五等之爵，而不究五等之封。关内邑者，温、原、苏、毛、甘、樊、祭、尹之类是也。但附邑类，更不别著。裴、陆、庞、阎之类封于乡者，故以乡氏。糜、采、欧阳之类封于亭者，故以亭氏。五曰以地为氏。有封土者，以封土命氏，无封土者，以地居命氏。盖不得受氏之人，或有善恶显著，族类繁盛，故因其所居之所而呼之，则为命氏焉。居傅岩者为傅氏，徙稽山者为稽氏，主东蒙之祝则为蒙氏，守桥山之冢则为桥氏。彨氏因彨班食于彨门，颍氏因考叔为颍谷封人，东门襄仲为东门氏，桐门右师为桐门氏，皆此道也。隐逸之人，高傲林薮，居于禄里者，呼之为禄里氏，居于绮里者，呼之为绮里氏，所以为美也。优倡之人，取媚酒食，居于社南者，呼之为社南氏，居于社北者，呼之为社北氏，所以为贱也。又如介之推、烛之武未必亡氏，由国人所取信也，故特标其地以异于众。凡以地命氏者，不一而足。

（节选自郑樵《通志》卷第二十五《氏族略》，中华书局，1987）

# 叙录第三十六

【题解】

本篇是王符为《潜夫论》写的一篇自序。古人写序注注载于书后。文中说明了作者写书的目的，并对全书各篇的写作意图进行了简要的说明。因此，阅读这篇自序，有助于读者了解全书的概貌和写作的基本出发点。

【原文】

## 叙先贤，继前训

夫生于当世，贵能成大功①，太上有立德，其下有立言②。阘茸而不才③，先器能当官④，未尝服斯役⑤，无所效其勋。中心时有感，援笔纪数文，字以缀愚情⑥，财令不忽忘⑦。刍荛虽微陋，先圣亦咨询⑧。草创叙先贤⑨，三十六篇，以继前训，左丘明《五经》⑩。

（选自彭铎《潜夫论笺校正》卷十《叙录第三十六》）

【注释】

①大功：大事业。 ②《左传·襄公二十四年》："大上有立德，其次有立功，其次有立言。"孔颖达《正义》：大上、其次，以人之才知浅深为上次也。大上，谓人之最上者，上圣之人也；其次，次圣者，谓大贤之人也；其次，又次大贤者也。立德，谓创制垂法，博施济众，圣德立于上代，惠泽被于无穷……立功谓拯厄除难，功济于时……立言谓言得其要，理足可传……其身既没，其言尚

存。” ③阘茸(tárónɡ)卑贱驽劣。不才:没有才能。 ④先:汪继培疑作“无”。器能:材能。当:相当,适合。 ⑤服斯役:服:从事。斯役:即“厮役”,从事粗杂活计的仆役。《新书·官人》:“王者官人有六等,六曰厮役。”“柔色伛偻,唯谀之行,唯言之听,以睚眦之间事君者,厮役也。” ⑥缀:连缀,这里指联结、寄托心中之情。 ⑦财:通“才”。忽:忘。忘:不识。二字连文。 ⑧刍荛:割草打柴的人。先圣:前代圣王。《诗·大雅·板》:“先民有言,询于刍荛。” ⑨彭铎先生说,“先贤”与下文“前训”当互易。“六”上疑脱“有”字。“以继”上脱一字。 ⑩《五经》:即《周易》《尚书》《诗》《礼》《春秋》。

**【品读】**

鲁襄公二十四年,鲁国的穆叔到晋国去,晋国的执政大夫范宣子问他什么叫死而不朽? 穆叔说,高尚的人首先要树立德行,其次是树立功业,再次是著书立说留下思想,这样的人即使死去很久,他们的德行、功业和思想也不会被废弃,这就叫不朽。穆叔的回答,是在鼓励范宣子,希望他能用精神之美的无穷魅力和无上价值来赋予有限人生以无限意义。毕竟,人为什么活着? 人生的意义究竟何在? 人活一世,难道仅仅是为了做一个酒囊饭袋? 这些困扰古代哲人也困扰现代哲人的重要生命哲学问题,都能通过“三不朽”这句话得以解决。

“三不朽”即“立德”“立功”“立言”。“立德”,即追求崇高的道德理想,完善自己的道德人格,完善人类社会的道德法则,成为后世永远效法的道德榜样。“立功”,即出于为社会、为人类谋福利的目的,尽己之能建功立业,为后世立下伟大的功勋,使社会和人们长久地得到好处,被后人所追念。“立言”,即留下含有真理性的言论、著作,开后人之智,益后人之生。可以说,“三不朽”是一代代儒生毕生的追求和理想,是儒家知识分子人生的最高境界。正因此,它也成为中国传统伦理思想史上的一个命题,被认为是传统伦理人生价值观的核心内容。

图36　三不朽



孔子堪称集“立德”“立功”“立言”于一身的典范。他“学而不厌，诲人不倦”，宣讲规范人伦道德，以身作则，此为“立德”；他培养教育了“贤人七十，弟子三千”，开创了积极入世的儒家学派，成为中国传统思想文化的主干，此为“立功”；他提出的“仁者爱人”“己所不欲，勿施于人”等主张，可以说是万世不刊之论，此为“立言”。

然而，历史上像孔子这样能同时做到“三不朽”的，寥寥无几。因为，“立德”有赖于见仁见智、众口难调的外界评价；“立功”需要跻身垄断性和风险性极强的官场，这些往往非一介书生的能力所及。于是，文人每以“立言”为第一要务，以求不朽。孔子曰：“言之不文，行而不远”(《左传·襄公二十五年》)，司马迁云：“究天人之际，通古今之变，成一家之言”(《报任安书》)，杜甫言：“名岂文章著”(《旅夜书怀》)，韩愈说：“用功深者，其收名也远”(《答刘正夫书》)，都在讲为什么要立言和怎样立言。其实，不论是撰著子书，还是编纂史籍，或是写作诗文辞赋，其言如能得要领，其理足传后世。有如屈原、宋玉、贾谊等人，其身虽没，其言则存，可供后世学习，都可以进入“立言”之列，这也是知识分子最易走通的道路。因此，“立言”对古代知识分子的影响，不仅普遍，而且深入，形成了一种强大的传统势力与舆论力量，成为士子的重要行为趋向。

作为深受儒家思想熏陶的王符，不可能超越这种影响，他也渴望建立包括“立言”在内的“当世”“大功”，以达声名之不朽。然而，日益衰落、黑暗腐朽的东汉王朝使这位思想深刻、满怀激情而“耿介不同于俗”的士子终生隐居，未能“当官”且“无所效其勋”。既然不能“立德”“立功”，唯有叙说古人的遗训，通过“立言”来继承先辈贤人的事业了。于是，王符效法古代圣贤，总结历史教训，针对时弊，研讨学术，将自己的满腔热血和愤懑熔铸成了光耀千古的不朽篇章——《潜夫论》，以寄托其“愚情”。清乾隆时周泰元说，王符论政“本立德以立言，自可与立功者并垂于不朽”。说明王符与古往今来那些著书立说的科学家、哲学家、历史学家和文学家一样，为保存人类优秀的文明成果，促进人类社会文明进步做出了巨大贡献，他的名字永载史册，《潜夫论》已经成为人类最宝贵的精神财富之一。



**【扩展阅读】**

导言：晚清学者魏源有“四不朽”之说。他在立德、立功、立言的基础上提出立节一项。实际上，“节”应属于德的范围，强调德与功、言的统一，具有非常深刻的意义。

## 四不朽

立德，立功，立言，立节，谓之四不朽。自夫杂霸为功，意气为节，文词为言，而三者始不皆出于道德，而崇道德者又或不尽兼功节言，大道遂为天下裂。君子之言，有德之言也；君子之功，有体之用也；君子之节，仁者之勇也。故无功、节、言之德，于世为不曜之星；无德之功、节、言，于身心为无原之雨；君子皆弗取焉。诗曰：“瑟兮僩兮，赫兮喧兮，有匪君子，终不可谖兮。”

（节选自魏源《魏源集·默觚上·学篇九》，中华书局，1976）